A INVENÇÃO DOS DISCOS VOADORES
GUERRA FRIA, IMPRENSA E CIÊNCIA NO BRASIL
(1947-1958)

CONSELHO EDITORIAL
Ana Paula Torres Megiani
Eunice Ostrensky
Haroldo Ceravolo Sereza
Joana Monteleone
Maria Luiza Ferreira de Oliveira
Ruy Braga

A INVENÇÃO DOS DISCOS VOADORES
GUERRA FRIA, IMPRENSA E CIÊNCIA NO BRASIL
(1947-1958)

RODOLPHO GAUTHIER CARDOSO DOS SANTOS

Copyright © 2015 Rodolpho Gauthier Cardoso dos Santos

Grafia atualizada segundo o Acordo Ortográfico da Língua Portuguesa de 1990, que entrou em vigor no Brasil em 2009.

Edição: Joana Monteleone/Haroldo Ceravolo Sereza
Editora assistente: Camila Hama
Assistente acadêmica: Bruna Marques
Projeto gráfico e diagramação: Gabriel Siqueira
Revisão: Rafael Acácio de Freitas
Capa: Gabriel Siqueira
Assistente de produção: Jean Freitas
Imagem da capa: "O pequeno marciano". In: *O Cruzeiro*, Rio de Janeiro, 24 de setembro de 1955, p. 34. Direitos autorais concedidos por D.A. Press.

ESTE LIVRO FOI PUBLICADO COM O APOIO DA FAPESP.

CIP-BRASIL. CATALOGAÇÃO NA PUBLICAÇÃO
SINDICATO NACIONAL DOS EDITORES DE LIVROS, RJ

S238i

Santos, Rodolpho Gauthier Cardoso dos
A INVENÇÃO DOS DISCOS VOADORES: GUERRA FRIA, IMPRENSA
E CIÊNCIA NO BRASIL (1947-1958)
Rodolpho Gauthier Cardoso dos Santos. - 1. ed.
São Paulo: Alameda, 2015
270 P.: IL.; 23 CM.

Inclui bibliografia
ISBN 978-85-7939-340-2

1. Imprensa - Brasil. 2. Discos voadores. 3. História cultural. 4.
Imprensa e política - Brasil - História. 5. Guerra Fria. Título.

15-25568 CDD: 079.81
CDU: 070(81)

ALAMEDA CASA EDITORIAL
Rua Treze de Maio, 353 – Bela Vista
CEP 01327-000 – São Paulo – SP
Tel. (11) 3012-2403
www.alamedaeditorial.com.br

SUMÁRIO

Prefácio	9
Introdução	15
Capítulo 1 – Existem discos voadores?	27
A ideia de vida fora da Terra	27
Estranhas visões	36
O primeiro disco voador (1947)	41
O caso Roswell	48
A onda de 1947 no Brasil	52
A imprensa brasileira	58
Os casos brasileiros	63
Primeiras hipóteses	67
Uma hipótese marginal	76
Capítulo 2 – São armas secretas?	83
O homem dos extraterrestres	88
A era da confusão nos EUA	94
Imaginário em mutação	97
A segunda onda brasileira (1950)	101
Vênus, o deus dos discos voadores	107
Apocaliptismo	112
A Ciência na berlinda	116
A Ciência no Brasil	123
Inventores de discos voadores	130
Capítulo 3 – Serão interplanetários?	143
Quem se importa com a verdade? (1952)	149
O Cruzeiro após o caso Barra da Tijuca	156
A origem das ondas de relatos	162
O avanço da hipótese interplanetária	169

CAPÍTULO 4 – SÃO INTERPLANETÁRIOS! 177

A ONDA DE 1954 183

NOVAS POLÊMICAS (1955-1957) 193

A ONDA DE 1957 E DOIS CASOS FAMOSOS 201

MAURELL LOBO E A EXPULSÃO DO TEMPLO 210

O NASCIMENTO DA UFOLOGIA BRASILEIRA 217

POR QUE A HIPÓTESE INTERPLANETÁRIA VENCEU? 226

O FIM DE UMA ERA 234

CONSIDERAÇÕES FINAIS 241

BIBLIOGRAFIA 249

AGRADECIMENTOS 267

PREFÁCIO

Diferente. Inovador. Audacioso. Assim podemos nos referir ao livro intitulado *A invenção dos discos voadores. Guerra Fria, imprensa e ciência no Brasil (1947-1958)*, de autoria do jovem historiador Rodolpho Gauthier Cardoso dos Santos. A obra é resultado de uma dissertação de mestrado defendida em 2009 junto ao programa de pós-graduação em História da Unicamp. Trata-se de uma longa e detalhada pesquisa sobre um tema criativo e importante que analisa os diferentes significados atribuídos à expressão "disco voador" no período entre 1947 a 1958. Vistos inicialmente como boatos, eles logo foram apontados como armas secretas das superpotências da Guerra Fria. Nos primeiros anos da década de 1950, porém, iniciou-se a lenta consolidação de um complexo sistema de ideias que os associa a aeronaves interplanetárias.

De forma dinâmica, clara e bem estruturada, as páginas do livro apresentam uma problemática de grande atualidade: a atuação de alguns setores da sociedade brasileira no período no qual surgiu tal expressão. Para o autor, o importante é entender especificamente como a imprensa, a comunidade científica e os militares brasileiros participaram do processo pelo qual a representação "disco voador" foi lentamente associada, em termos imaginários, à ideia de visitantes de outros planetas. Ele destaca, sobretudo, as relações entre essas representações e o contexto histórico e político da Guerra Fria e da corrida espacial.

A principal fonte é a imprensa, especialmente jornais diários e revistas semanais ilustradas. Foi por meio desse material que os debates em torno do assunto foram analisados bem como a atuação dos próprios meios de comunicação na produção de diferentes representações envolvendo a questão.

O tema, de inegável popularidade, vai se desdobrando como um caleidoscópio de crenças, expectativas, conhecimentos, observações e representações no cinema, na televisão, na literatura tanto ficcional como de cunho autoproclamado científico. Como negar a enorme atração em imaginar que existam outras formas de vida (inteligentes – seja lá o que isso for – ou não) no universo? E o fascínio em imaginar contatos com extraterrestres (verdes, azuis, transparentes) que nos visitam e são supostamente portadores de sabedoria, conhecimentos tecnológicos avançadíssimos ou maldades múltiplas como a de tornar humanos cobaias? O assunto permeia até mesmo o campo das crenças religiosas: teriam sido seres alienígenas os responsáveis pelas pirâmides, pelas linhas nos desertos que supostamente facilitariam o pouso das naves? Teriam eles despertado no passado sentimentos de veneração sagrada?

Em casos específicos, a mitologia ufológica se assemelha a uma religião da Idade Espacial que não requer de evidências científicas. Como explicar, por exemplo, a decisão dos membros da *Heaven's Gate*, na Califórnia, em 1995, de suicidar-se para abandonar seus corpos terrenos e encontrar a salvação num disco voador que estaria localizado na calda do cometa *Halle-Bopp*? E quanto dessa mitologia não é constantemente reforçada nas séries e filmes de enorme sucesso e com milhões de fãs, tais como *Star Trek, Star Wars, E.T., Contatos Imediatos de Terceiro Grau* entre tantos outros?

O historiador deve sempre estar atento ao uso e sentido dos termos que em determinada situação geram crenças, ações, instituições, condutas, mitos, ritos e os sentidos históricos que determinam representações, conceitos e práticas. Além disso, como o autor explora em seu magnifico trabalho, manter o debate em aberto ajuda a entendê-lo e é bastante enriquecedor na medida em que podemos observar os conflitos simbólicos entre diferentes grupos sociais. Por isso, este livro procura analisar as questões históricas, culturais e sociais das ideias relacionadas aos discos voadores sem denunciá-las como pseudociência ou um tipo de pensamento irracional/primitivo. Boa ou má, como diz o próprio autor, a ufologia faz parte da nossa cultura.

Ao longo dos capítulos, o livro desenvolve a temática de forma competente, desvendando como, quando, quem e os motivos pelos quais o tema foi sendo construído. Destaca os momentos de tensão política nacional e internacional, o papel da comunidade científica (ou sua timidez) diante da exposição jornalística do tema, bem como nos esclarece sobre as diferentes formas por meio das quais a cultura norte-americana relacionada aos discos voadores circulou no Brasil de maneira específica.

A leitura da obra, além de profundamente prazerosa por se tratar de um texto escrito com leveza, coerência e erudição, traz à tona associações criativas que somente um trabalho de historiador poderia fazer. Recomendo. Aproveitem cada linha!

Profa. Dra. Eliane Moura Silva
Departamento de História da Unicamp

Amor,
estou triste porque
sou o único brasileiro vivo
que nunca viu um disco voador.
[...]
Um passou bem perto (contam)
quase a me roçar. Não viu? Não vi.
Dele desceu (parece)
um sujeitinho furta-cor gentil
puxou-me pelo braço: Vamos (ou: plnx),
talvez...?
Isso me garantem meus vizinhos
e eu, chamado não chamado
insensível e cego sem ouvidos
deixei passar a minha vez.
Amor, estou tristinho, estou tristonho
por ser o só
que nunca viu um disco voador
hoje comum na Rua do Ouvidor.

Carlos Drummond de Andrade.[1]

---

1   ANDRADE, Carlos Drummond de. *O poder ultra-jovem*. Rio de Janeiro, Livraria José Olympio, 1972, p. 43-44.

INTRODUÇÃO

A praia de Ipanema, no Rio de Janeiro, estava tomada por uma multidão de curiosos. O mesmo acontecia na avenida Vieira Souto, à beira-mar. No início daquela noite de novembro de 1954, dezenas de pessoas trocavam informações desencontradas sobre fortes pontos luminosos que apareciam a grande altitude e iam descendo lentamente até sumirem próximos à superfície do mar. Muitos falavam em "discos voadores".

Um entusiasmado senhor de terno afirmou que eles "iluminavam o mar num raio de 30 quilômetros, atrapalhando a nossa visão". Outro homem, um desembargador, assegurou que pareciam "um charuto, fino nas pontas e de bojo largo, de um amarelo bem forte".

Newton Carlos, repórter do jornal carioca *Tribuna da Imprensa*, acompanhou a agitação. Malgrado dissesse acreditar nos discos voadores, decidiu checar junto às autoridades. Um comandante do Forte Copacabana confirmou que no local havia um exercício militar em execução envolvendo paraquedas luminosos.

Naquela noite, ao voltar para casa, ele notou outra aglomeração. Desta vez na praia de Copacabana, onde pessoas observavam o céu com "binóculos e braços agitados". Segundo Newton Carlos, tratava-se agora de "um navio que se dirigia lentamente para a entrada da baía, com as luzes dos mastros acesas".

Ao narrar os episódios, o jornalista pediu calma e criticou o "excesso de imaginação que ameaça criar um estado de pânico coletivo". Nos meses finais de 1954, o assunto se tornara um dos preferidos da imprensa e aglomerações como aquelas vinham se repetindo em várias cidades do país. Nas palavras do repórter,

> Em outras circunstâncias, todos veriam para-quedas luminosos, mas o excesso de imaginação de alguns, dominados por uma ideia fixa, logo transformou-os em discos voadores. E o contágio não foi difícil, porque todos estamos ansiosos por ver discos voadores, o que é perfeitamente normal.[1]

Desde 1947, essa expressão, "disco voador", passara a designar vagamente diferentes objetos e fenômenos aéreos que não eram identificados de imediato.[2] A publicação de sucessivos relatos a respeito produziu discussões que consumiram bastante papel e mobilizaram sentimentos profundos. Muitos debates em torno do tema estiveram relacionados aos anseios e preocupações mais amplos da primeira geração a conviver com as bombas atômicas.

Este livro apresenta uma versão revisada de uma dissertação de mestrado defendida junto ao Departamento de História da Universidade Estadual de Campinas (Unicamp) em 2009.[3] São analisados os diferentes significados atribuídos à expressão "disco voador" no período entre 1947 a 1958. Vistos inicialmente como boatos, eles logo foram apontados como armas secretas das superpotências da Guerra Fria. Nos primeiros anos da década de 1950, porém, iniciou-se a lenta consolidação de um complexo corpo de ideias que os associa a aeronaves interplanetárias.[4]

A obra examina os meandros desse processo no Brasil. Embora o tema esteja reconhecidamente ligado à cultura de massa norte-americana, a atuação de alguns grupos sociais na conjuntura brasileira guarda especificidades que merecem ser esmiuçadas.

---

1 CARLOS, Newton. "Discos voadores assaltam a imaginação da Zona Sul" In: *Tribuna da Imprensa*, Rio de Janeiro, 24/11/1954, p. 8 (1º caderno).

2 Como veremos, termos um pouco mais precisos, como ufo (acrônimo da expressão inglesa *unidentified flying object*, que significa objeto voador não identificado), só se popularizaram no país no final da década de 1950.

3 Além de adequações no texto, muitas imagens que constavam na dissertação original foram suprimidas devido a questões relativas aos direitos autorais.

4 À época, essa expressão era bem mais frequente no vocabulário do que termo extraterrestre, que se fortaleceria depois.

Não se trata de um trabalho específico sobre a imprensa, a ciência, ou a Guerra Fria naqueles anos. Outras pesquisas cumprem tal função. Tampouco é um livro sobre os discos voadores em si, pois esse impreciso termo engloba uma quantidade enorme de fenômenos, objetos e situações cujo escopo foge ao nosso alcance.

Com efeito, interessa investigar a atuação de alguns setores da sociedade brasileira no período no qual surgiu tal expressão. Importa entender especificamente como a imprensa, a comunidade científica e os militares brasileiros participaram do processo pelo qual a representação "disco voador" foi lentamente associada, em termos imaginários, à ideia de visitantes de outros planetas.

A principal fonte desta obra é a imprensa, especialmente jornais diários e revistas semanais ilustradas. Por meio desse material, busca-se compreender os debates em torno do assunto e analisar a atuação dos próprios meios de comunicação na produção de diferentes representações a respeito do tema.

A propósito, esse conceito, bastante caro à obra, é pensado a partir da acepção do historiador francês Jacques Le Goff, que entende representação como a "tradução mental de uma realidade exterior percebida" e ligada ao processo de abstração.[5] Para outro historiador francês, Roger Chartier, as representações dão sentido ao mundo ao permitir o trabalho de "classificação e de recorte que produz configurações intelectuais múltiplas pelas quais a realidade é contraditoriamente construída pelos diferentes grupos que compõem uma sociedade".[6] Ao mesmo tempo em que tornam inteligível o real, as representações ajudam a produzi-lo de acordo com interesses sociais mais diversos.

O trabalho mobiliza também o conceito de imaginário. De acordo com o historiador polonês Bronislaw Baczko, esse campo está relacionado a símbolos, imagens e figuras que compõem conjuntos de significados responsáveis por determinada interpretação da realidade. Nas suas palavras, "o dispositivo imaginário assegura a um grupo social quer um esquema coletivo de in-

---

5   LE GOFF, Jacques apud PESAVENTO, Sandra Jatahy. *Em Busca de Uma Outra História: Imaginando o imaginário*. Revista Brasileira de História, São Paulo, v. 15, n. 29, p. 15, 1995.

6   CHARTIER, Roger. "O mundo como representação" In: *Estudos Avançados*. São Paulo, v. 5, n. 11, Abril. 1991, p. 183.

terpretação das experiências individuais, tão complexas quanto variadas, quer uma codificação das expectativas e das esperanças".[7]

Em relação à historiografia acadêmica sobre o assunto, o livro procura alternativas às duas abordagens mais tradicionais. Na primeira, identifica-se a defesa da existência dos ovnis[8] e a denúncia das tentativas governamentais de ocultação. Um exemplo nesse sentido é a primeira obra do historiador norte--americano David Jacobs.[9] Nela, o autor apresenta uma exaustiva sequência de descrições de casos, mas se esquece de relacioná-los a fatores culturais e históricos. Realiza uma louvável pesquisa em arquivos e hemerotecas, porém, parece mais preocupado com o fenômeno em si do que com a própria sociedade que o interpreta.[10]

No sentido inverso, parte da historiografia busca desqualificar os casos de discos voadores, tratando-os como uma sequência de erros, mentiras e exageros. Até certo ponto, pode-se enquadrar nessa tendência o trabalho do pesquisador norte-americano Curtis Peebles.[11] Nesse viés cético, o foco sai

---

7   BACZKO, Bronislaw. "Imaginação Social" In: *Enciclopédia Einaudi (Anthropos-Homem)*. Lisboa: Imprensa Nacional/Casa da Moeda, 1985, v. 5, p. 311.

8   Óvni é o acrônimo de "objeto voador não identificado". Trata-se de uma expressão traduzida do inglês *Unidentified Flying Object* (UFO). Segundo o capitão norte-americano Edward J. Ruppelt, ele mesmo criou o termo na década de 1950, quando era diretor de um grupo de estudos da Força aérea norte-americana chamado *Projeto Livro Azul* (1952-1970). O termo óvni foi muito pouco utilizado no Brasil no período em análise neste livro.

9   Jacobs produziu uma das primeiras teses sobre o tema em 1973, quando se doutorou em história na University of Wisconsin, em Madison, Estados Unidos. Seu trabalho intitula-se *The Controversy Over Unidentified Flying Objects in America: 1896-1973* e foi a base para seu livro, *The UFO Controversy in America*, publicado em 1975. Referência: JACOBS, David Michael. *The UFO Controversy in America*, Indiana Press University, Bloomington & London, 1975.

10   Pelo menos quatro resenhas feitas na época do lançamento da obra criticam a pouca análise social e histórica e seu excesso de paráfrases de notícias de jornais falando sobre os casos. A saber: BERENDZEN, Richard. "Sightings, Conjectures, and Disputes". *Science*, New Series, v. 189, No. 4203. (Aug. 22, 1975), p. 627-628; WRIGHT, Monte D. *Technology and Culture*, v. 17, No. 3. (Jul., 1976), p. 596-598; TOBEY, Ronald. "Epiphany and Conspiracy: The UFO Controversy". *Reviews in American History*, v. 4, No. 1. (Mar., 1976), p. 128-131; TATE, James P. *The Journal of American History*, v. 64, No. 3. (Dec., 1977), p. 844-845.

11   Curtis Peebles é pesquisador do Smithsonian Institution em Washington, Estados Unidos. Referência: PEEBLES, Curtis. *Watch the skies! A chronicle of the flying saucer*

dos detalhes dos casos para se concentrar nas criações e transformações do imaginário ao longo dos anos, demonstrando a influência da cultura nos casos de óvnis. Embora muito mais preocupada com a sociedade, essa vertente costuma, de certa forma, vangloriar as explicações científicas e depreciar, por meio da seleção de detalhes pitorescos, os argumentos ufológicos.[12]

Isso gera uma questão inevitável: se as explicações científicas são tão superiores, por que não impediram que tanta gente continuasse acreditando em discos voadores? Se o discurso ufológico é uma mera combinação de absurdos, como conquistou tantos adeptos? O sociólogo francês Pierre Lagrange parece estar certo quando afirma que: "Demonstrar o erro não basta para explicar sociologicamente a ufologia".[13]

Manter o debate em aberto é bastante enriquecedor na medida em que se pode observar melhor os conflitos simbólicos entre diferentes grupos sociais. Por isso, buscou-se analisar as questões históricas, culturais e sociais das ideias relacionadas aos discos voadores sem denunciá-las como pseudociência ou um tipo de pensamento irracional/primitivo. Boa ou má, a ufologia[14] faz parte da cultura.

Aos olhos atentos, a relevância social e atualidade do assunto não escapa. Em 2002, uma pesquisa de opinião mostrou que 48% das pessoas nos Estados Unidos acreditavam que fomos visitados por seres de outros planetas.[15]

---

myth. Washington e Londres, Smithsonian Institution Press, 1994, p. 420.

12 David Jacobs não gostou nada da obra de Curtis Peebles. Afirmou que ele não era um historiador profissional e que seu livro dependia muito de fontes secundárias, pois não era fruto de uma pesquisa em arquivos. Ele ainda acusou Peebles de não mencionar as críticas que os próprios céticos sofreram e de confiar demais nos pronunciamentos governamentais. Jacobs descreveu a obra como uma "história amadora pouco inspirada [...]". Nos anos recentes, Jacobs se tornou mais conhecido por ser um dos defensores da realidade dos sequestros alienígenas. Referência: JACOBS, David M. *The Journal of American History*. v. 82, No. 2. (Sep., 1995), p. 781-782.

13 LAGRANGE, Pierre. "Volver a cero. Para uma sociologia no reduccionista de los óvnis". In: *La nave de los locos* nº 6, Santiago, Chile, enero 2001, p. 7.

14 Ufologia é um termo utilizado para se referir ao conjunto de ideias relacionadas aos discos voadores, OVNIs e UFOs. Era uma palavra muito rara no vocabulário dos anos 1950. Provavelmente, o termo começou a se popularizar após o surgimento dos primeiros grupos de civis interessados no fenômeno.

15 Pesquisa encomendada pelo canal de TV norte-americano *Sci-fi*. Os dados estão disponíveis em http://www.scifi.com/ufo/roper/04.html. Acesso em 12/2/2006.

Não se conhece levantamento desse tipo no Brasil, mas pode-se imaginar que, ainda que menores, os números nacionais sejam substanciais. Diante disso, faz-se necessário tentar entender como e porque milhões (talvez bilhões) de pessoas têm acreditado em discos voadores e seres extraterrestres nas últimas décadas, mesmo que não tenha surgido qualquer evidência conclusiva a respeito da sua existência. É preciso compreender porque, como reclama Drummond na epígrafe, tantos sentiram falta de um disco voador.

***

Para os que abriram estas páginas em busca de mistério, vale dizer que muito do que será exposto adiante realmente se encontra em poder do Estado. Mas não está escondido. Pode ser acessado nos arquivos de visitação pública e gratuita mantidos pelos impostos. Ali, é possível ler jornais e revistas que constituíram a imensa maioria do material pesquisado.

A busca por notícias sobre discos voadores, no entanto, nem sempre foi algo fácil. Era impossível, por exemplo, ler todos os exemplares de um único jornal durante os doze anos de alcance da investigação (1947-1958). Por isso, o trabalho se concentrou no que foi publicado durante as ondas de relatos de discos voadores, que foram momentos em que muitos relatos de observações surgiam num curto espaço de tempo. Nessas ocasiões, os meios de comunicação se tornavam, em geral, condescendentes com o assunto e passavam a veicular mais casos e opiniões. Durante as ondas, o tema deixava momentaneamente de ser tratado como curiosidade e passava a ser discutido mais seriamente por jornalistas, autoridades científicas e governamentais.

Por meio de referências diversas, do conhecimento das ondas em outros países e de uma pitada de sorte conseguiu-se identificar quatro grandes ondas de relatos no Brasil. Elas ocorreram em julho de 1947, março de 1950, novembro a dezembro de 1954 e outubro a dezembro de 1957. Foram pesquisados a fundo principalmente os dois primeiros períodos, pois eles eram menos conhecidos e documentados.[16] Ao concentrar nossos esforços no que foi publicado durante as ondas de casos, a tarefa de buscar agulhas em forma de discos voadores em um palheiro de páginas amareladas tornou-se bem menos árdua.

---

16 As outras duas ondas de casos podem ser aprofundadas em trabalhos posteriores.

Em seguida, foram selecionados jornais diários principalmente das duas maiores cidades do país na época, São Paulo e Rio de Janeiro. A ideia inicial era acompanhar o desenvolvimento do noticiário e comparar, quando possível, o tratamento dado pelos jornais considerados mais "sóbrios" e por aqueles vistos como mais populares ou sensacionalistas. Assim, seria possível vislumbrar diferentes estratégias e abordagens em relação ao mesmo tema.[17]

No caso das revistas ilustradas, optou-se pela leitura dos semanários *O Cruzeiro* e *Manchete*, por possuírem grandes tiragens, e pela revista mensal *Ciência Popular*, pois embora tivesse alcance reduzido, destacou-se no tratamento do tema. Foram consultados praticamente todos os exemplares dessas três publicações ao longo de doze anos (1947 a 1958), o que resultou em quase mil e cem revistas verificadas. A leitura das fontes foi complementada ainda por livros publicados na época, gibis e boletins de associações ufológicas. Também foram feitas algumas entrevistas com pessoas que participaram dos acontecimentos relatados.

Tão importante quanto dizer o que foi realizado é apontar o que a pesquisa não se propôs a fazer. Deve-se indicar em primeiro lugar a análise dos filmes, que malgrado apareça fortuitamente nas páginas a seguir, sempre foi objetivo secundário. Uma das dificuldades com a análise fílmica é a demanda de instrumentos e conhecimentos específicos, impossíveis de serem alcançados plenamente no espaço deste estudo. Haveria também um problema de dimensão, pois na década de 1950 foram produzidas ao menos 87 películas baseadas na exploração do espaço e em visitantes de outros mundos.[18] É forçoso reconhecer, no entanto, que o cinema deve ter sido muito influente em relação ao imaginário sobre os discos voadores. A tal ponto que mereceria outro livro.

Outro viés pouco explorado foi a participação de espíritas, teosofistas e rosa cruzes no desenvolvimento das ideias sobre vida extraterrestre no país.

---

17 Embora essa metodologia tenha funcionado em alguns momentos (onda de 1947), nem sempre foi possível utilizá-la com êxito (onda de 1950), pois é difícil encontrar nos arquivos alguns jornais mais populares. São três grandes problemas: a inexistência de alguns títulos nos acervos, coleções incompletas de exemplares e indisponibilidade de consulta devido ao estado de conservação. Esses problemas são bem mais críticos nos jornais paulistanos do que nos cariocas, pois a Biblioteca Nacional parece ter conservado a maioria dos títulos de jornais cariocas da década de 1950.

18 CABRIA, Ignacio. *OVNIs y ciencias humanas*. Fundación Anomalia, Santander, 2003, p. 240.

Bem antes da invenção da expressão "disco voador", médiuns brasileiros já psicografavam mensagens de espíritos que habitavam planetas do sistema solar. Essas ligações podem ser elucidadas em um trabalho acadêmico específico de história das religiões que, salvo engano, ainda está para ser escrito.[19]

Também mereceria mais espaço uma análise comparativa e histórica profunda dos contatados[20] brasileiros dos anos 1950. Nesse período, diferentes pessoas relataram encontros com extraterrestres e criaram com frequência narrativas altamente utópicas. Infelizmente, não foi possível desbravar esse campo de pesquisa tão interessante.

A respeito das fontes, não foram acessados dois tipos de locais que poderiam eventualmente colaborar com a pesquisa: os arquivos militares e de cientistas. Na obra, analisa-se a participação desses dois grupos a partir de suas declarações na grande imprensa. No primeiro caso, ocorreu a tentativa de contatos com instituições, como Serviço de Documentação da Marinha, no Rio de Janeiro, mas não houve avanço. Como comentado, tampouco foram visitados arquivos de instituições científicas que poderiam conter alguns registros, pois eles pareceram à primeira vista pouco promissores.[21]

Enfim, o livro começa com um breve resgate da ideia de vida extraterrestre no mundo ocidental nos últimos séculos. A análise histórica propria-

---

19 São dessa época, por exemplo, dois livros famosos da doutrina espírita: *Os exilados de Capela* (escrito por Edgard Armond em 1949) e *A vida no planeta Marte e os discos voadores* (psicografado por Hercílio Maes em 1955). A respeito da ligação dos teosofistas com o assunto, ver a série *Os "Discos Voadores" e o mistério dos mundos subterrâneos* publicada pela revista *O Cruzeiro* em fevereiro de 1955. Segundo a mesma revista, houve ainda em Rezende, Rio de Janeiro, um grupo místico chamado Associação Mundialista Interplanetária liderado pelo sr. Sevañanda Swami. O grupo editava a edição brasileira de um periódico chamado *Correio Interplanetário*. Ver: MARTINS, João. "A terrível missão dos Discos Voadores - segunda parte". In *O Cruzeiro*. Rio de Janeiro, 19/10/1957.

20 No mundo da ufologia, contatado é aquele que afirma ter se comunicado, escrita ou mentalmente, com seres de outros planetas.

21 Em troca de e-mails com a professora Ana Maria Ribeiro de Andrade do MAST (Museu de Astronomia e Ciências Afins), no Rio de Janeiro, ela comentou que os arquivos do MAST não possuem nada sobre as atividades do astrônomo Domingos Costa, que participou da polêmica sobre as fotos da Barra da Tijuca em 1952. Há muitos documentos sobre a atuação de Lélio Gama, ex-diretor do Observatório Nacional, mas provavelmente nada relacionado aos discos voadores. Em todo caso, faltou-nos oportunidade para visitar pessoalmente o arquivo do MAST.

A INVENÇÃO DOS DISCOS VOADORES

mente dita inicia-se apenas em junho de 1947, quando é narrada a invenção da expressão "disco voador" e a primeira onda de relatos de fenômenos aéreos não identificados no Brasil. Na sequência, o texto acompanha o desenrolar dos acontecimentos ao mostrar como os discos voadores, que eram vistos inicialmente como meros boatos (capítulo 1 – Existem discos voadores?), passaram a ser pensados como armas secretas (capítulo 2 – São armas secretas?), depois como aeronaves extraterrestres (capítulos 3 – Serão interplanetários?) para finalmente se cristalizarem em torno dessa ideia (capítulo 4 – São interplanetários!).

O trabalho termina no ano 1958, quando a associação entre discos voadores e seres interplanetários parecia já consolidada. No final da década, foram criados os primeiros grupos civis de investigação independente (grupos ufológicos) e seus boletins periódicos, marcando o nascimento da ufologia brasileira. Nesse período, também aconteceram outras mudanças importantes, como o refluxo momentâneo do interesse pelo assunto e o início de uma crise econômica que atingiu a mídia impressa e levou muitos diários à falência. Embora esse ponto final seja um tanto arbitrário, ele era necessário para marcar o recorte histórico da pesquisa.

Sabemos, agora, que não devemos mais considerar nosso planeta como uma habitação segura e inviolável para o homem; nunca poderemos prever que bens ou males invisíveis nos podem vir repentinamente do espaço. [...] Devo confessar que o terror e os perigos desses momentos deixaram em meu espírito uma impressão permanente de dúvida e falta de segurança.[1]

H. G. Wells
A guerra dos mundos (1898)

---

1 WELLS, H. G. *A guerra dos mundos*. Tradução de Carlos de Souza Ferreira. 4ª. edição, F. Briguiet & Cia Editores, Rio de Janeiro, 1953, p. 232-33.

CAPÍTULO 1

Existem discos voadores?

Há séculos o Ocidente discute a possibilidade de vida em outros planetas. Há muito tempo também as pessoas veem fenômenos aéreos que não conseguem identificar de imediato. Por longos séculos essas duas coisas estiveram separadas. Este trabalho narra os caminhos e descaminhos desse inesperado encontro.

A ideia de vida fora da Terra

O questionamento humano sobre sua solidão cósmica é bastante antigo. É difícil, no entanto, precisar o início das especulações a respeito da vida fora da Terra. O certo é que antes de pensarmos nisso era necessário que nos reconhecêssemos como terrestres, ou seja, como parte de um mundo como outro qualquer. Tal concepção passou a ganhar força principalmente a partir da Idade Moderna, quando a revolução copernicana derrubou a crença de que a Terra era o centro de universo e inaugurou o heliocentrismo. A partir de então, a ideia de "pluralidade dos mundos", expressão muito comum entre os séculos XVII e XIX, passou a penetrar lentamente na cultura ocidental.[2]

---

2   Embora a ideia da pluralidade dos mundos tenha sido recorrente ao longo dos últimos cinco séculos, ela ainda não recebeu muita atenção por parte dos historiadores. Paolo Rossi, historiador da ciência italiano, também notou isso e comentou que "a história da longa disputa sobre a existência de mundos habitados [...] ainda está para

Durante séculos, literatos e filósofos utilizaram a figura do extraterrestre como alegoria do seu próprio pensamento. Foi desse modo, por exemplo, que o iluminista Voltaire (1694-1778) criou o conto Micrômegas, no qual dois seres extraterrestres gigantescos vem a Terra e discutem ciência e filosofia com os pequeninos humanos. Embora sejam diferentes no tamanho, os visitantes não são alheios à nossa cultura ou natureza. Pelo contrário, discutem os costumes humanos da época.[3]

Por volta de 1800, a comunidade científica internacional era quase unânime em defender a possibilidade de vida em outros planetas.[4] Mas como as distâncias entre os astros eram vistas como intransponíveis e a tecnologia para viagens espaciais sequer havia sido esboçada, quase ninguém cogitava seriamente a possibilidade de visitarmos ou sermos visitados. No século XIX, isso parecia altamente improvável.

Nesse período, o assunto ganhou novo fôlego com a descoberta da espectroscopia e da teoria da evolução.[5] A teoria de Darwin provocou um novo raciocínio: "outros planetas devem ser habitados porque a seleção natural modela seres vivos que aproveitem as condições locais em todo cosmos".[6] Já a espectroscopia, ou análise da luz, passou a ser aplicada aos corpos celestes e pôde revelar sua composição. Foi por meio dela que se comprovou empiricamente que outras estrelas tinham composição semelhante ao nosso sol. Se havia outros sóis, outras Terras deviam existir.

---

ser escrita". ROSSI, Paolo. *A ciência e a filosofia dos modernos: aspectos da revolução científica*. Tradução de tradução de Alvaro Torencini, São Paulo, Unesp, 1992, p. 260. Parte desse vazio historiográfico acusado por Rossi foi preenchido pelos trabalhos de dois historiadores da ciência norte-americanos: Michael J. Crowe e Steven J. Dick. Michael Crowe, professor da Universidade Notre Dame nos Estados Unidos, é autor de *The extraterrestrial Life Debate (1750-1900): From Kant to Lowell* uma exaustiva pesquisa sobre o período anterior ao século XX. Já o astrônomo Steven J. Dick é autor de várias obras sobre o tema, entre elas *Life on other worlds − The 20th-Century Extraterrestrial Life Debate* um livro mais voltado ao grande público e que contempla o século de interesse deste trabalho.

3   VOLTAIRE. "Micrômegas, história filosófica" In: *Contos*. Tradução de Mário Quintana, São Paulo, Editora Abril S.A., 1972.

4   GRINSPOON, David. *Planetas solitários: a filosofia natural da vida alienígena*. Tradução Vera de Paula Assis. São Paulo, Globo, 2005, p. 61.

5   GRINSPOON, op. cit., p. 64-65.

6   Ibidem.

A INVENÇÃO DOS DISCOS VOADORES

Para o historiador da ciência Karl Guthke, nesse momento a ciência revestiu a ideia de vida fora da Terra com "uma credibilidade inimaginável anteriormente", o que permitiu que ela penetrasse profundamente na consciência da época.[7] Talvez isso explique o fato de que "cerca de três quartos dos mais prolíficos astrônomos e cerca da metade dos mais proeminentes intelectuais do século dezoito e dezenove contribuíram para o debate [sobre vida extraterrestre]".[8]

Na segunda metade do século XIX, avanços na tecnologia dos telescópios mostraram que a Lua, local preferido dos romancistas, não tinha temperaturas adequadas nem atmosfera, duas condições fundamentais para a vida. Por outro lado, Marte aparecia nos telescópios de baixa resolução da época com sombras azuis e verdes, que eram interpretadas por alguns como água e vegetação. Em 1877, o astrônomo italiano Giovanni Schiaparelli declarou ter observado na superfície marciana a existência de linhas retas e extensas, a que ele chamou de canais. Esse termo remetia aos canais artificiais construídos pelo homem na Terra.

Poucos mais de uma década após a observação de Schiaparelli, um milionário norte-americano excêntrico chamado Percival Lowell (1855-1916) montou seu próprio observatório. Depois de algum tempo de olho no planeta vermelho, ele passou a defender publicamente que Marte era um mundo agonizante e que um sistema de canais trazia água dos polos para as regiões centrais. Naqueles anos, os seres humanos haviam construído canais gigantescos, como o de Suez, no Egito (1869). Ora, se nós podíamos produzi-los, por que não os marcianos? Embora os cientistas tenham ficado divididos, a sociedade da época mostrou-se bastante receptiva a tal ideia. As obras de Lowell venderam muito e suas palestras atraíram multidões.

Três anos após o primeiro livro de Lowell, o escritor inglês Herbert George Wells publicou *A guerra dos mundos*, um romance que narra a invasão

---

7   "A previously unimagined credibility that allows it to penetrate deep into the consciousness of the age" GUTHKE, Karl S. *The Last Frontier: Imagining Other Worlds from the Copernican Revolution to Modern Science Fiction*, Ithaca, NY, 1990 apud Dick, op. cit., p. 17

8   "About three-fourths of the most prolific astronomers and nearly half of the most proeminent intellectuals of the eighteenth and nineteenth centuries contributed to the debate". CROWE, Michael J. *The Extraterrestrial Life Debate - 1750-1900*. Nova York, Cambridge University Press, 1986, p. 547.

da Terra por marcianos. Wells conhecia bem as ideias do milionário norte-americano e explorou-as literariamente com grande competência. A trama se passa nos arredores de Londres, então cidade mais rica do mundo. Marcianos em fuga de um planeta moribundo chegam a Terra e passam a atacar a humanidade com raios de fogo. Eles trazem consigo máquinas sofisticadas e amedrontadoras e se alimentam de sangue, de preferência o humano. Além disso, têm forma grotesca, o que ajuda a compor o cenário de horror. No final, porém, os alienígenas[9] são atacados pelos seres microscópios existentes no nosso planeta. Sem imunidade biológica, morrem. Assim, humanidade é salva não pela sua força moral ou bélica, mas pela natureza que a rodeia.

Acredita-se que *A guerra dos mundos* seja uma crítica velada ao colonialismo britânico, pois o romance coloca a Inglaterra, maior potência da época, em posição de inferioridade tecnológica em relação aos invasores. "Somos porventura tão puros apóstolos da misericórdia para que possamos nos queixar de que os marcianos nos tenham atacado com o mesmo intuito?", questiona Wells. *A guerra dos mundos* é também um romance apocalíptico. Não é de se estranhar que tenha feito tanto sucesso em uma época tão preocupada com o fim do mundo como a Guerra Fria.[10]

A guerra dos mundos ajudou a mudar a imagem do extraterrestre na cultura ocidental. No livro, "eles" não são parecidos com os humanos, não têm nenhuma mensagem filosófica e não estão distantes. Ali, o extraterrestre é o invasor, o completo desconhecido. De fato, Wells não foi o primeiro a tirar os extraterrestres de mundos distantes e colocá-los, digamos, na nossa cozinha. Entretanto, ele criou uma narrativa com excepcional força dramática, que rapidamente passou a ser recriada por toda indústria cultural.[11] Para o astrônomo norte-americano Steven J. Dick:

---

9 Vale destacar que o termo alienígena era muito pouco usado na década de 1950. Durante muito tempo a palavra se referiu apenas a coisas ou pessoas naturais de outros países. Era sinônimo de estrangeiro, forasteiro etc.

10 Um memorando do governo inglês datado 1954 especulava sobre a evacuação de Londres em uma eventual guerra nuclear e afirmava que o trabalho-padrão nesse caso era o livro de H. G. Wells. Ver: SMITH, P. D. *Os homens do fim do mundo: o verdadeiro Dr. Fantástico e o sonho da arma total.* Tradução José Viegas Filho. São Paulo, Companhia das Letras, 2008, p. 375.

11 Sobre o conceito, ver: ADORNO, Theodor & HORKHEIMER, Max. "A indústria cultural" In: *Indústria cultural e sociedade.* Tradução de Júlia Elisabeth Levy. São Paulo, Paz e Terra, 2002.

A INVENÇÃO DOS DISCOS VOADORES

O imenso sucesso de *A guerra dos mundos* lançou não apenas a carreira de Wells, mas a carreira do extraterrestre também. Reimpressões, variações sobre o tema e arte imaginativa começaram imediatamente e tem continuado até hoje. [...] o efeito tem sido sempre poderoso e as imitações, variações e elaborações sobre a estória ecoaram através do século.[12]

O sucesso dos marcianos, no entanto, foi abalado no universo científico dos anos 1920, quando telescópios mais potentes passaram a vislumbrar a superfície do planeta vermelho. Eles mostraram a inexistência das famosas linhas retas e extensas semelhantes a canais construídos por seres inteligentes. Tamanha decepção criou certo constrangimento na comunidade científica em relação à discussão sobre vida em outros lugares do cosmos.[13] Mesmo assim, importantes astrônomos ainda defenderam por algum tempo a existência de vida não inteligente em Marte. Para o astrônomo norte-americano David Grinspoon, Percival Lowell deu grande projeção ao debate científico sobre vida alienígena, mas também foi responsável pelo seu refluxo nas décadas seguintes.

O desencanto dos cientistas afetou muito pouco o prestígio do assunto junto aos meios de comunicação de massa. Nos cinemas, bancas e livrarias, as histórias em quadrinhos, filmes e *pulp magazines* passaram a explorá-lo largamente.[14] Nos cinemas e nos quadrinhos, o herói espacial mais conhecido foi, sem dúvida, *Flash Gordon*. Criado em 1934 pelo norte-americano Alex Raymond, *Flash Gordon* era um mocinho das galáxias que defendia a Terra dos ataques do impiedoso *Ming*, líder do planeta Marte (ou Mongo, a depender

---

12 "The immense success of *The war of the worlds* launched not only Well's carrer, but also the career of the alien. Reprintings, variations on the theme, and imaginative art began immediately and have continued to the present. [...] always the effect has been powerful, and the imitations, variations, and elaborations on the story have echoed down the century." (DICK, Steven J. *Life on other worlds – The 20th-Century Extraterrestrial Life Debate*. Cambridge, Cambridge University Press, p. 116).

13 GRINSPOON, op. cit., p. 71.

14 As *pulp magazines* eram publicações impressas com papel barato, consumidas especialmente pelos mais jovens. Traziam narrativas literárias de vários gêneros da ficção científica e foram um sucesso nos Estados Unidos principalmente nos anos 1920 e 1930.

do episódio).[15] *Flash* pilotava um veículo espacial em forma de foguete. Naves em forma de disco eram raras.

Imagem 1 – A típica nave do seriado *Flash Gordon*, exibido nos cinemas das décadas de 1930 e 40.

Em 1938, um episódio ocorrido na costa leste dos Estados Unidos ampliou o êxito do tema. Na noite de 30 de outubro daquele ano, o programa de rádio de Orson Welles fez uma dramatização do livro *A Guerra dos Mundos*. De maneira inovadora, o programa foi produzido para parecer absolutamente real: músicas eram interrompidas abruptamente por jornalistas ofegantes, autoridades eram consultadas sobre os últimos acontecimentos e o tom desesperado das vozes aumentava a cada intervenção. Para piorar, muitos ouvintes perderam o aviso dado no início do programa, que alertava para a encenação. Resultado: milhões de pessoas acreditaram que uma invasão estava ocorrendo.

Segundo a rede de rádio CBS (*Columbia Broadcasting System*), das seis milhões de pessoas que ouviram o programa, pelo menos 1,2 milhão confun-

---

15 LUCHETTI, Marco Aurélio. *A Ficção Científica nos Quadrinhos*. São Paulo: GRD, 1991, p. 29.

A INVENÇÃO DOS DISCOS VOADORES

diu a dramatização com a realidade.[16] Algumas fugiram com toalhas na cabeça, "acreditando na imminencia [sic] de um ataque em que seriam empregadas bombas de gazes asphyxiantes".[17] Os postos policiais contabilizaram milhares de ligações, inclusive de muitos médicos e enfermeiras que se ofereceram para ajudar na suposta emergência. No dia seguinte, Welles e a emissora pediram desculpas às autoridades e à população norte-americana.

Curiosamente, o mesmo radialista interrompeu seu programa três anos depois para noticiar o ataque aéreo japonês à base naval de Pearl Harbor, que levou os Estados Unidos à Segunda Guerra. Ressabiados, muitos ouvintes não o levaram a sério dessa vez.

Intenso panico provocado nos Estados Unidos pela irradiação de "A guerra dos mundos", de H. G. Wells

O enredo sobrenatural foi transmittido com tanta perfeição, que a população acreditou que se tratasse de um acontecimento verdadeiro — Aberto inquerito para apurar a responsabilidade da estação emissora

NOVA YORK, 31. (U. P.) — Centenas de milhares de pessoas, em toda a Nação, ficaram em estado de gritou um aviso aos espectadores, os quaes se levantaram immediatamente e sahiram a correr da sala de pro- Nesse meio tempo, o posto transmissor irradiou rapidamente uma communicação, para todo o paiz afim

Imagem 2 - Fac-símile de notícia publicada no jornal paulista *Folha da Manhã*.[18]

À época, jornalistas e psicólogos norte-americanos relacionaram os distúrbios à crise política existente na Europa. Um mês e um dia antes da transmissão de Welles, Inglaterra e França tinham assinado o Acordo de Munique, que permitiu à Alemanha ocupar a região dos Sudetos, pertencente a Tchecoslováquia. Era mais uma tentativa de apaziguar a política expansionista de Hitler. Mesmo com o acordo, a tensão permaneceu durante todo o mês de outubro.[19] Novos detalhes da ocupação alemã interromperam frequentemente as transmissões de rádio norte-americanas naqueles dias.

---

16 VALIM, Alexandre Busko. "Os marcianos estão chegando!": as divertidas e imprudentes reinvenções de um ataque alienígena no cinema e no rádio." *Diálogos*. DHI/PPH/UEM, Maringá, v. 9, n. 3, p. 185-208, 2005.

17 "Intenso panico provocado nos Estados Unidos pela irradiação de A guerra dos mundos, de H. G. Wells" In: *Folha da Manhã*, São Paulo, 1/11/1938, p. 3.

18 Ibidem.

19 JOHNSON, Dewayne B., op. cit, p. 168.

Para muitos, não havia dúvida de que uma nova guerra estava prestes a começar.[20] Uma notícia da agência *United Press* publicada no jornal paulistano *Folha da Manhã* informou que:

> O engano [provocado por Orson Welles] foi devido, em parte, a que durante a semana a transmissão de boletins sobre a crise europeia recente tinha levado milhões de norte-americanos a considerar como quasi possível uma catastrophe qualquer. [...]
>
> Os physiologistas attribuem a hysteria de hontem à noite aos recentes receios de guerra e à propensão de numerosas pessoas para interpretar erroneamente os factos, em consequência de uma audição imprópria e rápida.
>
> O sr. Raymond Paynter, da Universidade de Long Island, declarou: "O povo tem sido habituado à ideia de catastrophes. O medo da guerra é o culpado e veio demonstrar o quanto as emoções básicas, aterrorizadoras, estão perto da superfície.[21]

Segundo o escritor britânico Peter D. Smith, "muitos [dos que ouviram o programa] pensaram que uma potência estrangeira estivesse por trás do ataque. [...] A maioria pensava que Hitler era o culpado".[22] Ainda assim, surpreende o fato de que uma parte da população tenha acreditado em uma invasão alienígena. Isso nos leva a pensar que, de certo modo, essa possibilidade já era crível, verossímil ou pelo menos não parecia um completo absurdo a alguns.

Se o mesmo tivesse ocorrido no Brasil, as pessoas teriam acreditado também? É impossível saber com certeza. Havia ainda aqui poucos aparelhos

---

20 Uma pesquisa feita em 16 de setembro daquele ano (1938) indicou que 80% dos norte-americanos acreditavam que seriam chamados para combater os nazistas, caso houvesse guerra. Segundo: SARRAUTE, CLAUDE. "Welles e Wells" In: LAVOINNE, Yves. *A Rádio*. Lisboa, Editora Vega, s/d Apud SAROLDI, Luiz Carlos. "A Guerra dos Mundos e o outro conflito mundial" In: MEDITSCH, Eduardo (org.). *Rádio e pânico: a Guerra dos Mundos 60 anos depois*. Florianópolis, Insular, 1998, p. 93.

21 "Intenso pânico provocado nos Estados Unidos pela irradiação de "A guerra dos mundos", de H. G. Wells" In *Folha da Manhã*, São Paulo, 1/11/1938, p. 3.

22 SMITH, op. cit., p. 275.

de rádio[23] e a ideia de seres extraterrestres era menos conhecida, já que a população tinha menos contato com os produtos com os quais a indústria cultural lucrava a partir do tema.

No entanto, isso não significa que a noção de seres de outros planetas fosse completamente desconhecida no país. Os primeiros rastros dessas ideias podem ser encontrados no livro *Doutor Benignus* (1875), que inaugura a ficção científica nacional. A obra narra a viagem de uma expedição científica que termina com o encontro com um ser espiritual proveniente do Sol.[24] Além desse livro, outras obras ficcionais tematizaram contatos com alienígenas, como *A Liga dos Planetas* (1923) de Albino José Ferreira Coutinho e *O outro mundo* (1934) de Epaminondas Martins.[25]

Esses livros, no entanto, tiveram repercussão pequena e não foram suficientes para gerar uma tradição literária autônoma. Roberto de Sousa Causo, pesquisador dos primórdios da ficção científica brasileira, comentou que: "[...] os exercícios [literários] nacionais não resistiram à invasão estrangeira, à pressão da crítica, que nunca criou um nicho para a ficção especulativa no Brasil, e ao relativo desinteresse do público leitor".[26] De fato, nas primeiras décadas do século XX a maior parte dos livros de ficção científica publicados no Brasil eram traduções de autores estrangeiros como Júlio Verne e H. G. Wells.[27]

Além da literatura, histórias em quadrinhos de personagens como *Flash Gordon* eram publicadas aqui desde os anos 1930.[28] Muita coisa também pode ter chegado por meio dos cinemas, cujas matinês exibiam capítulos dos seriados desse herói juvenil ao longo da década de 1930 e 40.

Outro importante foco irradiador de ideias sobre vida em outros planetas foi o espiritismo. Formulado por Hippolyte León Denizard Rivail

---

23 BRITTOS, Valério Cruz. "Por que não aconteceu aqui: o rádio em 1938 no Brasil" In: MEDITSCH, Eduardo (org.). *Rádio e pânico: a Guerra dos Mundos 60 anos depois*. Florianópolis, Insular, 1998, p. 109-118.

24 ZALUAR, Augusto Emílio. *O Doutor Benignus*. Rio de Janeiro: Editora UFRJ, 1994.

25 CAUSO, Roberto de Sousa. *Ficção Científica, Fantasia e Horror no Brasil (1875-1950)*. Belo Horizonte, editora UFMG, 2003, p. 123-232.

26 CAUSO, op. cit., p. 210.

27 A primeira tradução conhecida de *A Guerra dos Mundos* no Brasil, por exemplo, é de 1904, apenas seis anos após a versão original.

28 LUCHETTI, Marco Aurélio. *A ficção científica nos quadrinhos*. São Paulo, Edições GRD, 1991, p. 141.

(1804-1869), sob pseudônimo de Allan Kardec, o espiritismo tem a vida extraterrestre como um dos seus principais pressupostos. Influenciados especialmente pelas ideias do astrônomo francês Camille Flammarion (1842-1925), os espíritas acreditam que nos diversos mundos vivem seres com diferentes níveis de evolução espiritual. Estes, no entanto, não necessariamente possuem a constituição física predominante na Terra.

O espiritismo passou a conquistar muitos adeptos no Brasil a partir da década de 1860, principalmente entre a elite e a classe média. Sylvia F. Damazio, pesquisadora da história do espiritismo no país, alerta para o fato de que os aspectos mais filosóficos e menos práticos da doutrina espírita se espalharam em menor grau na sociedade brasileira, pois exigiam certo nível de instrução dos adeptos.[29] Assim, apenas uma pequena parcela dos frequentadores de centros espíritas deve ter tido contato com noções sobre vida em outros lugares do cosmos. A maioria das pessoas que buscava curas por meio dos espíritos não conhecia a fundo a doutrina.

Apesar disso, não se deve subestimar a influência do espiritismo. Em 1935, por exemplo, Chico Xavier, o maior médium espírita brasileiro, já "recebia" notícias de sua mãe, que, segundo ele, havia reencarnado em Marte.[30] Outros livros psicografados publicados na primeira metade do século XX também teceram comentários sobre vida em outros planetas. Dessa forma, mesmo não sendo tão popular quanto nos Estados Unidos, a ideia de seres extraterrestres não era totalmente desconhecida no Brasil.

Estranhas visões

Há muito tempo gente de todas as partes do mundo tem visto coisas no céu que não consegue identificar de imediato. Na maioria das vezes, esses episódios estiveram ligados ao desconhecimento de fenômenos atmosféricos e astronômicos. As interpretações, em geral, seguiram as ideias do contexto no qual as pessoas viveram. Na Idade Média, por exemplo, cometas eram frequentemente entendidos como sinais religiosos.[31]

---

29 DAMAZIO, Sylvia F. *Da elite ao povo: advento e expansão do espiritismo no Rio de Janeiro*. Rio de Janeiro, Bertrand Brasil, 1994, p. 35.

30 XAVIER, Francisco Cândido. *Cartas de uma morta*. Lake, 1990.

31 Nem sempre, porém, as pessoas se lembram que elementos do passado estão total-

Outro exemplo de que nos avistamentos[32] as interpretações costumam acompanhar as ideias do contexto no qual as pessoas vivem é a onda de observações dos anos de 1896 e 1897 nos Estados Unidos. Naquela época, milhares de norte-americanos relataram luzes durante a noite com formas vagas atrás delas. Por muitos meses, um grande número de notícias desencontradas veio à tona.

Alguns jornais publicaram descrições que falavam de naves cilíndricas com carros de passageiros, parecidas com os dirigíveis que vinham sendo testados na época. Na imprensa, a principal teoria era de que os Estados Unidos estavam sendo sobrevoados por um engenho secreto, produzido por um inventor que houvesse finalmente descoberto o segredo do voo. Essa máquina secreta, porém, nunca apareceu. Depois de algum tempo, os relatos diminuíram e o assunto acabou esquecido.

Restou, porém, um problema: não existia no período nenhum dirigível que conseguisse voar mais do que algumas milhas sem precisar voltar ao solo. Ainda que já se falasse muito no assunto, a tecnologia para viagens de longas distâncias feitas por tais aeronaves ficou pronta apenas vinte anos depois. Ou seja, as pessoas não viram dirigíveis, pois eles ainda não tinham a capacidade tecnológica assinalada nos relatos. O que teria sido observado então, se não dirigíveis? Para alguns, os casos daquela onda estiveram relacionados a fraudes e erros de interpretação ligados ao planeta Vênus temperados pelo sensacionalismo de certos jornais.[33] Outros

---

mente ligados ao contexto histórico e social no qual foram produzidos. Com frequência, costumam interpretar registros milenares a partir de semelhanças superficiais com imagens e descrições contemporâneas de discos voadores e extraterrestres. Foi o que fez, por exemplo, o escritor suíço Erich Von Däniken no famoso livro *Eram os deuses astronautas?*. Sobre isso, o antropólogo espanhol Ignácio Cabria escreveu: "O que se faz é tirar do seu contexto histórico e cultural representações, crônicas e lendas da antiguidade e encaixá-las nos nossos mitos ocidentais da ciência e do progresso, o que constitui um etnocentrismo histórico imperdoável". CABRIA, Ignacio. *Entre ufólogos, creyentes y contactados. Una historia social de los ovnis en España*. Cuadernos de Ufología, Santander, 1993, p. 4.

32 O dicionário *Priberam* de Portugal define avistamento como "1. Derivação masculina singular de avistar". Esta palavra ainda não aparece nos principais dicionários brasileiros, mas é utilizada como sinônimo de "observação visual". Avistamento. *Dicionário Priberam da Língua Portuguesa*. Disponível em http://www.priberam.pt/DLPO/default.aspx?pal=avistar. Acesso em 15/7/2009.

33 CAMBIAS, *James L. O Incrível Dirigível de 1896*. Tradução de Kentaro Mori. Dis-

pesquisadores, porém, acreditam que houve de fato um fenômeno inexplicado nos céus.[34]

O certo é que os avanços no voo eram um grande assunto na época. Havia expectativa de que alguém criasse uma máquina de voar em breve e muitos inventores estavam tentando construir um aparelho que conseguisse permanecer no ar e fosse manejável. Segundo David Jacobs, as testemunhas de 1896-7 expressaram um pensamento popular naquele período específico – o de que a solução para a aviação viria dos dirigíveis.[35] Máquinas mais pesadas que o ar só assumiriam importância após 1903, com o experimento dos irmãos Wright. Assim, a interpretação dos objetos não identificados obedeceu à mentalidade em voga nos Estados Unidos naquele período. Pessoas de épocas diferentes interpretariam objetos voadores não identificados de uma maneira diferente.

Novos episódios de objetos ou fenômenos aéreos não reconhecidos continuaram acontecendo no século XX. Nas primeiras décadas, o escritor norte-americano Charles Fort (1874-1932) colecionou milhares de relatos de fenômenos incomuns veiculados em jornais, revistas e publicações científicas. Eram casos de teletransporte, *poltergeist*, chuvas de carne e de peixes, fogo espontâneo, levitação e, claro, objetos voadores não identificados. Em sua obra mais famosa, *O livro dos Danados* (1919), Charles Fort usou essas narrativas para criticar a ciência ortodoxa que, segundo ele, exclui propositadamente os fenômenos estranhos de suas pesquisas. Embora não tenha sistematizado muito suas ideias, Fort chegou a especular que as luzes não identificadas no céu poderiam ser aeronaves vindas de outros planetas.[36]

Recentemente, casos do tipo colecionado por Fort têm sido encontrados também no Brasil. Pesquisador independente, o ufólogo[37] Edison Boaven-

---

ponível em http://www.ceticismoaberto.com/ufologia/dirigivel.htm. Acesso em 30/12/2008.

34 JACOBS, op. cit, p. 32

35 Ibidem, p. 5.

36 FORT, Charles. *O livro dos danados: verdadeiro caos de fatos insólitos.* tradução de Edson Bini e Márcio Pugliesi. São Paulo, Hemus, s.d.;

37 Dicionários atuais trazem os seguintes sentidos para a palavra ufólogo: "1. Pessoa versada em ufologia; 2. Aquele que pesquisa casos de OVNIs". Atualmente, o termo também pode ser utilizado para se referir especificamente ao grupo que defende a explicação extraterrestre, formado por pesquisadores civis independentes e autodi-

tura Júnior descobriu, por exemplo, o relato do militar Augusto João Manuel Leverger, publicado na *Gazeta Offical do Império do Brasil* em 6 de novembro de 1846.[38] No texto, Leverger conta que viu vários globos luminosos movimentando-se estranhamente no céu por cerca de vinte e cinco minutos.[39] Outro ufólogo, Ubirajara Franco Rodrigues, encontrou um relato de 1899 em um antigo livro de registros de uma fazenda.[40] Um terceiro episódio teria ocorrido em dezembro de 1935, em Juiz de Fora, Minas Gerais, onde "um corpo estranho, de aspecto exquisito, atravessou o espaço com alguma rapidez" levando diversas pessoas a se ajoelharem.[41]

Há mais relatos brasileiros desse tipo e provavelmente outros ainda serão resgatados dos arquivos.[42] Até o momento, porém, não se tem conhecimento de nenhuma grande onda de relatos de objetos voadores estranhos no país que tenha ocorrido antes de julho de 1947.

Em outros locais, ocorrências de objetos aéreos não identificados apareceram bastante nos jornais em 1944 e 1945, quando pilotos aliados que sobrevoavam a Alemanha e o Oceano Pacífico relataram perseguições por bolas de fogo brilhantes que se moviam ao redor das asas das aeronaves. Elas foram chamadas de *foo-fighters*. Os militares aliados pensaram inicialmente que os *foo-fighters* eram armas secretas alemãs com objetivo de danificar o sistema de

---

datas que compõem a chamada "comunidade ufológica". Por não se identificarem com essa hipótese alienígena, alguns civis céticos e militares, apesar de serem versados em ufologia e pesquisarem casos, como definem os dicionários, frequentemente não se consideram ufólogos. A palavra "ufólogo" não foi encontrada em nenhuma das fontes lidas no período entre 1947 e 1958.

38 *Gazeta Official do Império do Brasil*, 26 de novembro de 1846, p. 295, v. 1, n° 74.

39 BOAVENTURA JR., Edison. *OVNIs avistados por militares brasileiros antes de 1947*. Disponível em http://www.burn.org.br/modules.php?name=News&file=art icle&sid=317. Acesso em 20/12/2008.

40 Ibidem.

41 *Gazeta Commercial*, 22/12/1935, Juiz de Fora-MG, citada por MARTINS, João. Na esteira dos "Discos Voadores" – parte 8. O que são os "Discos Voadores". In: *O Cruzeiro*. Rio de Janeiro, 20 de novembro de 1954, p. 60.

42 Cláudio T. Suenaga e outros ufólogos, por exemplo, acreditam que a morte do lavrador João Prestes Filho, atacado por uma luz misteriosa em 1946 em Araçariguama-SP, pode estar relacionada com os discos voadores. SUENAGA, Cláudio Tsuyoshi. *A dialética do real e do imaginário: uma proposta de interpretação do fenômeno OVNI*. Dissertação de Mestrado, Universidade Estadual Paulista, Assis, 1998, p. 55 a 62.

ignição dos aviões. Contudo, sua falta de hostilidade fez com que os oficiais mudassem de ideia e posteriormente esquecessem o assunto.[43]

Em 1946, foi a vez da Suécia viver uma onda de relatos de objetos voadores não identificados, que desta vez foram chamados de "foguetes fantasmas". Nesse caso, as descrições mais frequentes foram de foguetes em forma de mísseis, que ficavam visíveis por poucos segundos.

Naquele ano, os russos ainda controlavam boa parte do norte da Europa e suas intenções na região não estavam muito claras. Após a Segunda Guerra, Stálin tinha ocupado *Peenemunde*, um antigo centro nazista de pesquisa de foguetes dentro da Alemanha. Havia entre os suecos grande receio de que mísseis de longo alcance estivessem sendo testados pelo governo de Moscou. Muitos deles viram os "foguetes fantasmas" como atos de intimidação ou mesmo o prelúdio de uma invasão vermelha.[44] Uma grande gama de casos, no entanto, estava relacionada à entrada de meteoritos na atmosfera. Segundo a revista brasileira *Eu sei tudo*, de setembro de 1947:

> Nunca se descobriu a fonte de onde partiram esses "bólides artificiais"; [...] nunca produziram, no entanto, danos pessoais ou materiais. [...] A imprensa sueca, em coro, protestou com vivacidade e com evidente indignação. Houve, no entanto, o cuidado de não se formular referencia alguma a qualquer potência estrangeira, a que se pudesse atribuir a responsabilidade do acontecimento.[45]

Todos esses episódios citados nas páginas anteriores não eram pensados como parte de um mesmo fenômeno até o dia 25 de junho de 1947.[46] Somente nessa data foi criada uma expressão para agregar casos tão díspares como os dirigíveis norte-americanos do final do século XIX, os foguetes fantasmas suecos de 1946 e centenas de outras ocorrências de objetos aéreos não

---

43 JACOBS, op. cit., p. 36.

44 "Sweden Ghost Rocket Delusion of 1946" In: BARTHOLOMEW, Robert E. and George S. Howard. *UFOs & alien contact: two centuries of mystery*. Prometheus Books, New York, 1998, p. 163-188.

45 "Foguetes e Discos Voadores". In *Eu sei tudo*, setembro de 1947, p. 17.

46 Atualmente, a data do caso Arnold, 24 de junho, é celebrada pelos ufólogos como "dia mundial dos discos voadores". Vale lembrar, contudo, que o termo nasceu realmente no dia 25, na redação do jornal *East Oregonian*.

identificados. Vale a pena entender como todas essas observações passaram a ser chamadas genericamente de casos de discos voadores.

O primeiro disco voador (1947)

Discos voadores não existiam no mundo antes de 25 de junho de 1947. Pelo menos, não com este nome. A criação da expressão está vinculada a Kenneth Arnold (1915-1984), que à época era um empresário de 32 anos, casado, com duas filhas e muita experiência como piloto de avião. Com seu aeroplano, ele costumava visitar fazendas de cinco estados do oeste dos Estados Unidos. Dono do próprio negócio, ganhava a vida vendendo e instalando equipamentos de combate ao fogo em áreas rurais.[47]

Segundo seu relato, no dia 24 de junho daquele ano ele ele foi a trabalho até a cidade de Chevalis, estado de Washington. Ali, soube que uma recompensa de 5 mil dólares estava sendo oferecida a quem encontrasse os destroços de um avião da Marinha que havia caído nas montanhas próximas. Após terminar seu trabalho, levantou voo com a esperança de receber o prêmio.

Com o tempo claro, Arnold pôs-se a observar o terreno em busca dos destroços. Por volta das três da tarde, viu um flash brilhante refletir sobre seu avião. Ele narrou: "[...] olhei para a esquerda, em direção ao Monte Rainier, onde eu observei uma cadeia de nove aeronaves voadoras peculiares".[48] Elas estavam dispostas em linha e voavam de maneira ondulante, "como um disco se você o joga sobre a água". Arnold inicialmente pensou que pudesse ser um grupo de gansos, pois se moviam como gansos, mas eles pareciam ter tamanha velocidade que só um novo protótipo de aeronave poderia alcançar.[49]

Após alguns instantes, notou que as aeronaves tinham a forma de "um prato de torta cortado no meio com um tipo de triângulo convexo na traseira", o que lhe causou bastante estranheza. Lembravam um bumerangue. Percebendo a rapidez com que se moviam, pensou em calcular sua velocidade e, para

---

47 LAGRANGE, Pierre. "It is Impossible, but There it is". In: John Spencer y Hillary Evans (orgs.). *Phenomenon. From Flying Saucers to UFOs-Forty Years of Facts and Research*. Futura, Londres, 1988.

48 Ibidem, p. 26.

49 LAGRANGE, Pierre. "El affaire Kenneth Arnold" In *La Nave de los Locos*, no. 26/27, Santiago, Chile, marzo 2004, p. 32-43.

isso, cronometrou o tempo que levaram para ir do Monte Rainier ao Monte Adams, ambos ao alcance da sua visão. Pouco depois, não conseguiu mais vê-las. Tudo ocorreu em menos de três minutos.

Imagem 3 – Desenho do objeto voador visto por Kenneth Arnold segundo sua descrição.[50]

Arnold continuou procurando pelos destroços do avião da Marinha por mais vinte minutos, mas as lembranças do que tinha visto o perturbavam. Pensou que os pilotos do aeroporto da cidade mais próxima, Yakima, poderiam explicar sua observação. No final da década de 1940, era comum que pessoas ligadas à aviação discutissem quão rápido podiam ser os aviões. Os jornais também destacavam o assunto, pois havia concorrência entre os países para produzir a aeronave mais veloz.[51] Em 19 de junho de 1947, poucos dias antes do caso

---

50 Parte da capa do livreto lançado por Kenneth Arnold em 1950, com título "The Flying Saucer as I saw it". Fonte: http://www.ufopop.org/fullimgbk.php?cid=FSAsISawIt.jpg. Acesso em: 22/8/2007.

51 Havia, em especial, uma luta para construir a primeira aeronave que ultrapassasse a barreira do som. O feito foi conseguido alguns meses depois, em 14 de outubro de 1947, quando o piloto norte-americano Chuck Yeager atingiu 1225 km/h com seu X-1.

A INVENÇÃO DOS DISCOS VOADORES

Arnold, o recorde de velocidade na aviação havia sido batido pelo XP-80R, um avião norte-americano que alcançou 1004,2 km/h.[52]

Quando pousou em Yakima, Arnold relatou rapidamente sua visão a algumas pessoas do aeroporto local. Sem encontrar respostas para suas dúvidas, decidiu reabastecer seu avião e decolar novamente em direção a Pendleton, estado do Oregon. Ao chegar a esse destino, porém, já era aguardado por um grupo de pessoas avisadas sobre o ocorrido pelo telefone. Na conversa com esses homens, Arnold calculou a velocidade das supostas aeronaves. Usando mapas descobriu a distância entre o Monte Rainier e o Monte Adams e dividiu-a pelo tempo cronometrado quando estava no avião. O resultado foi de mais de 1300 milhas por hora (ou 2091 km/h), uma marca bem superior aos recordes que vinham sendo batidos. Ao chegar a esse número, Arnold pensou que pudessem ser mísseis guiados à distância. Isso o levou, no mesmo dia, ao escritório do *Federal Investigation Bureau* (FBI) em Pendleton, onde encontrou as portas fechadas. "Eu pensei que essas coisas poderiam possivelmente ser da Rússia" afirmou depois.

Naquela noite, Arnold dormiu num pequeno hotel de Pendleton. Na manhã seguinte, dia 25 de junho de 1947, caminhou duzentos ou trezentos metros até a sede do único jornal local, o *East Oregonian*.[53] Na redação, reportou os acontecimentos a dois jornalistas. Embora sua narrativa fosse estranha, ele passava bastante credibilidade. O jornalista Willian (ou Bill) Bequette escutou Arnold e redigiu uma pequena nota sobre o caso. Seu pequeno texto informava, entre outras coisas, quem era o piloto, a "incrível velocidade" dos objetos e sua forma. Por um erro de compreensão, contudo, Bequete descreveu os objetos como pires ("saucer-like objects"[54]). Não houve tempo para que o erro fosse corrigido. No mesmo dia 25, a redação daquele pequeno jornal do Oregon mandou a história para a poderosa agência de notícias *Associated Press* (AP), por acreditar que o caso poderia ter interesse nacional.

E, de fato, tinha. A nota foi distribuída em todo o país e em seguida republicada em milhares de jornais norte-americanos. Nos dias seguintes, pe-

---

52 Os jornais da época, inclusive os brasileiros, cobriam com bastante interesse a concorrência para produzir o avião mais rápido do planeta. POLILLO, Raul de. "Respingando pelo noticiário mais recente". Coluna Aviação. *Folha da Manhã*, São Paulo, 27/7/1947, p. 4, 1º. caderno.

53 LAGRANGE, 2004, op. cit., p. 35.

54 PEEBLES, op.cit., p. 11.

riodistas passaram a comentar intensamente o episódio e a usar termos como *flying disks, flying platters* ou *flying saucers* (pires voadores, em tradução literal) para se referir ao que havia sido relatado. Aos poucos, a última expressão tornou-se mais popular. *Flying saucer* sugeria uma tecnologia francamente superior à convencional. Foi um rótulo novo, que capturou a imaginação popular.[55] Nos anos seguintes, a maioria dos objetos voadores não identificados passaria a ser chamada de *flying saucer*, mesmo que não tivesse forma de disco ou sequer fosse arredondado. Assim, a expressão passou a abrigar um conjunto variado de eventos que não tinha denominação própria antes de 1947.

Obviamente, não foram apenas as palavras certas que garantiram o sucesso do caso Arnold. Os Estados Unidos viviam um momento delicado. Apenas três meses antes, o presidente norte-americano Harry Truman (1884-1972), havia feito um duro discurso em que defendia uma política de contenção à expansão soviética na Europa, dando início àquilo que ficou conhecido como Doutrina Truman. Para alguns historiadores, as palavras do presidente norte-americano foram também o marco inicial da Guerra Fria. Muitas pessoas imaginaram, inclusive o próprio piloto, que as estranhas aeronaves de grande velocidade poderiam ser artefatos militares oriundos de Moscou.

Os norte-americanos também estavam preocupados com a possibilidade de revoluções comunistas na Europa e na Ásia. Em 1947, havia instabilidade política em muitas regiões, além de guerras civis na Grécia e na China. Malgrado nenhum outro país tivesse conseguido fabricar bombas atômicas, era um contexto no qual Washington "multiplicava declarações de anticomunismo militantes e agressivas".[56]

Fatores mais prosaicos também podem ajudar a explicar a grande repercussão do caso Arnold. Segundo Herbert Hackett, um dos primeiros acadêmicos a analisar o tema, a semana posterior ao episódio foi demasiado tranquila para a imprensa. Sem notícias importantes, os editores buscaram tirar o máximo proveito da história dos *flying saucers*.[57] Hackett comenta também

---

55 KOTTMEYER, Martin S. *Por que 1947?*. Traduzido por Kentaro Mori, disponível em http://www.ceticismoaberto.com/ufologia/kottmeyer_1947.htm. Acesso em 29/2/2009.

56 HOBSBAWM, op. cit., p. 226

57 HACKETT, Herbert (1948). "The Flying Saucer: AManufactured Concept". *Sociology and Social Research*, 32, mayo-junio, 1948, p. 869-73 apud KOTTMEYER, Martin S. "Oleadas OVNI: un análisis". IN *La Nave de los Locos*, Monográfico nº. 2,

A INVENÇÃO DOS DISCOS VOADORES

que as negativas da Força Aérea norte-americana paradoxalmente serviram para estimular o assunto.

Apenas três dias após o caso, o jornal carioca O Globo reproduziu uma nota da agência de notícias *France Presse* (AFP), na qual um informante não identificado do governo dos Estados Unidos alegava que a velocidade calculada por Arnold era ridícula "pois o avião mais rápido do mundo não passa de 1000 quilômetros por hora e [...] as bombas voadoras não voam a menos de 5000 quilômetros horários e [...] são invisíveis nessa velocidade".[58] O mesmo texto dizia que o Departamento de Guerra norte-americano tomaria medidas enérgicas para que "os boatos relativos ao sobrevoo do território dos Estados Unidos por objetos misteriosos não se espalhem pelo país e para que não atinjam a amplitude que atingiram na Suécia, no ano passado [1946]".[59]

Se tais medidas existiram, foram em vão. Em questão de dias, os jornais estadunidenses foram inundados por relatos de pessoas que diziam ter visto aeronaves em forma de disco. Durante semanas, o assunto dominou o noticiário. A respeito daqueles momentos, disse Arnold posteriormente: "não posso estimar o número de pessoas, cartas, telegramas e telefonemas que eu tentei responder. Depois de três dias dessa bagunça, eu cheguei à conclusão de que eu era o único ajuizado nessa turma".[60]

Segundo levantamento feito pesquisador norte-americano Ted Bloecher, o início da onda de relatos nos Estados Unidos aconteceu em 26 de junho, quando a notícia sobre o caso Arnold alcançou todo país.[61] Ocorrências semelhantes começaram a aparecer nos diários na última semana de junho, numa média de 15 a 20 por dia. Nos primeiros dias de julho, houve aumento expressivo do número de casos, que chegaram a 90 no dia 4. Em 7 de julho, ocorreu o pico, com mais de 160 relatos diferentes publicados nos jornais norte-americanos.

Santiago, Chile, junio 2003.

58 "Objetos misteriosos sobrevoam os. E. U U." *O Globo*. Rio de Janeiro, 27 junho 1947, 1ª. seção, p. 4.

59 Ibidem, p. 4.

60 LAGRANGE, 1988, op. cit., p. 30.

61 ALDRICH, Jan L. "1947: Beginning of the UFO" *era* in EVANS, Hilary e STACY, Dennis (org.), *UFOs 1947-1997 From Arnold to the abductees: fifty years of flying saucers*, Londres, Inglaterra, 1997, p. 23.

Não deixa ser curioso o fato de que a maioria das descrições feitas pelas testemunhas não se assemelhava à história original de Arnold. Ou seja, os relatos não falavam em aeronaves com formas parecidas a bumerangues. A maioria tinha a forma arredondada tão proclamada pelos jornais, o que mostra a enorme influência desses meios de comunicação sobre os acontecimentos.

No dia 8, a notícia de que um disco voador havia sido capturado por oficiais na cidade de Roswell, estado do Novo México, causou grande sensação. No entanto, um comunicado da Força Aérea alegou, no dia seguinte, que tudo não passava de um engano. Essa decepção foi um dos motivos para o declínio de interesse pelo assunto. Quinze dias depois, os relatos de discos voadores tinham praticamente sumido dos periódicos.[62]

No mês seguinte a essa avalanche de observações, o instituto Gallup fez uma pesquisa de opinião com norte-americanos e perguntou-lhes: "O que você acha que esses discos são?". Eis os resultados:

TABELA 1 – Pesquisa Gallup agosto 1947[63]

Sem resposta, não sabe	33%
Imaginação, ilusões óticas, miragens etc.	29%
Arma secreta americana, parte da bomba atômica etc.	15%
Fraude	10%
Outras explicações	9%
Dispositivos de previsão do tempo	3%
Arma secreta russa	1%

Como se pode notar, muita gente acreditava que os discos voadores eram simplesmente fenômenos comuns, explicáveis, como miragens, fraudes etc. Um terço dos norte-americanos, no entanto, não tinha ideia do que poderiam ser, o que mostra quanto as notícias foram desencontradas. Para esse grupo, o mistério continuava. Não havia dúvida, porém, do alcance do tema. O instituto Gallup notou com surpresa que noventa por cento dos entrevistados tinha escutado algo sobre o assunto, um número bem superior aos

---

62 No total, Bloecher leu 142 jornais norte-americanos da época e encontrou um numero superior a 850 ocorrências noticiadas nesse curto período.

63 DURRANT, Robert. "Public opinion polls and UFOs" in EVANS, Hilary e STACY, Dennis (org.), *UFOs 1947-1997 From Arnold to the abductees: fifty years of flying saucers*, Londres, Inglaterra, 1997, p. 231.

cinquenta por cento que tomara conhecimento do Plano Marshall, lançado em junho daquele ano.[64]

As notícias sobre discos voadores devem ter causado imensa surpresa também a Raymond A. Palmer, editor de uma *pulp magazine* chamada *Amazing Stories*. Desde 1945, Palmer vinha alimentando uma história conhecida como "mistério Shaver". Ela começara com a carta de um homem chamado Richard Shaver, que dizia escutar vozes que o alertavam sobre seres subterrâneos conhecidos como *Deros*. Estes estariam controlando a vida na superfície por meio de seus raios diabólicos. Shaver assegurava que tinha estado oito anos nas cavernas e que os *Deros* possuíam aeronaves utilizadas para viajar pelo mundo subterrâneo e principalmente pelo espaço.

O mistério Shaver foi publicado como se fosse real e fez grande sucesso entre os consumidores desse tipo de publicação. Elevou as vendas da revista a 250 mil exemplares por mês, o que fez Palmer prolongá-lo por anos.[65] Quando Kenneth Arnold e milhares de pessoas começaram a relatar discos voadores, muitos aficionados viram nisso uma confirmação da existência das naves dos *Deros*.[66] Palmer, o editor, descobriu depois que Richard Shaver era real e que havia mesmo escrito as cartas. No entanto, o tempo que alegara ter passado nas cavernas na realidade havia sido gasto em um hospício estadual.[67]

Sobre o caso Kenneth Arnold, ele ainda é considerado o marco inicial das narrativas envolvendo discos voadores. Dada sua importância, diversos especialistas tentaram explicar o que ele observou. O primeiro foi o astrônomo norte-americano Joseph Allen Hynek, que estava convencido de que Arnold vira "qualquer tipo de avião conhecido".[68] Outro astrônomo, Donald

---

64 Ibidem

65 KEEL, John A. *O homem que inventou os discos voadores*. Tradução de Kentaro Mori. Disponível em http://www.ceticismoaberto.com/ufologia/shaver.htm. Acesso em 2/2/2009.

66 Teria *Amazing Stories* influenciado os norte-americanos com suas imagens e histórias? (KELL, John, op. cit.). Ou tudo não passou de uma grande coincidência, já que a influência de *Amazing Stories* raramente ia além dos entusiastas de ficção científica e dos seguidores de Charles Fort? (CLARK, Jerome. "Meeting the Extraterrestrials: How ETH Was Invented". In: EVANS, Hilary e STACY, Dennis (org.), *UFOs 1947-1997 From Arnold to the abductees: fifty years of flying saucers*, Londres, Inglaterra, 1997, p. 70).

67 PEEBLES, op. cit., p. 6.

68 STEIGER, Brad. *Projecto Livro Azul*, Rio de Janeiro, Internacional Portugália Edito-

Menzel, afirmou que ele "tinha sido enganado por condensações de nuvens ou névoas refletidas pelo Sol".[69] Philip Klass, ativista cético, defendia a hipótese de fragmentos brilhantes de meteoritos.[70] A teoria mais recente é de James Easton, para quem houve uma confusão com pelicanos brancos americanos.[71] Segundo os ufólogos defensores da explicação extraterrestre, nenhum desses estudos explica satisfatoriamente todos os aspectos do caso.[72]

O caso Roswell

O incidente em Roswell, cidade do estado do Novo México, foi um momento especial da onda de relatos de 1947 nos Estados Unidos. Milhares de jornais estamparam a nota oficial dada por um grupamento da Força Aérea norte-americana que informava a captura de um disco voador. De imediato, a localização da cidade chamou atenção. Alguns meios de comunicação destacaram sua proximidade com a base de White Sands, "onde autoridades militares vinham realizando experiências com foguetes V-2 alemães reconstruídos".[73] Outros perceberam que ela estava próxima também da região na qual a primeira bomba atômica havia sido secretamente testada. Presumia-se que, se os discos voadores fossem uma aeronave sigilosa norte-americana, teriam sido fabricados naquela região.

---

ra, 1976, p. 37.

69 Ibidem, p. 9.

70 KLASS, Philip. "¿Fueron meteoros los OVNIS de Arnold?" In *La Nave de Los Locos*, Monográfico 1, Santiago, Chile, agosto 2001, p. 18-19.

71 EASTON, James. *Kenneth Arnold, 'Discos Voadores' e Voo Ondulante*. Tradução Kentaro Mori. http://www.ceticismoaberto.com/ufologia/easton_arnold.htm. Acesso em 21/08/2007.

72 MACCABEE, Bruce. *Prosaic Explanations: The Failure Of UFO Skepticism*. http://brumac.8k.com/prosaic4.html Acesso em 21/8/2007.

73 "Sobre Pearl Harbor os "discos voadores"". *Folha da Manhã*, São Paulo, 9/7/1947, p. 1, 1º. caderno.

A INVENÇÃO DOS DISCOS VOADORES

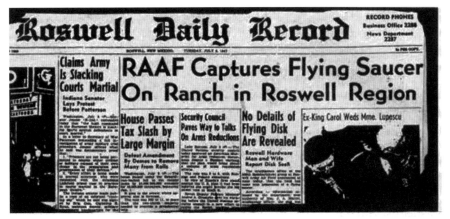

Imagem 4 – Fac-símile da primeira página do jornal de Roswell noticiando a captura de um "flying saucer" por membros da Força Aérea dos Estados Unidos (8 de julho de 1947).[74]

No entanto, um dia depois veio o desmentido. A Força Aérea afirmou que uma confusão havia ocorrido e que os destroços não passavam de restos de um balão meteorológico. À época, pouca gente questionou a explicação oficial. Curiosamente, essa negativa acabou desestimulando a imprensa norte-americana a publicar sobre o tema. Após o dia 10 de julho, o número de notícias caiu substancialmente. Uma nota publicada no Brasil informava que o comunicado oficial "parece ter reduzido às devidas proporções o sensacionalismo provocado pelos "discos voadores"".[75] Outra comentava ainda:

> Os misteriosos "discos voadores" desapareceram quase completamente. Todas as notícias de que se haviam encontrado um dos discos foram falsas e o número de informações dadas por pessoas que afirmam ter visto "discos" voando ficou reduzido a um total insignificante. Por outro lado o Q. G. das Forças Aéreas do Exército, de Washington, repreendeu energicamente os oficiais da base aérea de Roswell, por dizerem que havia sido encontrado um "disco voador" em um estabelecimento rural no Novo México.[76]

---

74   Disponível em http://www.roswellfiles.com/Articles/RoswellNews.htm. Acesso em 28/8/2008.

75   "Reduzidos às suas verdadeiras proporções os "misteriosos discos-voadores"". *Folha da Noite*, São Paulo, 9 de julho 1947, p. 1.

76   "- É TUDO FALSO!". *A Noite*. Rio de Janeiro, 10 de julho 1947, edição das 11 horas, p. 1.

Como entender essa brusca diminuição de interesse? Segundo o pesquisador norte-americano Jan L. Aldrich, outras notícias de quedas já tinham sido anunciadas e esclarecidas em seguida como casos envolvendo balões meteorológicos ou fraudes feitas por pessoas que queriam ganhar prêmios oferecidos aos que capturassem um disco voador. Além disso, houve quem notificasse avistamentos apenas para ver seu nome nos jornais. Publicações chegaram a estampar fotos de mulheres bonitas como testemunhas apenas para atrair leitores. Ou seja, o caso Roswell apareceu (e desapareceu) em meio a um grande número de boatos, muitos dos quais completamente infundados.[77]

É possível perceber esse nível de desencontro na leitura dos jornais brasileiros. Em 11 de julho, por exemplo, *O Estado de S. Paulo* anunciou em primeira página: "Em poder do governo norte-americano um "disco voador"".[78] A notícia dava conta de que Russel Long, engenheiro construtor de North Hollywood, havia chamado os bombeiros para resgatar um pequeno "disco voador" de 30 polegadas que havia caído no seu jardim e estava fumegando. O objeto, "aparentemente controlado pelo rádio", era composto por duas chapas de ferro galvanizado, uma válvula de rádio, duas pilhas vazias e um leme. Nos dias seguintes, entretanto, a verdade apareceu: era apenas uma brincadeira.[79] Embora hoje a ideia de um disco voador de 30 polegadas pareça jocosa, jornais matutinos pouco afeitos ao sensacionalismo, como a *Folha da Manhã* e *O Estado de S. Paulo* veicularam com destaque a história. Isso dá uma ideia de quão perdidos deviam estar os editores naquele momento.

---

77 ALDRICH, op. it., p. 25-26.

78 "Em poder do governo norte-americano um "disco voador"". *O Estado de S. Paulo*, 11 de julho de 1947, p. 1.

79 Nem todos os jornais brasileiros, entretanto, esclareceram que se tratava de uma brincadeira. As edições paulista e carioca do jornal *A Noite* trouxeram o desmentido do caso. Já a *Folha da Manhã* e o *Estado de S. Paulo* não explicaram posteriormente aos seus leitores que tudo não passava de mais uma fraude.

Imagem 5 – O norte-americano Russel Long segurando o seu "disco voador".[80]

Considerando esse contexto, fica mais fácil entender porque os jornais norte-americanos diminuíram abruptamente seu interesse após o desmentido de Roswell. O caso foi visto como mais um engano, outro alarme falso. Com tantos mal-entendidos, muitos editores devem ter se convencido de que não havia nada de concreto por trás de toda polêmica e passaram a não dar mais tanta atenção ao assunto.[81] Além disso, as notícias de observações tinham se tornado repetitivas, o que desinteressava os leitores.

Depois de algumas semanas, o caso Roswell caiu em um esquecimento que durou mais de trinta anos. Sua importância para a cultura ufológica da década de 1950 é praticamente zero. Afora algumas notas publicadas nos dias posteriores ao ocorrido, nenhuma das centenas de notícias lidas nesta pesquisa sequer cita o caso. Roswell só voltou à mídia em 1978, quando um ufólogo norte-americano passou a divulgar a tese de que aqueles destroços eram restos de uma nave de outro planeta com tripulantes.[82] Em 1947, porém, poucos pensaram que discos voadores podiam ser naves de outros mundos.

---

80 "PODE NÃO SER "VOADOR" MAS É UM DISCO..." [Foto] *A Noite*, São Paulo, 16 de julho 1947, p.1.

81 "Reduzidos às suas verdadeiras proporções os 'misteriosos discos-voadores'". *Folha da Noite*, São Paulo, 9 de julho 1947, p. 1.

82 O ufólogo que ressuscitou o caso Roswell é o ex-físico nuclear norte-americano Stanton Friedman, que encontrou e entrevistou o major Jesse Marcel, envolvido no episódio. Segundo Marcel, os objetos que encontrou não tinham as características de um balão meteorológico e deviam ser artefatos extraterrestres. Depois da repercussão dessa narrativa, outras testemunhas apareceram e a história se tornou mais

RODOLPHO GAUTHIER CARDOSO DOS SANTOS

A onda de 1947 no Brasil

As agências de notícias ocidentais repercutiram fortemente os acontecimentos norte-americanos. Depois de alguns dias, relatos de discos voadores começaram a aparecer também em outros países.[83] Já existem estudos sobre isso. Na Argentina, Roberto Banchs colheu 20 ocorrências destacadas pelos jornais.[84] No Chile, Diego Zuñiga encontrou dezenas de casos publicados no mês de julho.[85]

No Brasil, a pesquisa concentrou-se em nove jornais diários durante todo mês de julho de 1947.[86] Notou-se que o assunto discos voadores começou a aparecer timidamente por volta dos dias 5 e 6, quando periódicos trouxeram as primeiras informações sobre o que ocorria nos Estados Unidos. O espaço no noticiário cresceu bastante até o dia 10, momento em que atingiu seu ápice. O interesse se manteve alto até o dia 16 e diminuiu lentamente de-

---

complexa. Deve-se observar, entretanto, que a história de Roswell baseia-se quase totalmente em relatos que foram tomados mais de 30 anos depois dos acontecimentos. Ou seja, são evidências bastante frágeis. Em 1997, a Força Aérea Americana deu sua versão ao publicar um relatório em que dizia que o que caiu em Roswell foi um balão do ultra-secreto Projeto Mogul, criado para monitorar o programa soviético de armas nucleares.

83 Lendo o que foi publicado nos periódicos do Brasil, notamos que, de modo geral, as primeiras notícias de casos ocorridos fora dos Estados Unidos vieram dos países com língua inglesa (África do Sul, Austrália e Canadá) ou próximos ao território norte-americano (caso do México). A América do Sul, Europa e Japão só passaram a ter maior destaque depois do dia 9 de julho. Podemos especular que os relatos de discos voadores surgiram primeiro naqueles países devido à maior proximidade cultural com os Estados Unidos e à influência das agências de notícias. Obviamente, essa é apenas uma suposição, que pode ser confirmada ou negada numa pesquisa profunda e comparativa com jornais de vários países. É importante notar a pouca frequência de relatos da África e da Ásia e a ausência de notícias do lado comunista. Sobre esse último ponto, ver: ALDRICH, op.cit., p. 25.

84 BANCHS, Roberto. *Guía biográfica de la ufología argentina.* Cefai Ediciones, Buenos Aires, Argentina, 2000.

85 ZUÑIGA, DIEGO. *LOS OVNIS. La prensa escrita en la difusión de creencias populares.* Memoria para optar al título de periodista, Universidad de Chile, Santiago, 2003.

86 Eles eram publicados na cidade do Rio de Janeiro, então capital do país, (*O Globo, Diário de Notícias, A Noite* – com duas edições diárias – e *Correio da Manhã*) e em São Paulo (com *Diário de São Paulo, O Estado de S. Paulo, Folha da Noite, Folha da Manhã* e *A Noite*). Foram escolhidos cinco matutinos e quatro vespertinos.

pois disso. No final de julho e primeiros dias de agosto poucos diários tocaram no assunto.[87]

Ao contrário do que acontecia nos Estados Unidos, essas semanas aparentemente foram bastante movimentadas no Brasil, pelo menos em termos políticos. O Partido Comunista Brasileiro tinha tido seu registro cassado em maio. Discutia-se então a cassação dos mandatos dos políticos vermelhos eleitos em 1946. Os diários trouxeram também detalhes dos preparativos da Conferência de Paris, reunião dos países capitalistas para elaborar o Plano Marshall. Deram bastante atenção ainda às guerras civis na Grécia e China.

Apenas quatro dias após os primeiros telegramas de agências de notícias internacionais, alguns jornais informaram que em Presidente Prudente, Estado de São Paulo, uma jovem do comércio local havia visto "um disco estranho, atravessando o espaço, em grande velocidade".[88] O texto era curto e desencontrado, não trazia sequer o nome da testemunha. Ao notar a "chegada" dos discos voadores, o jornal *A Noite*, de São Paulo, ironizou: "Como sempre, o Brasil não pode ficar por baixo…".[89]

Em pouco tempo, boatos já tinham ampliado o episódio e davam conta da queda de um dos 'estranhos aparelhos' em Presidente Prudente. Diante disso, alguns repórteres procuraram o então chefe do Estado-Maior do Exército, general Milton de Freitas Almeida. Ele disse não ter nenhuma informação sobre o que havia acontecido. Acrescentou que os casos se deviam ao "estado natural de alarma do povo"[90] ou "efeito de sugestão das pessoas".[91] Citou ainda a possibilidade de ter ocorrido episódio idêntico ao de Roswell, onde os militares, ao examinar os destroços, chegaram à conclusão de que "não se

---

87 No total, foram 116 notícias nos nove periódicos pesquisados, o que fez dos discos voadores um dos assuntos mais comentados daquele mês.

88 "Teriam sido vistos no Brasil 'discos voadores'". *O Globo*. Rio de Janeiro, 9 julho 1947, p. 1 e 7.

89 "Pronto: A professora já viu o disco no Rio". *A Noite*. São Paulo, 10 de julho 1947, p.1.

90 "O propalado aparecimento de 'discos voadores' no Brasil". *Folha da Manhã*, São Paulo, 9/7/1947, p. 2, 1º. caderno.

91 "Teriam sido vistos no Brasil 'discos voadores'". *O Globo*. Rio de Janeiro, 9 julho 1947, p. 1 e 7.

encontrava[m] diante de engenho bélico algum, mas de partícula de um balão sonda".[92]

Imagem 6 – Os discos voadores chegam às páginas da imprensa brasileira. Fac-símile da primeira página do jornal *A Noite* (RJ) de 9 de julho de 1947.[93]

No dia seguinte, algo mais interessante apareceu. No Rio de Janeiro, a professora Micaela da Rocha Casali afirmava ter visto seis ou oito "manchas em forma de discos de vitrola". Segundo ela, a visão teria durado menos de um minuto, pois os discos, ao se aproximarem, foram se apagando, como a chama de uma vela que tivesse sido assoprada.[94] Segundo *A Noite*, a professora parecia uma testemunha bastante confiável.[95]

No dia 11, informações da cidade de São Paulo davam conta de que uma multidão se aglomerava na avenida Independência para ver os supostos

---

92 "O E.M. do Exército e os "discos voadores"". *A Noite*. Rio de Janeiro, 9 de julho de 1947, edição final, p. 9.

93 Ibidem.

94 "Discos voadores avistados no Rio. O depoimento de uma testemunha". *Diário da Tarde*, Belo Horizonte, 10 junho 1947, p. 1.

95 "Discos voadores" também sobre o Rio" *A Noite*. Rio de Janeiro, 10 de julho de 1947, edição das 11 horas, p. 1 e 3.

objetos.[96] O escritor Guilherme de Almeida comentou essa agitação em uma crônica. Disse ele que, ao passar pelo Viaduto do Chá, em São Paulo, encontrou várias pessoas olhando insistentemente para o alto. Perfilou-se então ao lado de um rapaz que mirava para cima:

> [...] Fiquei ao lado dele e imitei-o. De repente, notei que se formara em torno de nós um grosso novelo humano: toda a gente olhava para o céu. O nosso belo exemplo frutificara!
>
> Afinal, o rapaz voltou a si, isto é, à terra. E disse-me:
>
> - O senhor também viu os "discos-voadores"? Acho que a outra guerra está aí! [97]

A reportagem do jornal paulistano *A Noite* relatou algo parecido. Ao chegar ao bairro do Ipiranga, em São Paulo, encontrou "uma verdadeira multidão [que] tecia comentários em torno do assunto".[98] Também em Florianópolis "juntou-se grande multidão na avenida Mauro Ramos [...] trocando-se então os mais desencontrados comentários", segundo o *Diário de São Paulo*.[99]

No dia 12, surgiram relatos de casos em Recife[100] e novamente em São Paulo,[101] nos bairros do Ipiranga e Brás. Em seguida, outra história curiosa: um disco voador teria caído em Niterói, Rio de Janeiro. Ao entrar na sede do Canto do Rio Futebol Clube, o tesoureiro da entidade encontrou muitos destroços e um buraco no teto. Entre a bagunça, achou uma estranha peça de metal de dez centímetros de diâmetro. Os boatos correram e rapidamente o fato foi relacionado ao mistério do momento. Autoridades militares, no entanto, não tardaram em identificar o objeto como uma gra-

---

96 "Discos voadores" sobre a capital". *A Noite*. São Paulo, 11 de julho 1947, p.1.

97 ALMEIDA, Guilherme de. "Elevação". Coluna Ontem - Hoje - Amanhã. *Diário de São Paulo*, São Paulo, 20 de julho, p. 8.

98 "Discos Voadores sobre São Paulo". *A Noite*, São Paulo, 12 de julho 1947, p.1.

99 CROPANI, Barão de O. De Fiore de. ""Discos Voadores" e Antropófagos". *Diário de São Paulo*, São Paulo, 13 de julho, p. 4.

100 "Teriam sido vistos em diversas regiões os famosos "discos voadores"" *Diário de São Paulo*, São Paulo, 13 de julho, p. 3.

101 "Discos Voadores sobre São Paulo". *A Noite*, São Paulo, 12 de julho 1947, p.1.

nada antiaérea sem carga explosiva, utilizada em treinamento pelo Exército. Nenhum jornal questionou a explicação oficial.[102]

Aviadores também narraram visões de objetos voadores estranhos. Em 16 de julho, o *Diário da Tarde* de Belo Horizonte, publicou o relato em primeira pessoa de um piloto da *Panair* que, junto com outros cinco tripulantes, viu "um disco voador passar a grande velocidade sobre o campo de Lagoa Santa".[103] Nesse mesmo dia, outros dois jornais informaram que um aspirante a aviador da Base de Santos, havia visto "um enorme disco afastando-se a grande velocidade"[104] enquanto pilotava seu aeroplano.[105]

Aos poucos, os jornais foram ficando, aparentemente, mais a vontade para publicar casos brasileiros. Alguns deles provavelmente jamais ganhariam as bancas em outros contextos, por parecerem demasiado estranhos ou por não possuírem nenhum dado que lhes conferisse maior credibilidade, tais como testemunhas adicionais. Em meio à onda de interesse pelo assunto, os diários foram abaixando suas barreiras e se tornando menos críticos. Em Campinas, por exemplo, três operários relataram uma "espécie de panela" voadora.[106] Em 14 de julho, a situação chegou a tal ponto que *O Globo* noticiou sem ironia: "Enchem-se de "discos voadores" os céus do Brasil...".[107]

---

102 "Não caiu "disco voador" em Niterói". *Diário de Notícias*. Rio de Janeiro, 13 julho 1947, 2ª seção, p. 1.

103 "Discos voadores" avistados em Lagoa Santa". *Diário da Tarde*, Belo Horizonte, 16 junho 1947, p. 1.

104 "Mais um "disco voador"..." *A Noite*. Rio de Janeiro, 16 de julho 1947, edição das 11 horas, p. 3.

105 Parece não haver unanimidade em relação à qualidade dos testemunhos de pilotos. O capitão norte-americano Edward Ruppelt, antigo chefe do Projeto Blue Book, defende que os pilotos, especialmente os da aviação comercial, são ótimos observadores e dificilmente confundem-se. RUPPELT (1959), op. cit., p. 118. Outros, no entanto, pensam que os pilotos de avião estão entre aqueles com mais dificuldade para identificar corretamente fenômenos visuais não familiares, diferentes do seu treinamento visual. Assim pensava o astrônomo norte-americano Joseph Allen Hynek. OBERG, James. *Estudos de Caso em Más interpretações de "OVNIs" por pilotos*. Traduzido por Kentaro Mori. Disponível em: http://www.ceticismoaberto.com/ufologia/oberg_pilots.htm. Acesso: 2/2/2008.

106 "Enchem-se de "discos voadores" os céus do Brasil..." *O Globo*. Rio de Janeiro, 14 julho 1947, p. 2.

107 Ibidem.

O refluxo veio a partir da segunda quinzena do mês. Foi justamente nessa época que o trabalho dos humoristas se intensificou. No *Diário de São Paulo*, a coluna do BODE (Boletim Oficial dos Estados), assinada pelo "camarada Lorotoff", informava que um disco voador caído em Goiás havia sido imediatamente levado à discoteca municipal. Lorotoff dizia também que se pegasse um disco vivo, faria com que ele falasse, mesmo se fosse necessário usar agulhas... de vitrola.[108]

Imagem 7 – Charge publicada na *Folha da Manhã*.[109] Legenda:
- Serão discos voadores?
- Não, é o Amoroso que discute com a mulher...

O Barão de Itararé, personagem de Aparício Fernando de Brinkerhoff Torelly (1895-1971), defendeu que os discos voadores andavam atrás das "vitrolas voadoras", que ainda não tinham sido vistas por se confundirem com os aviões de grande porte que cruzavam os ares.[110]

---

[108] "Achou-se um disco em Goiás". Coluna do BODE. *Diário de São Paulo*, São Paulo, 17 de julho 1947, p. 5.

[109] [Charge]. *Folha da Manhã*, São Paulo, 15/7/1947, p. 4, 1º. Caderno.

[110] ITARARÉ, Barão de. "OS DISCOS VOADORES". *Folha da Noite*, São Paulo, 29 de julho 1947, p. 2.

Já "Gato Félix", autor da coluna Bar do Ponto, publicada no *Diário da Tarde* de Belo Horizonte, disse que os discos voadores eram as moedas de cruzeiro que estavam fazendo falta nos bolsos das pessoas. E emendou num tom levemente sombrio:

> Já é um palpite, pelo menos mais tranquilizador do que pensar que a gente está dormindo na cama e um deles cai sobre nossa carcaça, estraçalhando tudo, carcaça e casa, deixando no ar um cheiro de enxofre e de "vodka"...
> Vamos ser racionais e lógicos em nossas conclusões. Deve ser o cruzeiro...[111]

No Brasil, não houve aparentemente nenhum evento responsável pela diminuição do interesse pelo assunto. Aos poucos, o "mistério" deve ter saturado editores e leitores. As informações eram muito contraditórias e nos Estados Unidos a polêmica já havia esfriado sem chegar a lugar algum.

Além disso, devido à repetição, os relatos de discos voadores devem ter perdido momentaneamente seu poder de interessar, de novidade. *A Noite*, do Rio de Janeiro comentou no começo de agosto: "Já vão saindo dos noticiários dos jornais os estranhos "discos", "pratos" e "caçarolas voadoras". A ciência até o momento não lhes explicou a origem e tudo leva a crer tratar-se apenas de fruto de sugestão".[112]

A imprensa brasileira

Essa onda de relatos de discos voadores só pode ser compreendida em sua totalidade levando-se em conta algumas características do jornalismo impresso daquela época. Havia no período muito mais competitividade por leitores. O número de títulos disponíveis nas bancas era grande e as tiragens, pequenas. Em 1954, por exemplo, existiam só na cidade do Rio de Janeiro 26

---

111 FELIX, GATO. "Discos voadores". Coluna Bar do Ponto. *Diário da Tarde*, Belo Horizonte, 18 junho 1947, p. 3.

112 "Não era um disco era uma bola de fogo". *A Noite*. Rio de Janeiro, 5 de agosto 1947, edição final, p. 1 e 7.

jornais diários.[113] A maioria dessas empresas trabalhava com poucos profissionais e parcos recursos financeiros.

Outro aspecto de destaque era a divisão entre jornais matutinos, que circulavam ao amanhecer, e vespertinos, vendidos nas bancas a partir das 11 horas da manhã. Os matutinos eram, de modo geral, jornais tradicionais. Tinham, em sua maioria, abordagens mais sérias, analíticas e profundas.[114] Eram também um pouco mais objetivos na transmissão das notícias, usando menos recursos da narrativa literária. Voltados para a classe média e alta, privilegiavam assuntos políticos e econômicos, temas que pouco tinham a ver como os discos voadores.

Como era de se esperar, os matutinos não deram tanto espaço aos casos ocorridos no Brasil. Preferiram reproduzir notícias de agências internacionais sobre a situação nos Estados Unidos. Estavam mais atentos à possibilidade de tratar-se de uma questão bélica. *O Estado de S. Paulo* e a *Folha da Manhã*, em São Paulo, e o *Correio da Manhã* e o *Diário de Notícias*, no Rio de Janeiro, se encaixam nessa categoria.

Os discos voadores eram, por excelência, um assunto dos vespertinos. Eles tendiam a ser populares, lidos preferencialmente por trabalhadores, donas-de-casa e jovens. Tinham vocabulário mais simples e, algumas vezes, apelativo. Visualmente, eram mais espalhafatosos, pois utilizavam letreiros grandes e muitas fotos. Costumavam abordar com bastante frequência assuntos cotidianos, como problemas urbanos, crimes, histórias pitorescas etc. Alguns eram explicitamente sensacionalistas, outros nem tanto, caso de *O Globo* e da *Folha da Noite*.[115]

Entre os francamente apelativos, estavam jornais de título *A Noite*, publicados tanto em São Paulo como no Rio de Janeiro. *A Noite* teve uma história bastante peculiar. Desde 1940 fazia parte das Empresas Incorporadas

---

113 RIBEIRO, Ana Paula Goulart. *Imprensa e história no Rio de Janeiro dos anos 1950.* Rio de Janeiro: E-papers, 2007, p. 58.

114 Ibidem, p. 57.

115 As diferenças entre matutinos e vespertinos eram propositais. Cada tipo de jornal voltava-se para um segmento de público. A empresa *Folha da Manhã S.A*, por exemplo, possuía dois periódicos, *Folha da Manhã* (matutino) e *Folha da Noite* (vespertino), que tiveram coberturas bastante diferentes. Enquanto a *Folha da Noite* focou mais os casos brasileiros, a *Folha da Manhã*, como outros matutinos, preferiu enfatizar casos e declarações oficiais transmitidas pelas agências de notícias norte-americanas.

ao Patrimônio da União, um conjunto de empreendimentos tomados pelo governo federal durante o Estado Novo (1937-1945). O jornal era administrado por um superintendente indicado politicamente, mas funcionava em regime semelhante ao de uma empresa privada. Com baixa tiragem e grande número de funcionários indicados por políticos, vivia em "crise permanente".[116]

Além disso, contava com a desconfiança da população por ser, no fundo, um diário estatal, que elogiava quem estivesse no poder. Esses problemas talvez expliquem seu sensacionalismo na questão dos discos voadores. Era, possivelmente, uma tentativa desesperada de ampliar a venda de exemplares. Eis um trecho pinçado das suas matérias:

> Hoje o telefone da redação nos trouxe a sensacional [notícia] de que os misteriosos "discos" foram vistos nos céus de São Paulo. Parece incrível, porém, o "Paulista-Reporter", sr. Arquimedes Prand, residente à avenida Independência, [36?], foi quem nos deu conhecimento do fato, dizendo-nos que naquela rua, observara enorme aglomeração de pessoas e todas elas constataram a passagem dos aludidos "pratos" mais ou menos às onze horas, que atravessaram o céu de norte para sul, numa rapidez fantástica.[117]

Como se pode perceber, o diário veiculou uma notícia transmitida por um leitor por meio de um telefonema.[118] Além disso, usou palavras que acentuam o tom pitoresco, como "sensacional", "misteriosos", "incrível", "enorme", "fantástica". Nas linhas posteriores, sabe-se que nenhum repórter confirmou *in loco* o relatado, o que mina a confiabilidade da narrativa. Em outra ocasião, *A Noite* recebeu o telefonema de um leitor que informou a passagem de um disco voador tocando a música "Tico-Tico no Fubá".[119] Embora pareça absurda, essa notícia também foi publicada.

---

116 ABREU, Alzira Alves de (Coord.). *Dicionário histórico biográfico brasileiro pós- 1930.* 2. ed. Rio de Janeiro: FGV, 2001, p. 4107.

117 "Discos voadores" sobre a capital". *A Noite.* São Paulo, 11 de julho 1947, p.1.

118 Dentro desse jornal, isso era conhecido como *Paulista-repórter*, um serviço que gratificava com CR$ 500 aquele que enviasse "boas notícias". Para efeito de comparação, uma assinatura anual de *A Noite* (SP) custava CR$ 120.

119 "O "disco voador" passou tocando Tico-Tico no Fubá". *A Noite*, São Paulo, 23 de julho 1947, p.1.

De certo modo, vespertinos como *A Noite* guardavam resquícios do antigo jornalismo político-literário, existente nos primórdios da atividade. Nesse estilo, os textos frequentemente traziam comentários e palavras qualificativas misturados às notícias. Imparcialidade e objetividade ainda não estavam entre os ideais a serem seguidos.[120]

Pelo contrário, o modo de narrar os acontecimentos era tão ou mais importante que os fatos. Alceu Amoroso Lima chegou a definir esse tipo de jornalismo como "literatura sob pressão".[121] Para autores como Ana Paula Goulart Ribeiro,[122] Carlos Eduardo Lins da Silva[123] e Alzira Alves Abreu[124] esse estilo foi bastante influente até a década de 1950. O trecho a seguir é um bom exemplo de tal maneira de produzir notícia:

> [...] Recebendo-nos com distinção e fidalguia em seu luxuoso apartamento, Mme. Micaela da Rocha Casali, manteve com redator de A NOITE, de "A Manhã" e "Repórter Esso" da Rádio Nacional, amável palestra, durante a qual tudo confirmou com inteira segurança. [...][125]

Como se sabe, palavras como "distinção", "fidalguia", "luxuoso" e "amável" não constam do ideário de objetividade jornalística.

Enfim, pode-se dizer que o tema dos discos voadores encontrou seu caminho em direção à sociedade brasileira em um jornalismo no qual literariedade e sensacionalismo se misturavam, algo típico dos vespertinos. Esses diários estavam mais abertos à publicação de casos e notícias estranhas. Possuíam pouca gente para checar informações ou revisar notícias antes de publicá-las.

---

120 À época, ainda não estavam amplamente difundidas técnicas do jornalismo norte--americano, como o *lead* e a pirâmide invertida. Praticamente não havia a noção de que era necessário transmitir ao leitor as informações principais do acontecimento logo nas primeiras linhas.

121 Apud RIBEIRO, op. cit., p. 29

122 RIBEIRO, Ana Paula Goulart. *Imprensa e história no Rio de Janeiro dos anos 1950*. Rio de Janeiro: E-papers, 2007.

123 SILVA, Carlos Eduardo Lins da. *O adiantado da hora: a influência americana sobre o jornalismo brasileiro*. São Paulo: Summus, 1991.

124 ABREU, Alzira Alves de. *A Imprensa em transição: o jornalismo brasileiro nos anos 50*. Rio de Janeiro, Editora Fundação Getulio Vargas, 1996.

125 ""Discos voadores" também sobre o Rio". *A Noite*. Rio de Janeiro, 10 de julho 1947, edição das 11 horas, p. 1 e 3.

Praticavam, de modo geral, um jornalismo de sensação, que publicava rumores e notícias não verificadas, o que estimulava ainda mais as especulações. Sem meios de comunicação como o jornal *A Noite* e seus congêneres, a história dos casos de discos voadores provavelmente seria bem diferente.

Deve-se destacar ainda a atuação dos jornais do interior. Durante a onda de casos de 1947, houve um momento em que informes vindos dessas cidades passaram a dominar o noticiário. Por volta do dia 15 de julho de 1947, ocorrências em Campos,[126] Campinas,[127] Itapira,[128] Mogi Mirim,[129] Pedregulho,[130] Santos [131] e Torrinha[132] ganharam algumas linhas nos jornais das capitais. Essas notas tendiam a ser bastante superficiais. Frequentemente traziam pouquíssimos detalhes das ocorrências, às vezes nem o nome das testemunhas.

A esse respeito, é possível que tenha ocorrido no Brasil algo semelhante ao que houve nos Estados Unidos. Segundo Herbert Strentz, que dedicou seu doutorado à cobertura da imprensa norte-americana a respeito dos discos voadores entre 1947 e 1966, periódicos do interior foram muito ativos. De acordo com ele, os pequenos diários locais tenderam a publicar muito mais casos do que os das grandes cidades. O problema é que esses jornais, por possuírem menos infraestrutura e funcionários, tendiam a ser menos cuidadosos na checagem de informações. Tampouco costumavam consultar a opinião de oficiais de aeroportos, de estações meteorológicas, astrônomos locais e autoridades policiais. Por isso, acabavam divulgando um número maior de ocorrências falsas ou distorcidas.[133]

---

126 "Avistados em várias cidades". *Diário da Tarde*, Belo Horizonte, 15 junho 1947, p. 1.

127 "Mais "Discos Voadores" agora foram vistos em Campinas". *A Noite*, São Paulo, 28 de julho 1947, p. 3.

128 "Também em Itapira foi visto um "disco voador"". *Folha da Noite*, São Paulo, 14 de julho 1947.

129 ""Discos voadores" no interior de São Paulo". *A Noite*. Rio de Janeiro, 22 de julho 1947, edição final, p. 10.

130 ""Discos Voadores" também foram vistos em Pedregulho". *Diário de São Paulo*, São Paulo, 19 de julho, p. 3.

131 "Mais um "disco voador"…" *A Noite*. Rio de Janeiro, 16 de julho 1947, edição das 11 horas, p. 3.

132 ""Discos voadores" em todo o interior". *A Noite*, São Paulo, 16 de julho 1947, p.1.

133 STRENTZ, Herbert. *A survey of press coverage of unidentified flying objects, 1947-1966*. Capítulos I, V, VI e conclusões. [Versão revisada pelo autor, não publicada].

Os casos brasileiros

Havia inicialmente na língua inglesa uma multiplicidade de expressões: *flying disks* (discos voadores), *flying saucers* (pires voadores) e *flying platters* (pratos voadores) etc.[134] Depois de algum tempo, prevaleceu o termo *flying saucers*. Segundo David Jacobs, embora tenha possibilitado às pessoas colocar observações aparentemente inexplicáveis em uma nova categoria, o termo *flying saucer* deu também certo tom ridículo ao assunto, afinal pires (*saucers*) não voam. "Era ridículo para uma testemunha dizer que havia visto um. [...] O termo em si fez o evento real parecer inválido."[135]

No Brasil, pelo menos três expressões apareceram nas primeiras notícias: "pires voadores", "pratos voadores" e "discos voadores". Ao longo de julho de 1947, porém, a imprensa nacional passou lentamente a dar preferência a "disco voador" e não utilizou mais os outros termos, padronizando o vocabulário. Por que os jornalistas locais teriam preferido "disco voador" ao invés de "pires" ou "prato"? Parece impossível chegar a uma resposta confiável. Talvez os editores daquela época não tenham achado a imagem de um pires ou de um prato voando crível. Afinal, pires e pratos são objetos muito pequenos em relação ao tamanho de uma aeronave. Já "disco voador" estava menos relacionado a objetos domésticos. Dos três termos, "disco voador" é o que mais sugere uma tecnologia superior à convencional.

O vocabulário escolhido pode ter sido muito importante para o desenvolvimento dos acontecimentos. Tanto nos Estados Unidos como no Brasil as informações sobre tamanho e forma dos objetos que estavam sendo relatados eram muito desencontradas. Frequentemente, os periódicos sequer veiculavam tais dados. Além disso, havia poucas imagens. Nesse cenário, as palavras podem ter sido importantes ao influenciar na "moldagem" das descrições.

---

134 O pesquisador norte-americano Herbert Strentz comenta que a palavra *disk* foi bastante utilizada nas manchetes dos jornais dos Estados Unidos possivelmente por sua economia de espaço em relação à expressão *flying saucers*, ou mesmo *saucers*. Entretanto, opina Strentz que *flying saucer* (pires voador) pode ter prevalecido em relação aos demais por parecer criado exclusivamente para o novo fenômeno. STRENTZ, op. cit.

135 "It was ludicrous for a witness, using the only phrase available to him, to say that he saw one. [...] The term itself made the actual event seem invalid". JACOBS, op.cit., p. 37

O caso Arnold parece um bom exemplo nesse sentido. Influenciados pela difusão do termo *flying saucer*, boa parte dos norte-americanos descreveu objetos discóides, a mesma forma divulgada pelos diários a partir do erro de compreensão de um jornalista. Arnold, que deu início ao processo, disse que os objetos que viu se pareciam mais com bumerangues ou morcegos. Por que os discos voadores vistos pelas pessoas eram iguais aos dos jornais e diferentes dos que Arnold relatou?[136]

Outro estudo, feito a partir de recortes de jornais do Canadá de 1947, mostrou que naquele ano os canadenses relataram muitos objetos pequenos, tão pequenos que nem uma criança caberia em seu interior.[137] Nos Estados Unidos, aconteceu a mesma coisa, segundo um estudo de Martin S. Kottmeyer.[138] Uma possível explicação é a possibilidade de que canadenses e norte-americanos tenham levado muito ao pé da letra o termo pires voador (*flying saucer*).[139] Muita gente, voluntaria ou involuntariamente, pode ter moldado seu relato para se adequar aos jornais, que vinham utilizando bastante a palavra objeto ao descrever os discos voadores.

No Brasil, quatro dos 28 casos encontrados nos jornais de 1947 descreveram objetos parecidos com "discos de vitrola" – redondos com um círculo de cor diferente no centro.[140] Em Presidente Prudente, por exemplo, Alberto Tombam relatou a visão de um disco em forma de pneu, com o centro escuro e as bordas cor de prata.[141] Na cidade de São Paulo, Ílio de Almeida disse ter visto um objeto circular, em forma de disco de vitrola.[142]

---

136 KOTTMEYER, Martin S. *Rendondamente errados*. Traduzido por Kentaro Mori, disponível em http://www.ceticismoaberto.com/ufologia/kott_error.htm. Acesso em 21/8/2007.

137 Disponível em http://www.virtuallystrange.net/ufo/updates/2001/mar/m14-021.shtml. Acesso em 8/5/2007.

138 KOTTMEYER, Martin S. *Discos que aumentam*. Disponível em http://www.ceticismoaberto.com/ufologia/kott_saucer.htm. Tradução Kentaro Mori. Acesso em 2/9/2007.

139 Ibidem.

140 A lista completa dos casos encontrados nos jornais está nos anexos da versão da dissertação defendida em 2009, disponível no site da Unicamp.

141 "Inquieta o mundo o mistério dos discos voadores". *A Noite*. São Paulo, 11 de julho 1947, p. 7 e 11.

142 "Discos Voadores sobre São Paulo". *A Noite*, São Paulo, 12 de julho 1947, p.1.

É possível que algumas dessas pessoas também tenham tomado a expressão "disco voador" muito literalmente.[143] Sem imagens e com informações confusas sobre a forma e o tamanho, ninguém sabia ao certo como eles eram.[144] Alguma padronização iconográfica só seria alcançada anos depois com a ajuda do cinema hollywoodiano.

---

143 Existe também a possibilidade de que alguns casos brasileiros envolvendo objetos com furo no meio tenham sido influenciados pela publicação do fraudulento caso Dahl. Em 8 de julho de 1947, três jornais (*O Globo*, *O Estado de S. Paulo*, *Diário de Notícias*-SP) noticiaram que o norte-americano Harold Dahl havia observado cinco objetos que "apresentavam no centro um orifício cercado de orifícios menores". Esse relato mentiroso deu origem ao polêmico episódio da ilha Maury. RUPPELT, Edward J. *Discos voadores - relatório sobre objetos aéreos não identificados*. Tradução: J. Escobar Faria e Auriphebo Berrance Simões, São Paulo: Difusão Europeia do Livro, 1959, p. 44-47.

144 As formas dos objetos relatados pelos brasileiros foram bastante desiguais. Pratos ou pires (6 casos), discos (5 casos), caçarolas e panelas (2 casos), "como um balão" (1 caso) ou simplesmente circular (4 casos) foram alguns dos termos utilizados para descrever as formas do que era observado. Dos 28 casos encontrados nos jornais pesquisados, eis outras informações: 16 deles aconteceram durante o dia (o horário foi revelado em apenas 17 casos), 21 estavam relacionados a um único objeto (dos 23 casos em que existe essa informação), 7 relataram cor alumínio (dos 17 casos) e em 16 deles havia mais de uma testemunha (dos 22 casos em que aparece esse dado). A grande velocidade foi o único aspecto presente em quase todas as narrativas.

Imagem 8 – Representação do objeto relatado por um paulistano, semelhante a um disco fonográfico.[145] Abaixo, pode-se ler: "O povo, presa de frenética curiosidade, vasculha todo o céu com o olhar, à procura dos 'Discos Voadores'".

A confusão não era somente em relação à forma. Dos 28 casos encontrados no Brasil, seis continham informações sobre o tamanho. Em três, os objetos eram adjetivados como grandes. Em um deles é estimado em "30 metros de diâmetro".[146] Nos outros três relatos, entretanto, os objetos eram considerados pequenos, com "sete centímetros de diâmetro"[147] ou mesmo "do tamanho de um globo comum de luz elétrica".[148]

A grande dispersão geográfica das ocorrências era outro motivo para dúvidas. Como explicar a aparição em cidades tão distantes no mesmo dia? Sobre isso, o barão Ottorino de Fiore di Cropani, professor da USP (Universidade de São Paulo), comentou: "[...] esta formidável dispersão geográfica

---

145 "'Discos voadores' sob os céus de São Paulo". *Folha da Noite*, São Paulo, 5 agosto 1947, p. 5.

146 "Marcianos descem no Paraná!" *A Noite*, São Paulo, 15 de agosto 1947, p. 2 e 8.

147 "Em Ipanema, eu vi um 'disco voador'!". *A Noite*. Rio de Janeiro, 14 de julho 1947, 1ª. edição, p. 1 e 3.

148 "'Discos voadores' em todo o interior". *A Noite*, São Paulo, 16 de julho 1947, p.1.

torna duvidosas muitas das observações e faz crer em histerismo coletivo, repetição de outro ocorrido há um ano atrás [1946 na Suécia] [...]".[149]

A variedade de formas e tamanhos e a dispersão geográfica talvez expliquem porque a imprensa utilizou com muita frequência aspas para a expressão disco voador. Elas denotam certo desconforto com um termo que abrangia descrições bastante díspares. As aspas só começaram a sumir nos anos 1950, quando o termo se incorporou ao vocabulário nacional. Antes disso, porém, ele foi continuamente perseguido pela desconfiança conotada por esses símbolos.

Se por um lado essa falta de padronização em vários aspectos dos casos tornava o tema altamente criticável nos círculos científicos, por outro, foi justamente esse alto grau de indeterminação que permitiu a continuidade do mistério, que possibilitou que muitas pessoas se animassem a narrar suas observações sem serem refutadas por um especialista. Aparentemente, ninguém possuía a verdade quando o assunto era discos voadores. Assim, a essa altura já não importava tanto que não houvesse um padrão no conjunto de casos porque o que imperava era a lógica do mistério – o pensamento de que, mesmo reinando alguma confusão, no fundo devia existir algo novo, desconhecido e, por isso, atraente.

Nos primeiros dias de julho, *A Noite* publicou: "[...] dizem, ainda no domínio do consta, que na cidade de Presidente Prudente, foi visto, cortando os ares, um dos tais "discos"".[150] Era justamente nesse impreciso "domínio do consta", do "fala-se", do "comenta-se" que as notícias circulavam. Ninguém tinha certeza sobre que o eram ou mesmo se existiam discos voadores. No entanto, a grande quantidade de depoimentos dava a legitimidade de um processo coletivo representada pelo dito popular de que "onde há fumaça, há fogo".

Primeiras hipóteses

Desde o início, a imprensa buscou apresentar aos leitores as principais explicações sobre os relatos de discos voadores. Mais do que simples elucu-

---

149 CROPANI, Barão de O. De Fiore de. ""Discos Voadores" e Antropófagos". *Diário de São Paulo*, São Paulo, 13 de julho de 1947, p. 4.

150 "O E.M. do Exército e os "discos voadores"". *A Noite*. Rio de Janeiro, 9 de julho 1947, edição final, p. 1 e 9.

brações, essas primeiras discussões revelam bastante sobre aquele momento histórico.

A primeira (e eterna) dúvida era: os discos voadores realmente existem?[151] Nos debates iniciais dois grupos se destacaram. O primeiro acreditava que os casos eram fruto de algum fenômeno psicológico individual ou coletivo ou ainda resultado de confusões com objetos e fenômenos conhecidos. Para estes, os discos voadores não existiam. Já o segundo grupo defendia que eram aeronaves reais, provavelmente armas secretas de uma das superpotências da Guerra Fria.

A maioria dos cientistas consultados pelas agências de notícias internacionais defendeu que os relatos eram fruto de histerismo coletivo ou de confusões com fenômenos aéreos conhecidos. Para Edward Streecker, do Hospital de Doenças Mentais e Nervosas de Filadélfia, Estados Unidos, as manchetes eram "reveladoras do estado mental de muita gente".[152] Outros acreditavam que tal histerismo era um exemplo em pequena escala das consequências psicológicas de um ataque atômico ao território norte-americano. Para eles, os discos voadores mostravam que, caso isso acontecesse, as vítimas psicológicas seriam enormes.[153]

Halow Shapley, diretor do Observatório de Harvard, assegurou que os testemunhos eram causados por autosugestão. Segundo ele, os discos voadores não eram problemas de meteorologistas ou astrônomos, mas de psiquiatras.[154] Possibilidades estranhas também foram aventadas, como a de que os casos estariam relacionados a "distúrbios psíquicos em indivíduos particularmente sensíveis" às manchas solares e suas enormes quantidades de radiação.[155]

Em 1947, as principais tentativas de explicação vieram de especialistas estrangeiros consultados pelas agências de notícias internacionais. Poucos membros da comunidade científica brasileira expressaram sua opinião. Os que falaram, em sua maioria, não permitiram que sua identidade fosse revelada. *A*

---

151 "Inquieta o mundo o mistério dos discos voadores". *A Noite*. São Paulo, 11 de julho 1947, p. 7 e 11.

152 Ibidem

153 "Campanha para a guerra os "discos voadores"". *O Globo*. Rio de Janeiro, 9 julho 1947, p. 2.

154 "QUEM QUER VER OS "DISCOS VOADORES"?" *O Globo*. Rio de Janeiro, 15 julho 1947, p. 2.

155 "Influência das manchas solares sobre a Terra". *A Noite*, São Paulo, 22 de julho 1947, p.1.

Noite inclusive reclamou: "esta reportagem procurando falar com várias personalidades afim de bem orientar nosso público, viu seus esforços baldados".[156]

De fato, deve ter sido bem difícil encontrar cientistas brasileiros dispostos a comentar o tema. Primeiro porque a comunidade científica local era bastante reduzida, como se verá adiante. Em segundo lugar, os cientistas brasileiros aparentemente tinham poucas informações e provavelmente estavam esperando dados mais confiáveis vindos dos pesquisadores dos Estados Unidos. Além de estarem na vanguarda da pesquisa científica, as primeiras notícias tinham aparecido lá. "O assunto é inteiramente desconhecido. Talvez se trate de algo da categoria dos segredos militares. [...] ainda não tenho a menor ideia sobre a natureza dos mesmos"[157] disse o professor Ignácio Manuel de Azevedo Amaral, então reitor da Universidade do Brasil (futura Universidade Federal do Rio de Janeiro).

A Noite conseguiu entrevistar um astrônomo brasileiro não revelado que apostava na hipótese de meteoritos.[158] Já um técnico em física experimental, que também não quis se identificar, disse a *O Globo* que concordava com a hipótese de meteoritos, mas que estava mais "propenso a acreditar que se trate [...] de uma ilusão de ótica coletiva".[159]

Autoridades governamentais, de modo geral, emitiram declarações contrárias à existência dos discos voadores. O então presidente dos Estados Unidos, Harry Truman, comparou os acontecimentos à agitação provocada pelo jornal *New York Sun*, quando este anunciou, em 1835, que um poderoso telescópio secreto havia descoberto homens morcegos vivendo na Lua.[160] Já Gromyko, embaixador da União Soviética nos Estados Unidos, brincou que a

---

156 "Tremenda colisão entre a Terra e um planetoide". *A Noite*, São Paulo, 17 de julho 1947, p. 8.

157 "Inquieta o mundo o mistério dos discos voadores". *A Noite*. São Paulo, 11 de julho 1947, p. 7 e 11.

158 "Tremenda colisão entre a Terra e um planetóide". *A Noite*, São Paulo, 17 de julho 1947, p. 8.

159 "Teriam sido vistos no Brasil "discos voadores"". *O Globo*. Rio de Janeiro, 9 julho 1947, p. 1 e 7.

160 "TRUMAN E OS "DISCOS VOADORES"". *Correio da Manhã*. Rio de Janeiro, 11 de julho 1947, p. 1.

culpa era dos atletas soviéticos que estavam se preparando para as Olimpíadas de 1948, pois tinham aplicado força demais no lançamento de discos.[161]

Orson Welles também foi consultado. Ao ser perguntado sobre a possibilidade de um novo fenômeno de sugestão semelhante ao seu programa sobre marcianos em 1938, ele afirmou: "Certa vez arrepiei o cabelo dos americanos. E... basta".[162] Em outra matéria podia-se ler: "O que estão trazendo estes ainda hipotéticos discos? Onda de nervos com objetivos políticos ou resultados de simples trabalhos de imaginação, à Welles? Tudo isto é difícil de responder, sem dúvida".[163]

Para o jornalista carioca Manuel Gondim da Fonseca (1899-1977), os casos brasileiros refletiam a influência do jornalismo internacional. Em sua coluna, ele relatou que, ao ler as primeiras notícias estrangeiras, avisou sua mulher "Cabocla! Você verá que dentro de poucos dias aparece um desses discos em Niterói ou na Linha Auxiliar".[164]

O Globo foi o único dos jornais consultados que se posicionou claramente a respeito do que estava acontecendo. Em editorial não assinado, defendeu que os discos voadores tinham a ver com a vontade dos homens de crer em mistérios ou, segundo seus próprios termos, superstições:

> Os homens são inclinados a crer nas coisas vagas, misteriosas e imprecisas. [...] Se tivéssemos necessidade de prova indiscutível aí estariam agora os discos voadores. As agencias telegráficas estão transmitindo alguns capítulos da novela. Em torno desta já se tramam e enredam outros capítulos, que os telegramas prolongam e enfeitam. Há quem tenha visto os discos voadores entre as nuvens do Brasil. No sul, no centro, no norte muita gente anda de nariz no céu [...]. Os homens foram sempre assim. Houve tempo em que os fantasmas se divertiam com surtidas em certos bairros da cidade. Hoje os fantasmas mudaram de tática. Progrediram. Evoluíram. Escolheram for-

---

161 ""Discos voadores" avistados em Lagoa Santa". *Diário da Tarde*, Belo Horizonte, 16 junho 1947, p. 1.

162 "O Exército dos E.U.A. investiga os misteriosos "discos-voadores"". *Folha da Noite*, São Paulo, 8 de julho 1947, p. 2.

163 ""Discos voadores" em todo o interior". *A Noite*, São Paulo, 16 de julho 1947, p.1.

164 FONSECA, Gondim da. Coluna Recado Carioca. *Folha da Manhã*, São Paulo, 26/7/1947

mas modernas. A última delas aí está: discos voadores... Os homens sempre viveram à custa desses pequenos romances. Mais um, menos um, não alteram os ritmos da vida...[165]

Havia também o outro lado, aqueles que pensavam na possibilidade de armas secretas. Esses, entretanto, apareceram menos. O professor Cropani, da USP, acreditava que os discos voadores estavam relacionados a "um novo tipo de balões para sondagens meteorológicas ou um novo aparelho rádio-comandado, relacionado com a guerra química ou bacteriológica".[166] Outro cientista brasileiro não identificado declarou que o que estava acontecendo não era uma "alucinação, como se vinha acreditando", mas novos aparatos militares: "Lembremos que estes 'discos voadores' poderão no tempo de guerra conter nuvens radioativas ou matérias bacteriológicas".[167]

Como se pode notar, algumas das principais explicações em voga em 1947 – causas psicológicas (histeria coletiva, autossugestão, superstição, contaminação pelo noticiário etc) e armas secretas – estavam relacionadas à Guerra Fria, um conflito que vinha abalando os nervos de muitas pessoas.[168]

Após duas guerras mundiais, pouca gente se sentia segura em 1947.[169] Havia grande ansiedade em relação a um novo conflito mundial e o medo de uma nova depressão econômica, semelhante àquela ocorrida após a Primeira Guerra.[170] As esperanças de uma nova era de paz tinham se esvaziado depois da escalada de hostilidades entre as superpotências, Estados Unidos e União Soviética.

Menos de um ano após a rendição japonesa, o ex-primeiro ministro inglês Winston Churchill declarou que Moscou estava baixando uma cortina de ferro sobre a Europa central e oriental. Em março de 1947, o presidente norte-americano Harry Truman defendeu que o país devia ajudar militar e

---

165 ""DISCOS VOADORES"". *O Globo*. Rio de Janeiro, 11 julho 1947, p. 1.

166 CROPANI, Barão de O. De Fiore de. ""Discos Voadores" e Antropófagos". *Diário de São Paulo*, São Paulo, 13 de julho, p. 4.

167 "Tremenda colisão entre a Terra e um planetoide". *A Noite*, São Paulo, 17 de julho 1947, p. 8.

168 Ver "Inquieta o mundo o mistério dos discos voadores". *A Noite*. São Paulo, 11 de julho 1947, p. 7 e 11.

169 SMITH, op.cit., p. 477

170 HOBSBAWM, op. cit, p. 228

economicamente Grécia e Turquia, nações envolvidas em conflitos que podiam levá-las ao comunismo. Nas suas palavras, era necessário salvar as vítimas de agressão em todo o mundo e lutar contra o autoritarismo.[171]

A Segunda Guerra, que ceifara a vida de mais de 55 milhões de pessoas, das quais cerca da metade eram civis,[172] ainda estava na cabeça de muitos. Terminara de maneira estarrecedora com duas bombas atômicas arrasando cidades repletas de inocentes. Um momento, sem dúvida, funesto. De nada adiantou o confisco dos filmes e fotografias que mostravam as consequências das bombas sobre os japoneses, tentado pelas forças de ocupação norte-americanas.[173] Aos poucos, as imagens, de um horror quase wellsiano, vieram à tona.

É verdade que, comparativamente, o Brasil sofreu menos os efeitos da guerra. A Força Expedicionária Brasileira (FEB) foi enviada a Europa com pouco mais de 25 mil homens, dos quais 465 não voltaram vivos e quase três mil ficaram feridos. Nas grandes cidades a população não chegou a receber bombas, mas teve que enfrentar racionamento de gás, luz, carne e leite. Manteiga e gasolina também eram artigos de luxo. Cidades estratégicas, como o Rio de Janeiro, fizeram treinamento de blecaute para prevenir ataques noturnos.

Malgrado não tenham visto derramamento de sangue de perto, os brasileiros preocupavam-se bastante com a possibilidade de um novo conflito. As terríveis notícias da vida nos campos de batalha tinham chegado ao país por meio do rádio, dos jornais e da memória dos pracinhas. Diante dos casos de discos voadores, o colunista Guilherme de Almeida, do *Diário de São Paulo*, escreveu:

> NUNCA os homens olharam tanto para o céu como neste instante, pelo mundo todo.
>
> Em menos de meio século, duas grandes guerras – as maiores da história da humanidade – desgraçaram a terra e suas gentes e suas coisas, para sobre os seus escombros e sobre os seus cadáveres se edificar... o que? – Um mundo mais apurado na arte de destruir, mais ferozmente ansioso por experimentar as suas armas secretas.

---

171 GADDIS, op. cit., p. 91

172 SMITH, P. D. *Os homens do fim do mundo: o verdadeiro Dr. Fantástico e o sonho da arma total*. Tradução José Viegas Filho. São Paulo, Companhia das Letras, 2008, p. 384.

173 SMITH, op. cit, p. 326.

A INVENÇÃO DOS DISCOS VOADORES

Nunca os homens olharam tanto para o céu como neste instante, pelo mundo todo.

Naturalmente, um desejo de desprendimento, de levitação, de fuga para o alto, para Deus (quem sabe?), que possa redimi-los do bestial materialismo que nestes últimos trinta e sete anos tão pesadamente os fez sentir a estúpida verdade da gravitação terrestre...[174]

Lamartine, cronista do *Diário da Tarde* de Curitiba, teceu comentários parecidos. Escreveu ele:

Temos apreciado nos últimos tempos as coisas mais absurdas que nem mesmo o gênio inventivo de Julio Verne previu. Já vimos a bomba atômica, que aterrorizou um século e fez muita gente acreditar que o fim do mundo está próximo; vimos a penicilina e a sulfa a operar milagres, cada qual mais surpreendente; vimos os "discos voadores", algo que até hoje ainda não foi bem explicado, a encher de terror muita gente e a levantar muitas hipóteses; vimos conferencias que infelizmente, fracassaram e coisas outras, vimos, ainda, que aturdem e que alongariam a lista ao enumerá-las.[175]

Segundo o historiador inglês Eric Hobsbawm, o final dos anos 1940 e início dos anos 1950 foi provavelmente o período mais explosivo da Guerra Fria. Precisamente o intervalo "entre a enunciação formal da Doutrina Truman, em março de 1947 [...] e abril de 1951", data da demissão do general Douglas MacArthur durante a Guerra da Coreia (1950-1953).[176]

Nesse período, a angústia em relação a uma Terceira Guerra Mundial preocupava muita gente. A continuidade das hostilidades e, principalmente, a fabricação de bombas de hidrogênio, mil vezes mais potentes que a de Hiroshima, fizeram com que aqueles anos recebessem a alcunha de a "década do fim do mundo".[177] Ao ganhar o prêmio Nobel de Literatura de 1949, o escritor

---

174 ALMEIDA, Guilherme de. "Elevação". Coluna Ontem - Hoje - Amanhã. *Diário de São Paulo*, São Paulo, 20 de julho de 1947, p. 8.

175 LAMARTINE. "Extranho aparelho teria sido visto a noroeste de Pitanga!" *Diário da Tarde*, Curitiba, 5 agosto de 1947, p. 5

176 HOBSBAWM, op. cit, p. 226

177 SMITH, P. D., op. cit, 19.

norte-americano William Faulkner comentou: "Já não há problemas de espírito. Há apenas a pergunta: quando é que serei detonado?".[178] De acordo com Hobsbawm, a Guerra Fria teve efeitos psicológicos devastadores:

> Gerações inteiras se criaram à sombra de batalhas nucleares globais que, acreditava-se firmemente, podiam estourar a qualquer momento e devastar a humanidade [...] não aconteceu, mas por cerca de 40 anos pareceu uma possibilidade diária.[179]

Além da existência das bombas nucleares, colaborou para o sentimento de insegurança a retórica francamente apocalíptica que as superpotências assumiram desde muito cedo. Alguns presidentes norte-americanos conclamavam o povo a uma cruzada contra o perigo da "conspiração comunista mundial". Para Hobsbawm, o anticomunismo apocalíptico era útil aos políticos norte-americanos, principalmente durante as eleições. A demonização do rival causava "histeria pública [que] tornava mais fácil para os presidentes obter de cidadãos famosos [...] as imensas somas necessárias para a política americana."[180]

Por outro lado, Moscou também fazia questão de mostrar aos soviéticos que o mundo capitalista era extremamente hostil. Para o diplomata norte-americano George Kennan, a propaganda anticapitalista era peça fundamental na sustentação do autoritário regime stalinista.[181]

Foi nesse contexto marcado pelo medo e pela ansiedade em relação a uma nova guerra e às bombas nucleares que as notícias sobre os discos voadores apareceram. Haveria relação entre esses sentimentos e os avistamentos? As pessoas passaram a ver estranhos objetos voadores, pois, de alguma maneira, foram motivadas ou influenciadas pelo medo da guerra? Ou simplesmente viram fenômenos que julgaram desconhecidos e depois os relacionaram ao conflito mundial? Os sentimentos provocados pela Guerra Fria foram causa ou efeito dos casos de discos voadores?

---

178 Ibidem, p. 36.
179 HOBSBAWM, op. cit, p. 224.
180 Ibidem, p. 232.
181 GADDIS, op. cit., p. 28.

A INVENÇÃO DOS DISCOS VOADORES

Para o escritor e jornalista Austregésilo de Athayde (1898-1993), era o medo de um novo conflito mundial que determinava essas "visões fantásticas". Alguns dias após as primeiras notícias, ele escreveu:

> A psicose de medo de que está possuída a humanidade, depois do aparecimento das bombas atômicas, tem se manifestado desde o fim da guerra, através dessas notícias de que os céus estão sendo cortados por objetos luminosos de natureza estranha.
>
> Primeiro foi a Suécia... [...] Agora é a América que se encontra sob a magia dos discos candentes [...]
>
> Alucinação, meus amigos, pura alucinação.
>
> Não tardará que aqui pelo Brasil comecem a vir do fundo dos sertões histórias semelhantes.
>
> Pelas noites escuras, costumo ver, da ilha de Marajá [sic], dezenas de estrelas candentes [sic] atirando-se loucas em todas as direções. Fenômeno tão velho quanto o universo.
>
> O medo é o pai dessas visões fantásticas. Não há discos luminosos nem corpos estranhos encandescentes, dispersos nos céus do mundo. O que há nas almas é o pânico de que novamente se espalhem os Cavaleiros Apocalípticos, apenas recolhidos para um ligeiro descanso.[182]

Essa hipótese psicológica, presente desde aquela época, ainda é citada por pesquisadores contemporâneos. O sociólogo francês Pierre Lagrange, porém, não concorda com ela. Segundo ele, havia primeiro a visão de algo não identificado e só depois esta era relacionada com o conflito mundial. Lagrange critica especialmente aqueles que entendem os discos voadores como mero subproduto da Guerra Fria, pois, em sua opinião, essas interpretações tomariam as testemunhas como sujeitos passivos influenciados pelo clima do conflito. Essa perspectiva negaria a elas a condição de atores sociais autônomos.[183]

Aparentemente, o clima da Guerra Fria influenciou bastante a história dos discos voadores, ao incentivar muitos a olhar para o céu de forma

---

182 ATHAÍDE, Austregésilo de. "Alucinação". *Diário da Noite*. Última edição. Rio de Janeiro, 10/7/1947, p. 2.

183 LAGRANGE, Pierre. *Comment tordre le cou à quelques idées reçues à propos des soucoupes volantes*. Julho de 2000, disponível em http://greguti.free.fr/ovni/lagrange-bifrost.htm. Acesso em 4/1/2009.

apreensiva, temendo novas armas e/ou aeronaves. A observação de Kenneth Arnold teria tido tanta repercussão se não tivesse ocorrido naquela época? Provavelmente não.

Mas há grande distância entre aceitar isso e afirmar, como muitos, que o medo determinava as observações. Apenas a psicologia poderia dizer com um pouco mais segurança se os sentimentos em voga na Guerra Fria foram os grandes impulsionadores das visões de objetos voadores estranhos.

O que é possível aos historiadores afirmar é que, reais ou não, provocados pelo medo da guerra ou não, os discos voadores foram interpretados pelas pessoas a partir dos dados e sentimentos daquele momento histórico, os quais, não sem razão, eram bastante pessimistas. Os *flying saucers* nasceram em uma época permeada pelo horror e pela ansiedade. Isso ficou registrado nas crônicas angustiadas daqueles anos.

Uma hipótese marginal

Uma das maneiras de inferir o que alguns brasileiros pensaram naquele momento é por meio de uma pequena pesquisa de opinião feita pelos repórteres de *O Globo*. O jornal colheu opiniões de 12 cariocas. Seis defenderam que os discos voadores não existiam, sendo "simples imaginação" ou "uma tolice". O senhor Antonio Figuiras, por exemplo, comentou: "alguém deve ter visto uma estrela-candente [sic] e pensado que era um disco. Depois, como quem conta um conto sempre aumenta um ponto, os outros se encarregaram de aumentar a história".[184] Outro entrevistado apostou na repetição de histórias das bombas voadoras vistas na Suécia no ano anterior.

Surpreendentemente, três pessoas achavam que os supostos objetos eram de outros planetas.[185] O senhor Martins Afonso Pereira declarou:

---

184 "O QUE VOCÊ ACHA DOS "DISCOS VOADORES"". *O Globo*. Rio de Janeiro, 10 julho 1947, p. 1 e 7.

185 Esse número é ainda mais expressivo quando temos em conta que apenas uma notícia (*Folha da Noite*, 5/7/1947) sobre extraterrestres foi publicada nos jornais consultados nos dias anteriores à pesquisa. Obviamente, o fato de 3 dos 12 entrevistados acreditarem nas visitas interplanetárias não significa que 25% dos cariocas pensavam assim. Afinal, não foi uma pesquisa de opinião com base científica, mas uma rápida consulta com pessoas escolhidas a esmo nas ruas. Além disso, é possível que os jornalistas tenham selecionado para publicação aquelas opiniões com mais apelo, mais sensacionais.

Hoje não há o impossível. Temos a bomba atômica, as bombas voadoras, os aviões foguetes, por que não acreditamos que outro planeta esteja, pelo menos, tão adiantado quanto nós? Pois olha, seu reporte, isso de disco voador só pode ser mensagem de outro planeta.[186]

Guilherme de Almeida, colunista do *Diário de São Paulo* pensava de maneira parecida. Em criticou duramente a atitude dos cientistas, os "sábios", de taxar de histerismo o que estava acontecendo. Embora pensasse que os discos voadores fossem russos, aceitava a hipótese interplanetária:

Engraçados, esses senhores sábios! Sempre admitiram a existência de habitantes de Marte. Não é de agora que sonham com a possibilidade das comunicações interplanetárias. Faz pouco tempo, enviaram à lua, pelo "radar", uma primeira mensagem e tiveram notícia científica, exata, da sua chegada ao destino... E, no entanto, não admitem que outros planetas tenham também a curiosidade de se comunicar com a Terra.[187]

Como se pode perceber, os argumentos de Martins Afonso Pereira e Guilherme de Almeida coincidem ao tomar a possibilidade de visitas de outros planetas como possíveis a partir dos avanços tecnológicos humanos. Para muita gente daquela época, a ciência era uma maravilha capaz de produzir qualquer coisa. Com a invenção do avião, do rádio, do telefone e da televisão em um espaço de tempo tão curto esse pensamento tornou-se comum e, de certo modo, correspondido pelas novas tecnologias que continuavam a aparecer. Curiosamente, foi o grande avanço da tecnologia terrestre que permitiu sonhar com visitantes interplanetários.

De certa forma, esses dois depoimentos são surpreendentes também porque pouquíssimo sobre o tema foi publicado na grande imprensa em julho de 1947. Essa hipótese ainda era bastante marginalizada e até ridicularizada. Uma nota da *France Press*, por exemplo, comentou que na Argentina "o jornal

---

186 "O QUE VOCÊ ACHA DOS "DISCOS VOADORES". *O Globo*. Rio de Janeiro, 10 julho 1947, p. 1 e 7.

187 ALMEIDA, Guilherme de. "Ora os sábios!" Coluna Ontem - Hoje - Amanhã. *Diário de São Paulo*, São Paulo, 12 de julho de 1947, p. 3.

Crítica avisa humoristicamente que os discos são enviados pelos habitantes de Marte".[188]

Se a imprensa veiculou tão pouco a respeito, onde essas pessoas tiveram contato com a ideia de visitantes de fora da Terra? Uma entrevista com uma testemunha paulista dá algumas pistas. O senhor Ílio de Almeida comentou:

> Eu não sou espírita, mas acredito que outros planetas sejam habitados. Tenho um pouco de leitura. Já li Wells e Júlio Verne. No meu pensamento acredito que estes "discos voadores" venham do planeta Marte. [...] Várias bombas atômicas foram lançadas sobre a superfície da Terra; quem sabe se elas não ocasionaram sinais luminosos que foram vistos de outros planetas? [...].[189]

Como mostra o trecho, a ficção científica e o espiritismo podem ter sido as principais fontes para esse nascente imaginário.[190]

Dos 28 casos encontrados nos jornais do Brasil em 1947 apenas um envolveu contato com seres de outro mundo. Um caso, aliás, bastante estranho.[191] Lamartine, colunista do *Diário da Tarde* de Curitiba, disse ter recebido uma carta "que mais parecia ter saído da imaginação de um fecundo escritor, do cérebro de um H. G. Wells".[192] O colunista transcreveu a missiva na qual um homem chamado José C. Higgins narrava ter visto um disco voador pousar quando estava trabalhando com outros homens em uma região rural do Paraná.

Conta Higgins que, depois que todos correram de medo, ele teria visto três extraterrestres de forma humanóide, com 2 metros e 30 centímetros

---

188 "Lançados foguetes para além da força de atração da Terra!" *A Noite*, São Paulo, 13 de julho 1947, p.1.

189 "Discos Voadores sobre São Paulo". *A Noite*, São Paulo, 12 de julho 1947, p.1

190 Nenhuma referência a Charles Fort foi encontrada na grande imprensa, o que mostra que suas ideias ainda circulavam em domínios restritos.

191 Essa parece ter sido uma característica da onda de 1947 no mundo todo. Nos Estados Unidos, onde centenas de casos foram catalogados, apenas três casos de contatos explicitamente extraterrestres foram encontrados. KOTTMEYER, Martin S.. *Discos que aumentam*. Disponível em http://www.ceticismoaberto.com/ufologia/kott_saucer.htm. Acesso em 2/9/2007

192 LAMARTINE. "Extranho aparelho teria sido visto a noroeste de Pitanga!" *Diário da Tarde*, Curitiba, 5 agosto de 1947, p. 5.

de altura usando capacetes e macacão. Através dessa roupa, segundo ele, se "via perfeitamente as pessoas vestidas de camiseta, calções e sandálias, não de fazenda, creio, mas de papel brilhante."

Usando sinais e desenhos, os extraterrestres teriam convidado Higgins a entrar na espaçonave e visitar seu planeta. Ele teria hesitado e, com a desculpa de que precisava chamar sua mulher para a viagem, se afastou e ficou a observar os alienígenas à distância até que fossem embora. Antes de partirem, viu-os brincar "como crianças, dando pulos, erguendo-se, uns aos outros, atirando longe pedras de tamanho descomunal". Nas últimas linhas, Higgins comentou num tom literário: "Teria sido realidade? Às vezes duvido que isso tenha realmente acontecido, pois bem pode ser que tudo não tenha passado de um extranho [sic], mas belo sonho".[193]

Abaixo da carta, Lamartine, o colunista que disse ter recebido a missiva, emendou: "Neste século XX, da bomba atômica que destrói uma cidade e aterroriza uma civilização, quem poderá duvidar que até o impossível aconteça?".[194]

---

193 Cabe aqui uma questão: se existiram outras testemunhas do pouso do disco voador, como Higgins poderia admitir a hipótese de tudo teria sido um sonho?

194 A carta de Higgins foi reproduzida em jornais de vários estados nos dias seguintes e parece ter marcado algumas pessoas, pois, no final de 1954, a revista *O Cruzeiro*, de grande circulação nacional, passou a publicar matérias sobre discos voadores e, segundo o repórter João Martins, três pessoas mandaram para a redação recortes antigos de jornais com aquela carta. Ver: MARTINS, João. "Na esteira dos "Discos Voadores" – parte 7. Seres do espaço descem a Terra". In: *O Cruzeiro*. Rio de Janeiro, 13 de novembro de 1954. O assunto também foi comentado em: "Desceu no Brasil um disco voador". *Diário da Noite*, Rio de Janeiro, 29/10/1954, p. 1 e 3.

Queremos saber
O que vão fazer
Com as novas invenções
[...]
Queremos de fato um relato
Retrato mais sério
Do mistério da luz
Luz do disco voador
Pra iluminação do homem
Tão carente e sofredor
Tão perdido na distância
Da morada do Senhor

Queremos saber
Queremos viver
Confiantes no futuro
Por isso se faz necessário
Prever qual o itinerário da ilusão
A ilusão do poder
Pois se foi permitido ao homem
Tantas coisas conhecer
É melhor que todos saibam
O que pode acontecer [...]

Queremos saber
Gilberto Gil.[1]

---

1   Disco: *Viramundo* (1976).

Capítulo 2

São armas secretas?

Nos anos seguintes relatos de discos voadores continuaram eventualmente surgindo em vários países. Nos Estados Unidos, os militares mantinham-se bastante atentos. Afinal, cabia a eles proteger o país no caso de um ataque aéreo. É difícil, porém, saber com exatidão o que se passou dentro dos quartéis. Boa parte do que se conhece a respeito deve-se ao relato do capitão Edward J. Ruppelt (1923-1960), engenheiro aeronáutico que, entre 1952 e 1953, liderou uma comissão secreta da Força Aérea norte-americana responsável por investigar casos de discos voadores, o *Projeto Blue Book*. Em 1956, Ruppelt publicou um livro sobre sua experiência.

Sua obra mostra quanto os militares daquele país estiveram perdidos.[2] Sem conseguir definir o que eram ou mesmo se existiam discos voadores, as comissões oficiais oscilaram entre opostos: da aceitação da hipótese extraterrestre à negação total das ocorrências. Salta aos olhos também a incapacidade das autoridades em criar uma política de divulgação pública minimamente clara e eficiente. As constantes contradições dos órgãos militares inadvertidamente geraram desconfiança em relação às suas atividades, minando sua credibilidade junto à parte da sociedade.

O primeiro grupo de pesquisas permanente da Força Aérea norte-americana surgiu no final de 1947 com nome de *Projeto Sign*. Funcionava na

---

2   RUPPELT, Edward J. *Discos voadores – relatório sobre objetos aéreos não identificados*. Tradução: J. Escobar Faria e Auriphebo Berrance Simões, São Paulo: Difusão Europeia do Livro, 1959.

base de Wright Field, estado de Ohio. Não era considerado *top secret*, mas o conhecimento de suas atividades era restrito a algumas autoridades.[3] Seu principal objetivo era responder se os discos voadores representavam ameaça à segurança nacional.[4] Da porta para fora, porém, a Força Aérea possuía uma mensagem padrão: os discos voadores são resultado de enganos com fenômenos e artefatos conhecidos.

Duas semanas após a criação do *Projeto Sign* ocorreu um caso de ampla repercussão. No dia 7 de janeiro de 1948, a torre de controle aéreo da Base de Godman, próxima a Louisville, estado de Kentucky, recebeu informações de que uma estranha aeronave estava sendo observada nas cidades vizinhas. Diante disso, oficiais pediram para que uma esquadrilha de aviões militares que estava nas redondezas se aproximasse para verificar o que estava acontecendo. Os pilotos localizaram visualmente o objeto, mas não puderam reconhecer exatamente o que era.

Depois de algum tempo, o comandante da esquadrilha, Thomas Mantell, decidiu se aproximar sozinho do estranho artefato. Ele começou a subir bastante até atingir seis mil metros de altitude. A partir desse ponto, porém, a comunicação entre o piloto e a torre misteriosamente cessou. Horas depois soube-se que Mantell havia espatifado seu avião contra o solo. Os militares norte-americanos alegaram que ele se confundira com o planeta Vênus.[5] Ao subir demais, ficara sem oxigênio e desmaiara. Acima dos cinco mil metros ninguém consegue ficar acordado por muito tempo sem ter oxigênio adicional, como era o caso. Mas a Força Aérea não conseguiu convencer a todos. Como um piloto experiente poderia se equivocar dessa maneira?[6] Alguns jornalistas desconfiaram que Mantell pudesse ter sido abatido por um disco voador.[7]

---

3   PEEBLES, op. cit, p. 19.

4   Segundo Ruppelt, a situação era considerada "extremamente séria" no final de 1947. O alto escalão militar queria uma solução rápida para um incômodo problema: os relatórios de ocorrências que, embora em número menor, continuavam a chegar. RUPPELT, op. cit., p. 42.

5   PEEBLES, op. cit., p. 24.

6   Atualmente, há uma teoria razoavelmente bem aceita que defende que Mantell foi enganado por um balão do tipo *Skyhook*, um projeto secreto da Marinha. RUPPELT, op. cit., p. 58.

7   RUPPELT, op cit., p. 64-65 e PEEBLES, op. cit., p. 67.

A INVENÇÃO DOS DISCOS VOADORES

Após alguns meses, os pesquisadores do *Projeto Sign* passaram a se concentrar em duas hipóteses: aeronaves soviéticas desenvolvidas com tecnologia roubada dos nazistas e naves interplanetárias.[8] Na época, existiam muitos rumores de que os soviéticos estavam desenvolvendo novos aviões e mísseis teleguiados a partir dos projetos que encontraram na Alemanha logo após a Segunda Guerra.[9] Depois de algum tempo, porém, os membros do *Sign* concluíram que nenhuma aeronave terrestre poderia realizar as manobras atribuídas aos discos voadores. Além disso, acreditavam que os russos não seriam tolos a ponto de sobrevoar o espaço aéreo inimigo com tecnologia tão avançada. Ela poderia ser roubada numa eventual queda em solo norte-americano.

Enquanto os militares quebravam a cabeça, outra ocorrência ganhou as páginas dos jornais. Em 24 de julho de 1948, dois pilotos comerciais norte-americanos, Clarence S. Chiles e John B. Whitted, disseram ter observado durante menos de 15 segundos um estranho objeto luminoso em forma de charuto, com "duas fileiras de janelas" e um rastro vermelho e laranja. Este caso impressionou bastante os investigadores do *Sign*, pois os pilotos foram considerados testemunhas de confiança e tiveram observações teoricamente a pouca distância.

Depois desse caso, alguns membros do projeto produziram um documento não oficial e altamente secreto intitulado *Estimativa da Situação*.[10] Nele, os pesquisadores ponderaram que a melhor explicação era a origem extraterrestre. Partiam da premissa de que a imensa velocidade e as surpreendentes manobras informadas pelas testemunhas eram dados confiáveis. Se tais informações realmente estivessem corretas, pensavam os técnicos, nenhuma aeronave terrestre poderia estar envolvida. Eles, no entanto, ignoraram por completo a alta falibilidade da visão humana diante de estímulos rápidos e

---

8   PEEBLES, op. cit, p. 19.

9   RUPPELT, op. cit., p. 43.

10 A *Estimativa da Situação* é até hoje um dos documentos mais controversos da história dos discos voadores. É conhecido apenas por relatos. Nunca foi apresentado publicamente. JACOBS, op. cit., p. 47.

inesperados.[11] Embora sob deboche da mídia, a hipótese interplanetária ironicamente ganhara adeptos dentro de um grupo de investigação militar.[12]

No entanto, o então chefe de gabinete da Força Aérea norte-americana, general Hyot Vandenberg, leu e rejeitou veementemente o documento por considerar que não havia provas suficientes para sustentar tais conclusões. A partir dessa negativa, o grupo que defendia a hipótese extraterrestre perdeu considerável influência dentro do *Sign*.[13] Aqueles que acreditavam que os discos voadores não passavam de fenômenos e objetos convencionais passaram a predominar. O alto escalão militar se identificava mais com as ideias desse segundo grupo.

Em fevereiro de 1949, o *Sign* produziu seu último relatório. Afirmava que não havia coletado evidência suficiente para provar a existência dos discos voadores, nem para dizer se eles representavam ameaça à segurança nacional. Recomendava-se a continuidade das pesquisas, pois durante uma guerra "a rápida e convincente solução de tais ocorrências são necessárias para manter a moral da população civil e militar".[14] Não havia qualquer menção a uma pesquisa em conjunto com a comunidade científica civil. Tal parceria estava fora de cogitação. O tema era uma questão de segurança nacional.[15]

Nos primeiros meses de 1949 os militares que ainda defendiam a hipótese extraterrestre foram mandados de volta aos seus antigos cargos. Em seguida, o *Projeto Sign* recebeu novos diretores. Para marcar a nova fase, foi rebatizado como *Grudge*. A nova equipe técnica militar parecia obstinada em explicar absolutamente todas as observações, ainda que em alguns casos, suas teorias parecessem claramente forçadas. O objetivo era mostrar ao público que

---

11 Segundo David Jacobs, o principal problema do *Sign* era a inexperiência da equipe em diferenciar o que merecia investigação cuidadosa. Devido à falta da familiaridade com o fenômeno, seus membros gastavam horas preciosas em casos que obviamente eram meteoros, fraudes e aviões. JACOBS, op. cit., p. 47.

12 RUPPELT, op. cit, p. 51.

13 Só depois de muitos anos o público soube que a hipótese extraterrestre havia sido seriamente cogitada, ainda que por um momento, pelos militares. Da porta pra fora a Força Aérea continuava fazendo malabarismos intelectuais para explicar absolutamente todas as ocorrências como confusões com fenômenos conhecidos.

14 JACOBS, op. cit., p. 48.

15 Para David Jacobs, isso pode ter inibido pesquisas independentes conduzidas por cientistas norte-americanos. Ver: JACOBS, op. cit., p. 49.

não havia nada de extraordinário no céu, que os discos voadores não passavam de fenômenos convencionais confundidos pelas testemunhas. A lógica era: se as pessoas deixarem de acreditar em discos voadores, os relatos também deixarão de existir. Seria tudo uma questão de crença.

Em maio de 1949, a Força Aérea norte-americana ajudou o jornal *The Saturday Evening Post* a publicar dois artigos desmoralizando os relatos. Por meio dessas matérias e de declarações públicas, os membros do *Grudge* esperavam que os avistamentos diminuíssem ou simplesmente cessassem. Um jornalista do *Post*, Sidney Shalett, teve livre acesso aos relatórios do *Grudge* e escreveu que a imensa maioria dos casos podia ser explicada por confusões com balões, planetas, aviões e fraudes. De acordo com Shalett, os militares tinham sido "forçados" a investigá-los após receber grande número de informes, mas não havia motivos para acreditar na existência dos discos voadores.

No entanto, a estratégia da Força Aérea teve efeito inverso ao esperado: com a recolocação do tema na mídia o número de casos aumentou. Nos meses seguintes, a imprensa começou a romper o relativo silêncio que mantivera desde julho de 1947. Por um bom tempo os editores tinham deixado o assunto em estado de latência. Talvez por acreditarem que as conclusões das pesquisas militares trariam grandes novidades quando divulgadas.[16] Os artigos do *Post*, no entanto, foram uma ducha de água fria nessas esperanças.

Diante disso, alguns jornalistas passaram a fazer investigações independentes. Na sua visão, peças do quebra-cabeça simplesmente não se encaixavam. Quando um jornalista ia entrevistar uma testemunha, por exemplo, logo ficava sabendo que agentes militares já tinham estado ali e recolhido o depoimento.[17] Se a Força Aérea acreditava que os discos voadores eram uma bobagem, por que recolhia dados em todo território nacional? O que estaria por trás de tantas pesquisas? "Nada excita mais um repórter [...] do que pensar que encontrou uma notícia sensacional e que alguém está tentando despistá-lo", comentou Edward Ruppelt.[18]

---

16 RUPPELT, op. cit., p. 53.

17 PEEBLES, op. cit., p. 19.

18 RUPPELT, op. cit., p. 58.

RODOLPHO GAUTHIER CARDOSO DOS SANTOS

O homem dos extraterrestres

Foi nesse ponto que apareceu Donald Keyhoe (1897-1988). Ex-militar, ele havia se graduado na Academia Naval de Annapolis, mas depois de um acidente aéreo fora aposentado em 1923. Desde então, passara a trabalhar como escritor *free-lance* em revistas de aviação e *pulp magazines*. Nelas, publicou contos de aventura, ficção científica, conspiração e espionagem. As *pulp magazines*, porém, entraram em declínio após a Segunda Guerra e Keyhoe começou a se preocupar com sua saúde financeira.[19]

Alguns dias após a publicação dos artigos encomendados pela Força Aérea ao *The Saturday Evening Post*, Keyhoe recebeu um telegrama do editor da revista *True*, Ken Purdy. Era um convite para uma pauta estranha. Na mensagem, Purdy dizia-se desconfiado de que o Estado norte-americano escondia um segredo por trás das negativas sobre discos voadores. "Parece uma história espantosa", escreveu.[20] Para Purdy, os bons contatos que Donald Keyhoe mantinha nos meios militares podiam ser decisivos na elucidação do problema.[21] Na primeira reunião entre editor e jornalista foram aventadas duas possibilidades: armas secretas norte-americanas e mísseis soviéticos. No encontro seguinte a possibilidade interplanetária foi acrescentada. Naquele contexto, essa terceira teoria podia ser considerada um tanto exótica, mas não era totalmente desconhecida do grande público.[22]

Durante toda segunda metade de 1949, Donald Keyhoe cruzou os Estados Unidos em busca de informações para a matéria encomendada pela revista *True*. Tentou entrevistar diversas autoridades militares, inclusive seus

---

19 PEEBLES, op. cit., p. 43-4.

20 PEEBLES, op. cit., p. 43.

21 SWORDS, Michael. "Donald E. Keyhoe and the Pentagon". IN EVANS, Hilary e STACY, Dennis (org.), *UFOs 1947-1997 From Arnold to the abductees: fifty years of flying saucers*, Londres, Inglaterra, 1997, p. 86.

22 Enquanto a grande mídia se manteve em relativo silêncio sobre os discos voadores, Raymond Palmer, o homem do mistério Shaver, continuava veiculando histórias sobre misteriosas naves na sua recém-criada revista *Fate* (Ver PEEBLES, op. cit., p. 28). Por muitos anos, ele alimentou os consumidores norte-americanos de revistas baratas de ficção científica com contos sobre visitas interplanetárias (ver RUPPELT, op. cit., p. 100). Ver também KEEL, John A. *O homem que inventou os discos voadores*. Tradução de Kentaro Mori. Disponível em http://www.ceticismoaberto.com/ufologia/shaver.htm. Acesso em 2/2/2009.

amigos, mas deu com a cara na porta repetidas vezes. Isso só fez aumentar sua crença inicial de que havia um grande segredo acobertado. Para Edward Ruppelt, no entanto,

> A Força Aérea [...] não estava tentando encobrir os fatos; apenas não desejava Keyhoe ou quaisquer outros discófilos ao seu redor. Não desejava aborrecer-se, não acreditava em discos voadores e não concebia que alguém pudesse acreditar.[23]

Ao final, Keyhoe não conseguiu nenhuma declaração realmente impactante. Entrevistou apenas algumas testemunhas e fontes militares que, em sua maioria, não quiseram se identificar. Sem muitas informações confiáveis, ele precisou abusar da imaginação para escrever seu artigo. Preencheu muitas lacunas a respeito do comportamento da Força Aérea com suas próprias suposições.[24] Acreditava, por exemplo, que os militares estadunidenses queriam que seu texto fosse publicado para testar a receptividade do público à ideia de visitantes alienígenas. Era, como se sabe, algo bastante distante da realidade.[25]

A versão final do artigo de Keyhoe pode ser considerada o texto fundador da moderna ufologia. Nela, o autor defende que os discos voadores vêm de fora da Terra e nos visitam há centenas de anos. Eles, porém, teriam intensificado suas visitas após as primeiras explosões de bombas atômicas. Estariam preocupados com o mau uso de tais armamentos. O governo dos Estados Unidos saberia disso, mas não divulgaria abertamente a verdade para evitar pânico semelhante ao provocado pelo programa de rádio de Orson Welles em 1938. Diante dessa situação, caberia a Keyhoe, como amante da verdade, divulgar a todos a realidade a ser encarada.

---

23 RUPPELT, op. cit., p. 100.
24 JACOBS, op. cit., p. 57.
25 PEEBLES, op. cit., p. 48.

Imagem 9 – Donald Keyhoe (1897-1988), escritor *free-lance* norte-americano.[26]

Com o título *Os discos voadores são reais* o artigo de Donald Keyhoe na revista *True* chegou aos lares norte-americanos nos últimos dias de 1949. Nas palavras de Edward Ruppelt, "atingiu o público leitor como uma granada de 200 milímetros".[27] Keyhoe sabia muito bem "como embalar uma ideia para o consumo do público de maneira atraente".[28] Mesmo sem informações muito confiáveis, a matéria capturou a imaginação de muitos e passou a ser comentada por um grande número de programas de rádio e televisão. Pela primeira vez, a hipótese interplanetária era amplamente discutida pelos principais veículos de comunicação dos Estados Unidos.

Para Curtis Peebles, Donald Keyhoe tinha métodos bastante questionáveis. Ele confiava em informações de oficiais que provavelmente nada

---

26 KEYHOE, Donald. "Não zombem dos discos voadores!" *Aconteceu*. Rio Gráfica e Editora LTDA, Rio de Janeiro, ano VIII, n° 94, setembro 1961, p. 7.

27 RUPPELT, op. cit., p. 99.

28 "Although Keyhoe was not a journalist, as a former chief of information at the Department of Commerce, he knew what media exposure meant and know how to package an idea successfully for public consumption. Keyhoe became interested in the UFO question in 1949, and after receiving little cooperation from the military, he surmised that the flying saucer really were from outer space. This he made the thesis of a 1950 article, "The Flying Saucers Are Real", which, when explained into several books, made Keyhoe the chief early exponent of the extraterrestrial hypothesis". DICK, op. cit., p. 144.

A INVENÇÃO DOS DISCOS VOADORES

sabiam além de relatos de jornais e fofocas de aeroporto.[29] O astrônomo norte-americano Steven J. Dick também criticou a ausência de procedimentos científicos nos seus trabalhos:

> [...] Keyhoe era particularmente seletivo nos argumentos para sua hipótese. Pesquisas recentes sobre a abundância de sistemas planetários eram justapostas com a ideia de Lowell sobre uma civilização em Marte, uma ideia rejeitada pela maioria dos cientistas há mais de 40 anos. Além disso, Keyhoe tendia a explicar todo mistério pela hipótese extraterrestre. Sinais de rádio de origem desconhecida podiam ser atribuídos a faróis de navegação de extraterrestres. Estas explicações revelam o maior defeito de Keyhoe: [...] ele mostra ter pouca ideia do que é constituída a boa evidência científica ou de como fazer inferências científicas corretas a partir das evidências. O público, infelizmente, também não tinha essas noções.[30]

De fato, a ideia de visitantes interplanetários não era totalmente original. Bebia no imaginário a respeito de viagens espaciais que estava ganhando forte impulso naqueles anos com o avanço da astronáutica.

Durante a Segunda Guerra Mundial, a tecnologia dos foguetes foi bastante desenvolvida com os V-2, mísseis balísticos alemães que chegavam a atingir 80 quilômetros de altitude a uma velocidade supersônica. Eles foram os primeiros objetos terrestres a se aproximarem do limite do espaço exterior.[31] Embora os V-2 não tenham alterado significativamente os rumos da guerra, sua invenção revolucionou a exploração espacial.

---

29 PEEBLES, op. cit., p. 46.

30 "Keyhoe was peculiarly selective in his arguments for his hypothesis. Recent research on the abundance of planetary systems was juxtaposed with Lowell's idea of a Martian civilization, an idea rejected by most scientists for more than 40 years. Moreover, Keyhoe tended to explain anything mysterious by the extraterrestrial hypothesis. Radio signals of unknown origin might be attributable to navigation beacons by spacefaring aliens. Such explanation reveal Keyhoe's major weakness: throughout his book he had little idea of what constituted good scientific evidence or how to make sound scientific inferences from the evidence. Neither, unfortunately, did the public." DICK, op. cit., p. 144.

31 SMITH, op. cit., p. 311.

A partir dessa tecnologia, norte-americanos e soviéticos passaram a desenvolver foguetes para testes militares e científicos. Em 1947, pequenos animais já eram lançados para fora da atmosfera em experiências. Em fevereiro de 1949, o foguete norte-americano *V-2/WAC Corporal* bateu um recorde ao atingir a altitude de quase 400 quilômetros. "O voo na estratosfera e o voo foguete já estão vindo. São a maravilha dos nossos dias. Quando se observam os estupendos progressos realizados pela ciência no decurso deste século, todas as maravilhas são permitidas" escreveu um comentarista brasileiro no início dos anos 1950.[32]

Esse progresso tecnológico abriu grande precedente em termos de imaginário. Afinal, se os humanos podiam agora sonhar com as transportes espaciais, não era difícil pensar que seres de outros planetas já possuíam tal tecnologia. Mesmo no Brasil, um país sem tradição em pesquisas espaciais, havia grande expectativa em relação às viagens para fora do planeta. Um artigo publicado pela revista *O Cruzeiro*, em 1948, anunciava:

> [...] a viagem à Lua já não é mais um sonho como nos tempos de Júlio Verne. Dia virá em que os aeronautas cederão lugar aos astronautas, e ao invés de aterrissagens teremos "alunissagens" fabulosas em foguetes semelhantes aos de Flash Gordon.[33]

Em 1949, o *Anuário Brasileiro de Imprensa* fez uma pesquisa de opinião com leitores paulistanos. A ideia era apresentar uma lista de títulos de notícias e saber quais as pessoas preferiam ler. Quarenta e quatro por cento dos entrevistados afirmaram ter interesse em ler uma matéria cujo título fosse: "Prontos os planos para uma viagem à Lua". De todas as opções elencadas, essa foi o que mais chamou a atenção do público masculino.[34]

Esses sonhos de viagens interplanetárias e foguetes semelhantes aos de *Flash Gordon* eram reforçados pela velocidade do avanço científico. Em

---

32 BARATA, Aluízio. "Os marcianos com o pé na Terra". *Diário da Noite*. Rio de Janeiro, 17/5/1952, edição única, p. 1.

33 BANDEIRA de Mello, F.A. "Iremos à Lua brevemente". In *O Cruzeiro*. Rio de Janeiro, 24 de julho de 1948, no. 40.

34 PENTEADO, Auricélio. "Pequeno Ensaio sobre a aplicação das pesquisas de opinião a seleção de matéria noticiosa e redacional dos jornais". *Anuário brasileiro de imprensa. Revista Publicidade e Negócios*. Rio de Janeiro, outubro de 1949, p. 154-160.

1945, um comentarista já havia observado que: "[...] a vida está se tornando cada vez mais semelhante a uma história de ficção científica, e a chegada na Terra de marcianos de seis pernas com raios da morte talvez já fosse matéria de primeira página".[35] DeWayne B. Johnson, autor do primeiro trabalho acadêmico sobre o tema,[36] notou que dois fatores permitiam a crença na existência dos discos voadores: a ideia de que a ciência poderia produzir qualquer coisa e a Guerra Fria, uma situação na qual tudo parecia possível.[37] Ainda nesse sentido, um jornalista brasileiro comentou em 1952:

> Para a nossa geração, a única coisa de fato surpreendente que poderia acontecer seria o estabelecimento de comunicações interplanetárias. E quando encaramos esta hipótese à luz das surpresas de que nossa época tem sido tão fértil, ela acaba por se desenhar, se meditarmos um pouco, como uma coisa perfeitamente natural.[38]

Tal qual ocorria nos romances e filmes da época, Marte era o queridinho quando se tratava das especulações envolvendo discos voadores. Essa ideia, no entanto, tinha mais a ver com a ficção do que com a astronomia, já que o *mainstream* científico do período não acreditava na possibilidade de vida inteligente no planeta vermelho. Para os astrônomos, caso existisse vida ali, ela provavelmente estaria restrita a pequenos organismos, como musgos

---

35 SMITH, op. cit., p. 400.

36 A dissertação de mestrado foi defendida no departamento de jornalismo da University of Califórnia (UCLA) em Los Angeles em 1950. Embora não seja propriamente um trabalho historiográfico, o autor reconstitui com bastante cuidado as discussões daqueles primeiros anos. Curiosamente, a obra ficou esquecida por quase cinquenta anos até que, nos anos 1990, o pesquisador de mistérios Kenn Thomas o descobriu numa biblioteca da UCLA. A dissertação foi publicada em 1998 com o enganoso título *Flying saucer over Los Angeles*. Essa edição, porém, saiu sem autorização do autor e com muitos erros e alterações visuais importantes. Dewayne B. Johnson ainda estava vivo e, quando soube da obra, processou Kenn Thomas e a editora Adventures Unlimited Press. Ambos foram obrigados a pagar uma indenização pelos danos causados a Johnson, além de pararem de vender os livros e reverterem todas as cópias não vendidas ao autor.

37 JOHNSON, Dewayne B. and Thomas, Kenn. *Flying Saucers Over Los Angeles*. Adventures Unlimited Press, Kempton, Illinois, 1998, p. 186.

38 LEITE FILHO, Barreto. "Política mundial e interplanetária". *Revista O Jornal*, Rio de Janeiro, 18/5/1952, p. 1 e 7.

e liquens.[39] Além disso, os marcianos teriam que possuir uma tecnologia excepcional e cruzar uma enorme distância.[40] Enfim, para a ciência a hipótese marciana era, no mínimo, improvável.

A mídia ignorou isso quase por completo. Marte foi, de longe, o planeta mais popular dos anos 1950. A paixão pelo planeta vermelho só arrefeceu em 1965, quando a sonda norte-americana *Mariner 4* fotografou-o a apenas 10 quilômetros de sua superfície. As imagens e os dados mostraram um cenário desolador: atmosfera de dióxido de carbono, temperaturas baixíssimas e ausência de camada protetora contra raios cósmicos que ameaçam a vida. Não havia nenhum sinal de canais ou civilizações avançadas sobrevivendo em ambiente tão hostil. Marte, que tantos acreditavam ser semelhante a Terra, é mais parecido com a Lua. Obviamente, ninguém sabia disso quando Donald Keyhoe publicou seu artigo em 1949.

A era da confusão nos EUA

A repercussão da matéria de Keyhoe jogou os membros do projeto *Grudge* contra as cordas: os discos voadores voltaram à imprensa com mais força do que nunca. Dias depois, o projeto militar foi oficialmente dissolvido. Acreditava-se que a simples existência de um grupo oficial dedicado aos discos voadores encorajava as pessoas a acreditar neles.[41] Em seguida, a Força Aérea disponibilizou relatório completo a respeito das atividades do *Grudge*.

Os jornalistas que leram o documento rapidamente notaram que a comissão costumava utilizar teorias forçadas ou meras especulações para explicar alguns casos. Em um deles, por exemplo, os investigadores concluíram que um piloto militar havia visto um balão, mesmo depois de um especialista

---

39 Ver: LOBO, Ary Maurell. "Várias hipóteses sobre os misteriosos discos voadores", In: *Ciência Popular*, Rio de Janeiro, julho 1950, n°. 22, p. 35-8. É possível encontrar notícias de cientistas que teriam supostamente comprovado a existência de vegetação em Marte. "Um astrônomo russo descobriu vegetação em Marte". *O Estado de São Paulo*. São Paulo, 9/4/50, p. 2; "NOVO satélite do planeta Urano". *Jornal do Commercio*, Rio de Janeiro, 10 mar. 1948. p. 2; GAZETILHA. *Folha da Manhã*, São Paulo, 14 mar. 1948. p. 6.;

40 A. G. S.. "Os discos voadores". Coluna Nota científica. *A Manhã*. Rio de Janeiro, 22/3/1950, p. 2.

41 JACOBS, op. cit., p. 54

em balões ter negado enfaticamente tal possibilidade.[42] Mais uma vez a imprensa estava diante de indícios de que os militares tentavam esconder a verdade. "Uma vez mais, ao invés de esfriar o problema [...], a Força Aérea havia provocado mais confusão" afirmou Ruppelt.[43]

Dois meses depois, outro artigo da revista *Fate* alcançou enorme repercussão. No texto, o comandante da Marinha R. B. McLaughlin contava que ele e seus homens, entre eles vários técnicos e cientistas, tinham observado diversos fenômenos aéreos desconhecidos no campo de provas de White Sands, estado do Novo México. McLaughlin defendeu que os discos voadores existiam e eram extraterrestres.

Dali por diante, a polêmica só aumentou. No final de março de 1950, o jornalista norte-americano Henry J. Taylor declarou que os discos voadores eram aparelhos secretos lançados pela Marinha que levavam a bordo instrumentos registradores de raios cósmicos.[44] As Forças Armadas desmentiram as alegações, "declarando não ter a mínima ideia daquilo a que ele [Taylor] se referiu".[45] Em seguida, a revista *U.S. News and World Report* afirmou que os estranhos objetos voadores eram um avião experimental da Marinha, chamado XF5U-1, que tinha forma parecida com um disco. A Marinha confirmou ter feito testes com protótipos do avião, mas disse que eles não tinham sido utilizados recentemente.[46] O desenvolvimento desse modelo, chamado jocosamente de "panqueca voadora", havia sido cancelado em 1947.

---

42 RUPPELT, op. cit., p. 104

43 RUPPELT, op. cit., p. 101.

44 "Mais teorias sobre os "Discos Voadores"". *O Estado de São Paulo*. São Paulo, 12/4/50, p. 2. Ver também: RUPPELT, op. cit., p. 116.

45 "Novas hipóteses sobre os "discos voadores"". *O Estado de São Paulo*. São Paulo, 29/3/50, p. 18.

46 "Os discos seriam aviões reais". *A Noite*. Rio de Janeiro, 4/4/1950, p. 8 e 14.

Imagens 10 e 11 – O protótipo da "Panqueca Voadora", o Vought V-173.[47]

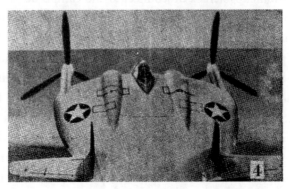

Imagem 12 – A "Panqueca Voadora", o XF5U-1.[48]

De acordo com Edward Ruppelt, nesse momento "a confusão invadia todas as camadas da opinião pública, e a expressão "disco voador" passou a ser usada por todos os repórteres, comentaristas de rádio e de TV, comediantes e homens da rua".[49] Diante disso, a Força Aérea norte-americana colocou-se na defensiva, julgando que as discussões e casos eram apenas "um punhado de insensatez".[50] Uma nota da agência de notícias *United Press* (UP) publicada no Brasil em março de 1950 ilustra bem a situação. Ela informa:

> A Força Aérea repete, diariamente, sua inequívoca declaração de que os "discos voadores" de algum outro planeta não existem, senão em

---

47 Crédito da foto site *Ceticismo Aberto*. Disponível em: http://www.ceticismoaberto.com/ufologia/kottmeyer_1947.htm. Acesso 11/1/2009.

48 Retirada de LOBO, Ary Maurell. "Várias hipóteses sobre os misteriosos discos voadores" In: *Ciência Popular*, julho 1950, p. 38.

49 RUPPELT, op. cit., p. 116.

50 Ibidem, p. 123.

imaginação. Mas o público não faz caso disso e continuam chegando notícias de novas incursões.[...][51]

Os jornais brasileiros da época publicaram muitas notas parecidas com essa. A omissão da Força Aérea era considerada inaceitável e, mais do que isso, suspeita. Ela causava desconfiança, como mostra o trecho abaixo:

> WASHINGTON, 18 (U.P.) – A Força Aérea dos Estados Unidos diz que, a despeito das notícias em contrário, continua a acreditar que não existem os tais discos voadores. Um porta-voz da Força Aérea informou que os funcionários técnicos e do Serviço Secreto não se deixaram impressionar pelas últimas notícias em torno dos discos voadores. O porta-voz negou categoricamente que a Força Aérea estivesse desmentindo a existência dos discos voadores a fim de encobrir suas próprias experiências.[52]

A despeito das negativas militares, o tema continuou ganhando espaço nos jornais estadunidenses até maio de 1950, quando atingiu seu clímax.[53] O entusiasmo só cessou em junho, mês em que a Coreia do Norte invadiu a Coreia do Sul dando início à Guerra da Coreia (1950-1953). A partir daí, os conflitos reais naturalmente passaram a dominar o noticiário.

Imaginário em mutação

Em meio à polêmica que varreu os Estados Unidos nos primeiros meses de 1950, uma importante pesquisa de opinião foi realizada. Em maio daquele ano, o instituto Gallup perguntou aos norte-americanos "O que você acha que esses discos voadores são?". Eis as respostas:

---

51 "A trezentos metros do disco voador". *A Manhã*. Rio de Janeiro, 16/3/1950, p. 8.

52 ""Discos voadores" sobrevoam Montevidéu". *A Manhã*. Rio de Janeiro, 19/3/1950, p. 1 e 2.

53 RUPPELT, op. cit, p. 123.

TABELA 2 – Pesquisa Gallup maio 1950.[54]

Não sabe	32%
Experimentos do Exército ou da Marinha, novas armas, segredos militares	23%
Ilusão de ótica, devaneio, fraude etc.	16%
Algum tipo de novo avião	6%
Não existe	6%
Não ouviu falar deles	6%
Cometas, meteoros, algo de outro planeta	5%
Coisas variadas	3%
Armas russas, algo da Rússia	3%
Aparelhos meteorológicos	1%

Esses números são importantes, pois pode-se compará-los com a pesquisa de opinião anterior, realizada em agosto de 1947. Em primeiro lugar, nota-se que o número de norte-americanos que afirmava não saber o que eram os discos voadores manteve-se praticamente inalterado – cerca de um terço.[55] No entanto, é possível perceber mudanças consideráveis, por exemplo, no número de pessoas que acreditava que os discos voadores eram armas norte-americanas ou soviéticas. Em 1947 eram apenas 16% (15% armas norte-americanas e 1% russas), subindo para 26% em 1950 (23% norte-americanas e 3% russas).

Outro dado importante é a diminuição da quantidade de pessoas que acreditavam que os casos eram resultado de algum tipo de confusão, como ilusão de ótica ou fraude. A porcentagem caiu de 39% em 1947 (29% + 10%) para apenas 16% em 1950. Como se vê, depois de três anos de discussão e muitos relatos, o número de pessoas céticas diminuiu. A passagem do tempo e a acumulação dos rumores aparentemente favoreceram a ideia da realidade

---

54 DURRANT, Robert. "Public opinion polls and UFOs" In:' EVANS, Hilary e STACY, Dennis (org.), UFOs 1947-1997 From *Arnold to the abductees: fifty years of flying saucers*, Londres, Inglaterra, 1997, p. 233.

55 Vale ressaltar que não possuímos informações mais detalhadas a respeito dessas duas pesquisas de opinião do instituto Gallup, como número de entrevistados, metodologia etc. Por isso, é difícil assegurar com certeza se elas são realmente representativas das opiniões da população norte-americanas nos dois momentos, agosto de 1947 e de maio de 1950. Ainda assim, esses são os únicos dados quantitativos disponíveis para o período analisado, o que por si já os torna relevantes.

A INVENÇÃO DOS DISCOS VOADORES

dos discos voadores. É isso, pelo menos, que se pode depreender do trecho de uma notícia publicada no jornal carioca *A Noite* em 1950:

> Embora haja certa analogia entre os relatos sobre os "discos voadores" e as clássicas narrativas a respeito de monstros marinhos ou cobras grandes fluviais divisados por marinheiros e roceiros, a constância do registro atual de informações parece indicar a possibilidade de uma explicação de uma realidade por detrás das observações porventura imperfeitas ou imprecisas.[56]

A nova pesquisa de opinião Gallup trazia alternativas problemáticas. Utilizou, por exemplo, uma categoria, no mínimo, infeliz: "cometas, meteoros, algo de outro planeta". A que se refere essa expressão "algo de outro planeta"? A algo inteligente ou a qualquer objeto sideral? Diante de termos tão imprecisos, fica difícil definir. No entanto, não deixa de ser surpreendente que tão pouca gente tenha citado visitantes de outros planetas, já que nos meses anteriores houve grande exposição dessa teoria.[57] Por que a hipótese extraterrestre não pareceu tão interessante? Estariam as pessoas naquele momento tão preocupadas com os conflitos da Guerra Fria que sequer cogitaram possibilidades, digamos, transcendentais, como a alienígena? De fato, é difícil, talvez impossível, responder a essas questões com segurança.

A vantagem dessa nova pesquisa de opinião é que ela, junto com a análise histórica, permite vislumbrar três grandes mudanças no imaginário norte-americano. Em primeiro lugar, a discussão parece ter sofrido um pequeno, mas significativo deslocamento. Se antes (1947) a principal dúvida era "existem discos voadores?", agora (1950) parece ser "o que são os tais discos?". O próprio instituto Gallup comentou em 1950: "tem havido persistentes boatos de que algo está por trás das curiosas visões aéreas que tantas pessoas alegam ter visto".[58]

Aparentemente, o ceticismo havia retrocedido um pouco. Podem ter colaborado para isso a acumulação dos rumores, a continuidade dos relatos

---

56 "O segredo do fenômeno dos "discos voadores"". *A Noite*. Rio de Janeiro, 20/3/1950, p. 1 e 3.

57 DURRANT, Robert. op. cit, p. 233.

58 Ibidem.

com testemunhas consideradas confiáveis e a ineficiência da Força Aérea norte-americana em demonstrar a inexistência dos discos voadores.

Outro ponto muito importante foi o aumento da preocupação em relação a eles como armas secretas das duas superpotências. Para compreender isso, deve-se lembrar que a situação política internacional havia se deteriorado consideravelmente desde a declaração da Doutrina Truman em 1947. Em fevereiro de 1948, Stalin ajudou os comunistas tchecoslovacos a tomarem o poder naquele país. Em julho, estourou a primeira grande crise diplomática entre as superpotências, quando a União Soviética impôs bloqueio por terra a Berlim. O impasse durou onze meses. Em abril de 1949, os países do lado capitalistas criaram a OTAN (Organização dos Tratados do Atlântico Norte), uma aliança militar para fazer frente ao mundo vermelho.

Mas a notícia mais preocupante veio em agosto de 1949, quando os soviéticos explodiram sua primeira bomba atômica. Foi um choque para os norte-americanos. A guerra nuclear estava se tornando uma possibilidade real. Em represália, Harry Truman anunciou, em janeiro de 1950, o programa norte-americano para produzir a bomba de hidrogênio, que possuía poder de destruição mil vezes maior do que a de Hiroshima. O planeta seguia em direção ao abismo. A "década do fim do mundo", numa expressão do escritor inglês P.D. Smith, tinha começado.[59]

A terceira mudança no imaginário não está evidenciada nas pesquisas de opinião, mas também pode ter sido relevante. Trata-se do clima de conspiração e suspeita existente nos Estados Unidos naquele período. Não era apenas Keyhoe que suspeitava que a verdade estava sendo escondida. Por todo Estados Unidos florescia a desconfiança. Com o acirramento da Guerra Fria a partir de 1947, o anticomunismo norte-americano aflorou com muita força. Acreditava-se que os comunistas poderiam estar infiltrados em qualquer setor da sociedade, sabotando, roubando segredos e planejando greves para prejudicar a economia.

Uma onda de paranoia e denúncias varreu o país e arruinou a carreira de políticos, funcionários públicos, cientistas, artistas e outros profissionais. A situação ficou ainda pior no final da década quando algumas pessoas como Alger Hiss, Judith Coplon, Harry Gold e o casal Rosemberg foram julgadas e condenadas por espionagem. A partir do ano de 1950, a influência do senador

---

59 SMITH, op. cit., p. 369.

Joseph Macarthy e de sua luta anticomunista começaram a crescer vertiginosamente.[60] Até 1954, Macarthy liderou um processo conhecido "caça às bruxas".

O pesquisador Curtis Peebles notou com perspicácia que "o mito do disco voador foi definido sob um fundo de conspiração, medo e espionagem".[61] De fato, parece razoável supor que as principais ideias envolvendo a teoria interplanetária tenham sido francamente influenciadas pelo clima de desconfiança em relação a tudo e a todos que pairava no ar dos Estados Unidos.

Cabe aos historiadores norte-americanos, no entanto, dizer se a luta ufológica pelo direito à informação contra um Estado pintado quase como totalitário representava ou não uma reação às ameaças mais amplas feitas à liberdade individual no país no começo dos anos 1950. Estariam as acusações de Keyhoe inseridas num contexto maior de resistência a um Estado que permitia cada vez mais escutas telefônicas ilegais, mentiras e perseguições? Vale lembrar que, ao contrário do macarthismo, nas teorias ufológicas é a população quem duvida da sinceridade dos homens de Estado.

A segunda onda brasileira (1950)

Após julho de 1947, os discos voadores continuaram aparecendo em pequenas notas veiculadas esparsamente na imprensa brasileira. Em agosto de 1949, por exemplo, a revista *Ciência Popular* veiculou na seção de "Perguntas e respostas" a seguinte questão: "Os discos voadores são armas aéreas de nações terrestres, ou são disparados por habitantes doutros planetas contra a Terra?". Para a publicação, ninguém naquele momento tinha a resposta. Sabia-se que provavelmente não eram armas secretas soviéticas e que muitos casos envolviam confusões com fenômenos corriqueiros e fraudes. Cogitou-se a possibilidade interplanetária, mas, segundo a revista, a enorme distância entre os astros explicava porque "os cientistas não creem que os discos possam ter vindo de outro mundo".[62]

---

60 VALIM, Alexandre Busko. *Imagens vigiadas: uma História Social do cinema no alvorecer da Guerra Fria*, 1945-1954. Tese de Doutorado em História, Rio de Janeiro, Universidade Federal Fluminense, 2006, p. 122.

61 PEEBLES, op. cit., p. 54

62 "Os discos voadores são armas aéreas de nações terrestres, ou são disparados pelos habitantes doutros planetas contra a Terra?". *Ciência Popular*, Rio de Janeiro, agosto 1949, nº. 11, p. 12.

Meses depois, Ary Maurell Lobo, diretor geral da revista, comentou que foi procurado por gente que dizia ter visto um disco voador no Rio de Janeiro, o qual, segundo as testemunhas, deixou "a impressão de um aparelho interplanetário em voo de reconhecimento sobre a Terra".[63] Maurell Lobo reafirmou que não se sabia o que eram ou mesmo se existiam tais objetos.

Em março de 1950, porém, as notícias sobre os discos voadores retornaram com força à imprensa brasileira. Logo nos primeiros dias do mês, começaram a aparecer esparsamente pequenas notas de agências de notícias internacionais a respeito de casos ocorridos no México, que vivia grande onda.[64] Também ganharam destaque ocorrências norte-americanas e de países da América Latina. Poucos depois, relatos de observações de discos voadores de todas as partes do Brasil passaram a ser veiculadas. Uma notícia da época comentava:

> Entre nós, dado, principalmente, ao noticiário que as agências telegráficas do exterior semeiam pelos jornais e revistas, a crença dos "discos voadores" vai ganhando corpo na opinião pública, surgindo, então, os mais desencontrados comentários a respeito. Em diversos Estados da União, conforme os leitores têm visto nos noticiários dos jornais, o aparecimento dos "discos voadores" tem causado verdadeiro reboliço nas populações do interior [...].[65]

Para analisar esse processo, foram elegidos seis jornais.[66] A leitura desse material indica que os discos voadores foram um dos principais assun-

---

63 "Cartas ao Diretor Geral". *Ciência Popular*, Rio de Janeiro, fevereiro 1950, nº. 17, p. 33.

64 Nos primeiros vinte dias de março de 1950, houve no México pelo menos 50 ocorrências diferentes. Uma nota publicada no Brasil sobre a situação naquele país comentava que "a celeuma começou quando um jornal local publicou uma série de artigos a respeito desse suposto fenômeno, antes publicada pela revista "True"". Ver: "Fotografado o "pires voador"". *A Manhã*. Rio de Janeiro, 12/3/1950, p. 6. Boa parte dos casos mexicanos, no entanto, estava provavelmente relacionada a testes com balões meteorológicos feitos lançados pela FAM (Força Aérea Mexicana) e por universidades locais. Ver: RUIZ NOGUEZ, Luis. *La "oleada" de 1950 em México*. (texto inédito). RUIZ NOGUEZ, Luiz. México. *Década del 50*. (texto inédito).

65 "Reboliço na Avenida Rio Branco. Visão de um "disco voador"". *A Manhã*. Rio de Janeiro, 30/3/1950, p. 1 e 13.

66 São três matutinos e três vespertinos, sendo dois da cidade do Rio de Janeiro e quatro

A INVENÇÃO DOS DISCOS VOADORES

tos daquele mês de março de 1950.[67] Como na onda anterior, manteve-se a tendência de maior veiculação de notícias entre os vespertinos, com destaque para as versões carioca e paulista do jornal *A Noite*.[68]

As notícias começaram a surgir timidamente por volta do dia 10. Entretanto, uma estranha história fez com que o interesse da imprensa brasileira crescesse subitamente. Segundo agências de notícias internacionais, o norte-americano Ray L. Dimmick afirmava ter inspecionado os restos de um disco voador que havia se espatifado no México e sido recolhido por autoridades locais. De acordo com Dimmick, cientistas mexicanos afirmavam que o objeto vinha de outro planeta e que, junto a ele, tinha sido encontrado um corpo com apenas 59 centímetros de altura, parecido com um "anão de enorme cabeça".[69] Ele assegurou ainda "que máquinas semelhantes haviam caído em certo ponto

---

de São Paulo. Foram lidos os diários cariocas *A Manhã* e *A Noite* e os paulistanos *Folha da Noite, Folha da Manhã, A Noite* e *O Estado de São Paulo*. Como se pode notar, alteramos alguns periódicos analisados nessa onda de casos (março de 1950). Na onda de 1947, foram nove diários pesquisados. Essa diminuição deve-se principalmente à falta de tempo para conclusão de um trabalho tão amplo. Outra alteração importante foi a substituição dos jornais cariocas *O Globo, Diário de Notícias* e *Correio da Manhã* pelo diário *A Manhã*. Essa mudança tem a ver com o fato de *A Manhã* ser talvez o único periódico da época a possuir um suplemento mensal totalmente dedicado à ciência (*Ciência para Todos*). Isso teoricamente aumentaria nossas chances de encontrar momentos de atuação da comunidade científica em relação aos discos voadores. Sobre o suplemento científico publicado em *A Manhã*, ver: ESTEVES, Bernardo. *Domingo é dia de ciência*. Rio de Janeiro, Azougue Editorial, 2006. A propósito, em e-mails trocados com Bernardo Esteves entre março e abril de 2007, ele disse não se lembrar de qualquer referência a discos voadores no suplemento *Ciência para Todos*.

67 No total, os seis periódicos pesquisados veicularam pelo menos 127 notícias durante todo o mês de março. Esse número que mostra que o interesse da imprensa nesse momento foi maior do que em julho de 1947. Naquela onda, foram encontradas 116 notícias nos nove periódicos pesquisados. No entanto, em março de 1950 os discos voadores tiveram menos destaques na primeira página.

68 *A Noite* continuou como o jornal que mais publicou a respeito. Número de notícias sobre discos voadores publicados durante todo mês de março de 1950: *A Noite*-SP – 28, *A Manhã* – 24, *O Estado de S. Paulo* - 19, *Folha da Noite* – 10, *Folha da Manhã* – 9.

69 "Disco voador pilotado por anão marciano". Coluna *Se Non é vero... A Noite*. São Paulo, 11 março 1950, p. 6.

103

do continente norte-americano, mas que os governos interessados haviam encoberto suas investigações com um manto de segredo".[70]

Contudo, Dimmick voltou atrás no dia seguinte. Alegou ter visto apenas um pedaço de metal. Interrogado pela Força Aérea dos Estados Unidos, disse que as informações na verdade lhe tinham sido passadas por dois colegas, cuja identidade se recusou a revelar.[71] Diante do recuo, autoridades militares mexicanas e norte-americanas declararam que a história não tinha qualquer fundamento e negaram peremptoriamente envolvimento no caso.[72]

A fantasiosa narrativa de Dimmick despertou o interesse de editores, colunistas e leitores brasileiros. Um colunista de *A Noite*, provavelmente sem saber que a história tinha sido desmentida, mostrou-se absolutamente fascinado por ela:

> Estamos [...] em face de um acontecimento histórico prodigioso que deixa a perder de vista o descobrimento da América em 1492. [...] A esta hora, na cidade do México, sábios antropólogos e veneráveis biologistas, acocorados à beira do piloto do "pires voador", buscam descobrir os vestígios do mundo fantástico que nos enviou essa estranha mensagem.[...] [73]

Muitos anos depois, a imagem do alienígena de cabeça grande, invocada na narrativa de Ray Dimmick, tornou-se clássica nos filmes e romances. De acordo com muitos biólogos, no entanto, seres de outros planetas, caso existam, devem ser provavelmente muito diferentes fisicamente dos humanos. "Eles" surgiram em outro ambiente e, portanto, passaram por um processo de seleção natural completamente distinto.[74] De acordo com o biólogo alemão

---

70 "Caiu um "pires voador" com um piloto de meio metro de altura". *A Manhã*. Rio de Janeiro, 10/3/1950, p. 1 e 3.

71 "O caso dos "discos voadores"". *O Estado de São Paulo*. São Paulo, 12/3/1950, p. 60.

72 "Sem fundamento a notícia do "disco voador" pilotado por anão marciano". *A Noite*. São Paulo, 13 março 1950, p. 5 e 10; E também RUIZ NOGUEZ, Luis. *Década del 50*. (texto inédito).

73 NEVES, Berilo. "A invasão". *A Noite*. São Paulo, 15 março 1950, p. 5.

74 A maioria dos cientistas concorda que a forma humana dificilmente será a mesma de outros seres inteligentes do universo. A esse respeito, ver os textos de SIMPSON (1964), SAGAN (1985) e MAYR (s/d). No entanto, argumentos favoráveis à existência de extraterrestres humanóides podem ser lidos especialmente em RAUP (s/d). Comentários gerais interessantes sobre essa questão são encontrados também em

Ernst Mayr a "inteligência, noutro planeta, pode residir num ser inconcebivelmente diferente de qualquer forma de vida terrestre".[75]

A preferência por extraterrestres de forma humanóide vem da dificuldade em pensar coisas além de nós. Quando imaginamos a forma física de seres inteligentes no universo, quase sempre nos usamos como modelos e não conseguimos nos desvencilhar do antropomorfismo. Já a cabeça grande atribuída a "eles" é, no fundo, uma visão do próprio corpo humano no futuro. Um corpo no qual o cérebro suplantou em tamanho todos os outros órgãos, uma projeção de como seriam seres altamente desenvolvidos intelectualmente. É isso que pode-se inferir a partir de um despretensioso desenho publicado na época:

Imagem 13 – Ilustração. Título: *O homem no futuro*.
Legenda: Será assim o homem do futuro? Foi assim pelo menos que o concebeu o autor de uma reportagem publicada em "Domingo", o vitorioso suplemento dominical de A NOITE de São Paulo, em 29/01/50; cabeça enorme, pelado, corpo esguio e membros raquíticos, como se todas as suas atividades se concentrassem no cérebro fazendo-o desenvolver tão desproporcionalmente.[76]

ARANHA FILHO (1993, p.120-125).

75 MAYR, Ernst. "A probabilidade de vida extraterrestre inteligente". In: REGIS JR., Edward. *Extraterrestres – ciência e inteligência alienígenas*. Tradução Renato Casquilho. Publicações Europa-América, Portugal, s.d, p. 39.

76 "O homem do futuro será gigante ou pigmeu?" *A Noite*. São Paulo, 4 de abril de 1950, p. 6.

Cabeçudos ou não, os alienígenas não foram a tônica das notícias de discos voadores no Brasil em março de 1950. Afora o relato de Ray Dimmick, a imprensa brasileira quase não deu atenção a "eles".[77] Embora muitos casos tenham ocorrido, nenhum citava especificamente extraterrestres. Tampouco fatores psicológicos foram muito apontados como causa das observações. Os três anos de contínuos relatos colocaram um pouco em xeque teorias como sugestão e histeria coletiva. Afinal, como as pessoas podiam permanecer nesses estados psicológicos por tanto tempo?

Naquele momento, a possibilidade dos discos voadores serem armas secretas foi a que recebeu mais atenção. Não era para menos. As relações entre as superpotências estavam em frangalhos. Todos os dias as jogadas do xadrez diplomático ocupavam um espaço incomumente grande nas primeiras páginas dos jornais brasileiros, inclusive nos mais populares.

Opiniões de comentaristas e cientistas que garantiam que o governo dos Estados Unidos estava por trás dos misteriosos objetos foram amplamente divulgadas pelas agências de notícias internacionais.[78] Bastante atenção foi dada, por exemplo, à teoria da revista *U.S. News and World Report*, que apostava em um avião experimental em forma de disco produzido pela Marinha.[79] Em 12 de abril de 1950 uma foto do modelo dessa aeronave, o XF5U-1, apareceu na primeira página de um dos matutinos mais lidos do país, a *Folha da Manhã*.[80]

Muitas dúvidas e desconfianças estavam colocadas sobre as Forças Armadas norte-americanas. A insistência com que agências internacionais de notícias questionavam o envolvimento do Estado norte-americano indicava que os jornalistas não estavam acreditando nas constantes declarações oficiais.

A expectativa de que os discos voadores fossem armas secretas norte--americanas explica a ampla cobertura dada ao tema pelo jornal *O Estado de S.*

---

77 Apenas um jornal noticiou outra história relacionada a extraterrestres. Em abril, *A Noite* publicou a história do contato do argentino Wilfredo H. Arevalo que afirmou ter visto tripulantes "altos e esbeltos trajando roupas brancas brilhantes". Ver: "Chegou a ver os tripulantes do disco voador!". *A Noite*. Rio de Janeiro, 14/4/1950, p. 9 e 14.

78 As "revelações" do jornalista Henry Taylor, por exemplo, tiveram bastante repercussão no Brasil. Taylor acreditava que os discos voadores eram aparelhos registradores de raios cósmicos lançados pela Marinha norte-americana. Ver: "Novas hipóteses sobre os 'discos voadores'". *O Estado de São Paulo*. São Paulo, 29/3/50, p. 18.

79 "Os discos seriam aviões reais". *A Noite*. Rio de Janeiro, 4/4/1950, p. 8 e 14.

80 [Foto com legenda]. *Folha da Manhã*. São Paulo, 12/4/1950, p. 1, 1º. caderno.

Paulo, um matutino em nada afeito ao sensacionalismo. Seu interesse pode ser percebido tanto no material publicado, em sua maioria notícias de agências internacionais, quanto pela ausência de ocorrências brasileiras. Para os editores d'*O Estado de São Paulo* os discos voadores eram nesse momento uma questão relevante dentro da política internacional. Só isso explica porque um periódico voltado majoritariamente para questões políticas e econômicas publicou tanto a respeito de um tema que notoriamente não lhe era caro.

Vênus, o deus dos discos voadores

Os relatos brasileiros começaram a surgir por volta de 20 de março de 1950. Nos jornais consultados, foram ao todo trinta ocorrências, vindas de todas as partes do país.[81] Como em 1947, a imprensa, grosso modo, destacou os casos em poucas linhas. Não havia muita preocupação em buscar fontes de confirmação independente, opiniões de astrônomos, meteorologistas, técnicos em aviação e outros especialistas. Tampouco se buscava preparar o leitor para discernir fenômenos aéreos e astronômicos corriqueiros de algo possivelmente extraordinário. Em meio à onda de rumores, a simples narrativa de um disco voador bastava para virar notícia.

A comunidade científica brasileira foi novamente pouco acionada. A maior parte dos especialistas consultados eram estrangeiros que expunham suas opiniões às agências de notícias internacionais. Poucos diários se interessaram em ouvir autoridades científicas locais. Talvez porque considerassem o assunto mais relacionado aos países desenvolvidos, no caso de serem armas secretas. Ou porque acreditavam que a diminuta comunidade científica do país não teria condições de solucionar satisfatoriamente o enigma.

Nesse caso, os editores não poderiam estar mais equivocados. Em uma das poucas entrevistas encontradas, o professor Mário de Souza, antigo assistente chefe do Observatório Nacional, do Rio de Janeiro, fez comentários pertinentes.[82] Segundo ele, as observações eram causadas por diferentes fenômenos - aviões secretos, miragens, meteoritos, balões meteorológicos e outros.

---

81 A lista completa dos casos encontrados nos jornais está nos anexos da versão da dissertação defendida em 2009, disponível no site da Unicamp.

82 "O segredo do fenômeno dos "discos voadores"". *A Noite*. Rio de Janeiro, 20/3/1950, p. 1 e 3.

Mário de Souza, no entanto, creditava a maior parte dos relatos ao planeta Vênus que, segundo seus cálculos, estava em uma de suas fases de maior brilho.[83] O astro podia inclusive ser visto durante o dia.[84]

Acontecimentos posteriores mostraram que, aparentemente, Mário de Souza estava certo. Nos dias seguintes, pequenas e esparsas notas davam conta de confusões com o planeta Vênus em cidades como Rio de Janeiro,[85] Campinas[86] e Botucatu.[87] O mesmo engano, informava a imprensa internacional, havia ocorrido no México,[88] Bolívia[89] e Argentina.[90]

Outros cientistas brasileiros também opinaram. O então diretor do Observatório Nacional, Sodré da Gama, contrariou seu colega de instituição ao declarar que não havia qualquer relação com fenômenos astronômicos.[91] Os discos voadores partiam da própria Terra, disse ele. Para o professor Alírio de Mattos, catedrático de Astronomia na Escola Nacional de Engenharia, eram meteoritos.[92] Já o professor de psicologia Emílio Mira y López, do Instituto de Seleção e Orientação Profissional (ISOP)[93], afirmou haver "99,99% de

---

83 A esse respeito ver: GAUTHIER, Rodolpho. *Um diálogo sobre Vênus*. Disponível em http://www.ceticismoaberto.com/ufologia/dvenus.htm. Acesso em 1/7/2009.

84 "Um astrônomo brasileiro explica o mistério dos "discos voadores"". *A Noite*, São Paulo, 22 março 1950, p. 9 e 10.

85 "Planeta e não disco voador". *Folha da Manhã*, São Paulo, 31/3/1950, p. 3, 1º. caderno.

86 "Discos voadores nos céus de Botucatu". *Folha da Manhã*, São Paulo, 25 de março 1950, p. 3, 1º. caderno.

87 "Avistados "discos voadores" em Botucatu, Santos e Itapira". *O Estado de São Paulo*. São Paulo, 25/3/50, p. 7.

88 "Caiu um "pires voador" com um piloto de meio metro de altura". *A Manhã*. Rio de Janeiro, 10/3/1950, p. 1 e 3.

89 "Filmado no México um disco voador". *A Manhã*. Rio de Janeiro, 18/3/1950, p. 8.

90 "Um disco voador sobre Lisboa...". *A Noite*. Rio de Janeiro, 6/4/1950, p. 3, edição final.

91 "O disco voador não apresenta relação alguma com fenômenos astronômicos". *Folha da Manhã*, São Paulo, 21 de março 1950, p. 3, 1º. caderno.

92 Ibidem, p. 3.

93 O ISOP era um órgão formado por psicólogos. ABADE, Flávia Lemos. "Orientação profissional no Brasil: uma revisão histórica da produção científica". *Revista brasileira de orientação profissional* [online]. jun. 2005, v. 6, no. 1[citado 01 Julho 2009], p.15-24. Disponível em http://pepsic.bvs-psi.org.br/scielo.php?script=sci_

A INVENÇÃO DOS DISCOS VOADORES

indícios de que se trata de pura sugestão".[94] Segundo ele, uma série de elementos, como aviões, planetas e meteoros podem provocar no observador desprevenido "a convicção de que realmente está vendo os estranhos aparelhos". Mira y López ainda alfinetou a imprensa dizendo que a imaginação dos jornalistas estava trabalhando mais do que a do povo.

Nos trinta casos levantados, a maioria das descrições utilizou a expressão "disco voador". Em pouquíssimas ocasiões foram empregados termos outrora comuns como "pires voadores" ou "panelas voadoras".[95] Após três anos, uma padronização vocabular havia se consolidado. Ao que tudo indica, o termo "disco voador" fora incorporada ao glossário cotidiano com o significado de qualquer fenômeno ou artefato aéreo não reconhecido, tendo ele forma de disco ou não.[96]

No Rio de Janeiro, por exemplo, uma pequena multidão chamou de disco voador algo que, segundo um repórter, não passava de "um minúsculo ponto branco, à semelhança de uma estrela, quase invisível a olho nu".[97] Outro jornalista comentou que os discos voadores "são em geral tratados como se fossem, todos eles, uma mesma coisa. [...] [Mas] talvez não sejam uma coisa só, porém muitas".[98]

O que quer que fossem, os discos voadores aguçavam a curiosidade e causavam reboliço nas ruas do país. Diversos meios de comunicação relataram aglomerações de gente. O jornal *A Manhã* narrou em detalhes um desses episódios:

---

arttext&pid=S1679-33902005000100003&lng=pt&nrm=iso. Acesso em 1/7/2009.

94 "Ora, que pena! Eu ainda não vi um disco voador". *Folha da Manhã*, São Paulo, 30/3/1950, p. 3, 1º. caderno.

95 Uma exceção foi o relato de um homem de Olinda, Pernambuco, que disse ter visto "um círculo escuro semelhante a uma roda de bicicleta". "Viu o "disco voador". *A Noite*. Rio de Janeiro, 14/4/1950, p. 8.

96 "Embora sob nome comum, diferem as características que lhe são atribuídas em cada lugar", comentou um editor do Estado de São Paulo. "Noticiados novos aparecimentos de "discos voadores"". *O Estado de São Paulo*. São Paulo, 22/3/50, p. 1.

97 "Reboliço na Avenida Rio Branco. Visão de um "disco voador". *A Manhã*. Rio de Janeiro, 30/3/1950, p. 1 e 13.

98 "O mistério dos discos voadores". *Folha da Manhã*, São Paulo, 24/8/1952, seção Atualidades, p. 9.

Ontem, com surpresa geral, a fisionomia da cidade viu-se perturba-
da com o aparecimento, no céu, de algo que se "movimentava", que
"aparecia e desaparecia", deixando em todos uma impressão de abso-
luta expectativa... "Será um "disco voador?..." Era esta a pergunta que
andava de boca em boca, naturalmente que com maior volume entre
os curiosos que se postavam pelas calçadas para observar o estranho
fenômeno.

Na Avenida Rio Branco [Rio de Janeiro], quase o tráfego era inter-
rompido com as aglomerações que se formavam ao longo de sua ex-
tensão. Pelas principais esquinas da avenida, o povo fazia mil e uma
conjecturas, apontando para o céu como que mostrando algo de surpreendente e sensacional. Crianças, velhos e moços ali estavam para
testemunhar a ocorrência num misto de expectativa e nervosismo.
Nem mesmo o sol inclemente fazia dispersar os numerosos grupos
de pessoas, "doidinhas" para ver o que se passava naquele céu tão azul
e tão bonito...[99]

Situações semelhantes aconteceram em diversos locais. Em São Paulo, moradores do Jardim Paulista e Lapa teriam ficado "em polvorosa".[100] Em
Fortaleza, "formou-se [...] grande aglomeração de pessoas que olhavam o
céu avidamente a procura do Disco Voador que teria sido avistado por uma
senhora".[101] Notas internacionais iam no mesmo sentido. Em Havana, Cuba,
"o tráfego ficou paralisado quando centenas de pessoas se lançaram às ruas"
para ver um disco voador.[102] La Paz, na Bolívia, também enfrentou conges-
tionamentos por causa das pessoas que paravam para observar o céu.[103] No
Uruguai, "praticamente meia Montevidéu"[104] saiu às ruas.

---

99 "Reboliço na Avenida Rio Branco. Visão de um "disco voador". *A Manhã*. Rio de Janeiro, 30/3/1950, p. 1 e 13.

100 "Continua o "mistério"... "Disco voador" em São Paulo". *A Manhã*. Rio de Janeiro,
25/3/1950, p. 3

101 "Disco voador no Ceará". *A Manhã*. Rio de Janeiro, 23/3/1950, p. 2.

102 "A Rússia e os discos voadores". *A Manhã*. Rio de Janeiro, 25/3/1950, p. 8.

103 "Filmado no México um disco voador". *A Manhã*. Rio de Janeiro, 18/3/1950, p. 8.

104 ""Discos voadores" sobrevoam Montevidéu". *A Manhã*. Rio de Janeiro, 19/3/1950, p.
1 e 2.

A INVENÇÃO DOS DISCOS VOADORES

Bastava encontrar algo no céu que não fosse imediatamente reconhecido, não necessariamente em forma de disco, que os grupos se formavam. Os comentários eram alimentados pelo que se lia na imprensa. Todo mundo queria ver o que, segundo os jornais, o mundo inteiro estava vendo. O antropólogo Ignacio Cabria notou que nessas ondas de relatos o "jornalismo e os boatos populares se alimentaram mutuamente produzindo-se uma verdadeira febre".[105]

Esse interesse da imprensa brasileira se manteve alto até 5 de abril de 1950. Depois disso, começou a diminuir. Nos últimos dias desse mês, já era raro encontrar qualquer nota sobre o assunto, que provavelmente havia saturado editores e leitores. Devido à repetição, os casos deixavam de ser interessantes. Aos poucos, o tema voltou para seu ostracismo, para sua condição de mera curiosidade dentro do noticiário.

Em meio à mania pelo assunto, houve, porém, quem tentou se aproveitar. Em Niterói, dois homens começaram a chamar a atenção das pessoas para um ponto no céu. "A princípio, foi um pequeno grupo de pessoas, como tantos outros. Subitamente, no entanto, era uma verdadeira multidão, curiosa e estática. Parou tudo: ônibus, lotações, carros particulares. E todos olham para cima".[106] A ideia dos malandros era distrair os transeuntes para roubar-lhes os pertences. Ambos, porém, "foram ver os "discos" através das grades do xadrez". Na delegacia teriam declarado que "[...] em Niterói, basta uma pessoa olhar para o céu alguns instantes, e uma porção de gente a acompanha, fica de nariz para o ar e, se possível, também fica sem carteira...". Segundo os jornais, os acusados de "agir nas algibeiras dos incautos" eram velhos conhecidos da polícia que atendiam pelos apelidos de "Mão de Veludo" e "Boa Boca".

---

105 Segundo Cabria, uma onda de casos bastante similar à brasileira ocorreu entre os dias 22 de março e primeiros dias de abril na Espanha. "A Espanha parece, também, estar tomada da febre dos "discos voadores"" comentou um telegrama da United Press (U.P.) publicado em *A Noite*, do Rio de Janeiro. Ver: "Febre dos discos, também na Espanha". *A Noite*. Rio de Janeiro, 23/3/1950, p. 14 e 7, edição final. CABRIA, Ignacio. "Ya tenemos platillos volantes". *Cuadernos de Ufología*, nº 21 (nº1, 3ª época), 1997, p. 18-35.

106 "Enquanto os incautos olhassem o Disco Voador..." *A Noite*. Rio de Janeiro, 24/4/1950, p. 1 e 12.

Apocaliptismo

No início do ano de 1950, o presidente dos Estados Unidos, Harry Truman, anunciou a construção de uma nova geração de armas nucleares, as bombas de hidrogênio. Era uma resposta ao primeiro teste atômico feito pelos soviéticos no ano anterior. Mil vezes mais potente que a bomba atômica, a bomba H podia literalmente varrer uma cidade do mapa. Além disso, seu uso indiscriminado poderia contaminar de radioatividade toda atmosfera, levando a vida humana à extinção.[107] Segundo alguns cientistas, a detonação de apenas cem grandes bombas desse tipo seria suficiente para um holocausto completo no planeta. Como ninguém duvidava que Moscou em breve também produziria tal armamento, havia muito com que se preocupar.

De nada adiantaram as advertências contra sua produção feitas por cientistas como Robert Oppenheimer, Albert Einstein e Enrico Fermi.[108] Mesmo sabendo dos perigos das bombas de hidrogênio, os militares norte--americanos levaram o projeto adiante e testaram a primeira em 1952, três anos antes dos soviéticos.

Para a opinião pública, de modo geral, os cientistas também eram culpados pela criação de tais superarmas apocalípticas. Foi justamente a partir dessa época que a fotografia de um Einstein velhinho, de cabelos desgrenhados e língua de fora passou a simbolizar a imagem do cientista excêntrico e alheio ao mundo. Algo, diga-se de passagem, bastante injusto com um homem que se envolveu com grandes questões políticas e sociais do seu tempo e foi, acima de tudo, um pacifista. Uma imagem que, além disso, desconsidera a "complexidade de ser cientista no século mais brutal da história humana".[109]

A invenção das bombas de hidrogênio também acabou com qualquer crença ingênua de que países do Terceiro Mundo estariam livres dos efeitos da guerra nuclear. Rio de Janeiro e Bombaim, mesmo distantes do conflito, seriam fatalmente atingidas pelas nuvens radioativas. Em algum momento desses anos a opinião pública mundial se deu conta de que a humanidade podia, pela primeira vez, varrer a vida não apenas de cidades japonesas, mas de

---

107 SMITH, op. cit., p. 40.

108 Ibidem, p. 32-37.

109 Ibidem, p. 18.

A INVENÇÃO DOS DISCOS VOADORES

todo planeta. Uma matéria da revista *Manchete* intitulada "O mundo morre de medo" comentou:

> Há quem afirme que as visões de discos voadores são produto de um mundo dominado pela neurose da destruição. Pelo menos uma parte dessa afirmação é verdadeira: o mundo, hoje, é um mundo aterrado, de um pólo a outro, porque o homem já foi informado de que uma terceira guerra será a destruição de toda a humanidade.[110]

Influenciadas pelo momento político sombrio do início dos anos 1950 algumas pessoas relacionaram os discos voadores ao fim do mundo. E não se está aqui falando de líderes religiosos, mas de escritores do quilate de Rachel de Queiróz (1910-2003). Em uma crônica de maio de 1950, a literata cearense mostrou-se aterrorizada diante da possibilidade de um apocalipse interplanetário. Lendo o texto, não é difícil inferir que suas preocupações continham no fundo motivos bastante terrestres. Eis uma parte de sua crônica:

> Eu por mim acredito. Por que não acreditaria? Nada vejo que justifique a descrença. Acredito em tudo. [...]. E acredito, principalmente, que sejam pilotados por homúnculos de meio metro de estatura, macrocéfalos, horrendos, vindos sabe Deus de que planeta, Marte, Vênus ou Saturno.
>
> Ah, acredito. Por que não seria verdade? Todo mundo os tem visto [...] Ilusão coletiva uma conversa. Também a bomba voadora dizia-se que era ilusão coletiva. O povo sabe muito bem onde põe os olhos e os jornais contam muito mais verdades do que o supõe o ingênuo público, viciado em acreditar em desmentidos. Se tanta gente tem visto discos voadores, é porque há discos voadores. [...]
> Eu creio nos discos e tenho medo deles. Sei muitíssimo bem que são o sinal positivo do fim do mundo. Se até está nos livros, se foi profetizado há muito tempo! E por que não seria o fim do mundo? Quais os nossos méritos assim tão grandes para nos defenderem da catástrofe? Os dez justos que faltaram a Sodoma, com razão ainda maior, nos faltariam a nós.

---

110 CARLOS, Newton. "O mundo morre de medo" In *Manchete*, Rio de Janeiro, 31 de agosto de 1957, p. 15-21.

Quem tiver os seus pecados trate de ir-se arrependendo que a hora chegou e chegou feia. Quem não viu o que tinha de ver, procure olhar e fartar os olhos; quem não amou ame depressa, quem não se vingou se vingue. O tempo urge – faça-se o que é mister ser feito, que o relógio já bateu. O mundo vai acabar-se.

Pelo menos o nosso mundo. […]

O mundo que virá há de ser deles, que já nos vigiam e já preparam o caminho. Então vocês não compreendem, irmãos, que esses discos misteriosos que pairam no alto, librando-se no ar como um gavião peneirando em cima da presa, pairam no alto e depois vão-se embora são os olheiros deles, são os quinta-colunas, os esculcas das multidões de homenzinhos de cabeça grande que estão destinados a ser os nossos senhores? Depois dos observadores, chegarão os exércitos com armas tão assombrosas que, perto delas, a bomba de hidrogênio do presidente Truman é como uma ronqueira de São João. E que idade terão atingido eles, se já minguaram assim no tamanho e cresceram tanto a cabeça? […]

Que pensarão de nós, vendo-nos tão atrasados, tão primitivos, tão irremediavelmente presos à carne e às suas misérias, divertindo-nos barbaramente com guerras selvagens, usando engenhos grosseiros de metal rude e brutas explosões de pólvora e nitroglicerina?

Ah, tenho medo, tenho medo. […] De que modo nos irão destruir ou de que meios usarão para nos escravizar – como animais de força bruta ao seu serviço? […]

Quem sabe são anjos; e virão destruir como os anjos destroem, sem ódio, sem prazer na carnificina, apenas cumprindo ordens mais altas, com a sua espada de fogo, coração feito de diamante, que nada empana, mas nada amolece. Contudo, também podem ter evoluído apenas na direção da besta, e como bestas da quinta-essência do aperfeiçoamento serão ferozes e implacáveis – serão os próprios descendentes do Leviatã.

Ah, os que não acreditam! Ah, os que zombam! Ah, os sábios que espiam nos seus estúpidos telescópios e negam o que o olho nu enxerga! Medem as estrelas com suas réguas, e depois vêm-nos dizer que não há perigo, que nos assustamos com simples meteoro. Isso mesmo deviam declarar os pajés das tribos americanas aos guerreiros assus-

A INVENÇÃO DOS DISCOS VOADORES

tados que pela primeira vez avistaram as asas das caravelas subindo no horizonte. São pássaros, são raios de sol – são sonhos dos olhos! E assim os brancos chegaram, e acharam os guerreiros desprevenidos e inermes. O mesmo sucederá conosco. É mais cômodo duvidar, é muito mais fácil afirmar que tudo é engano e mentira [...] [111]

Rachel de Queiróz realmente pensava desse modo ou está sendo um pouco irônica? Difícil dizer com certeza. Talvez um pouco das duas coisas. De qualquer forma, outros textos mostram que ela se interessava bastante pelo tema.[112] Certa ocasião, escreveu que gostava dos discos voadores porque "falam ao coração dos homens, à sua imaginação, despertam neles aquele obscuro temor do desconhecido, delicioso e arrepiante".[113] Em 1954, ela continuava preocupada com o assunto:

O que me causa receio é não serem os discos oriundos de céus longínquos, de uma estrela, de um planeta. Serem simplesmente mais uma vil arma de guerra (como as bombas V-2, por exemplo), inventadas para lá ou para cá da cortina de ferro. E o que me firma nessa desconfiança é o descuido, a pouca importância que os Governos, de modo geral, demonstram ante tal engenho, que para eles deveria ser assustador.[114]

Além dela, Berilo Neves (1899-1974), jornalista e escritor de ficção científica, interpretou a onda de relatos de discos voadores de 1950 de maneira apocalíptica, incorporando inclusive elementos religiosos. Nas suas palavras:

[...] os "discos voadores" estão provocando uma psicose universal e centralizam, por isso mesmo, a atenção dos Estados-Maiores e dos psiquiatras. O século XX está vivendo os seus dias mais inquietos e perigosos. Sente-se, no ar, o pesado silêncio cósmico que antecede

---

111 QUEIROZ, Rachel de. "Os discos voadores". *Folha da Noite*, São Paulo 8/5/1950. In: NESTROVSKI, Arthur (org.). *Figuras do Brasil: 80 autores em 80 anos de Folha.* São Paulo: Publifolha, 2001, p. 126-128.

112 QUEIRÓZ, Rachel de. "Mêdo" In *O Cruzeiro*, Rio de Janeiro, 23 de novembro de 1957, p. 130.

113 QUEIRÓZ, Rachel de. "Discos Voadores" In *O Cruzeiro*, Rio de Janeiro, 04/12/1954, p. 130.

114 Ibidem, p. 130.

as grandes tempestades elétricas. O ambiente satura-se de receios, de trovas, de inquietações. Ontem, em certo lugar da Europa, uma senhora suicidou-se por medo a bomba atômica. Esta mata, assim, pela simples ação catalítica – sem dar nenhum estouro, sem fundir nenhum metal. [...] Os "discos" bem podem ser avisos a Eternidade para que todos nos arrependamos de nossos pecados e nos prepare-mos para ouvir os primeiros sons roufenhos da trombeta do Arcanjo no vale de Josafá... [...] Os "discos voadores" rondam as nossas cida-des, como abutres à espera de pasto para as suas fomes voracíssimas. Ergamos os olhos para o alto, porque não nos salvará o fecharmo-los às realidades decretadas por Deus nos seus desígnios infalíveis. Frag-mentos de astros, amostras de [ilegível] secretas, ou simples deva-neios mecânicos de inventores [ilegível] – esses discos zumbem com um ruído alertador, em redor dos homens, cujos ouvidos, todavia, os pecados tornaram duros como o aço e insensível com as pedras.[115]

Crônicas como essas mostram muito bem a ansiedade vivida na épo-ca. Após assistir a duas guerras mundiais, aquela geração tinha motivos para temer uma nova catástrofe.

A Ciência na berlinda

Nos primeiros anos do século XX, havia grande esperança no poder da ciência em criar um futuro melhor. Isso se baseava em toda uma sorte de maravilhas concebidas ao longo do século anterior – navios a vapor, locomo-tivas, cinematógrafos, luz elétrica, telégrafos, telefones, anestésicos e outras coisas que revolucionaram o cotidiano. Nesse momento, os cientistas eram vistos com frequência como salvadores da humanidade, portadores de uma capacidade ilimitada. Para o senso comum, o porvir traria ainda mais progres-so tecnológico e bem-estar.[116] Nesse clima de otimismo, visões sombrias da ciência, como a de *Frankenstein*, romance escrito por Mary Shelley em 1818, estavam cada vez mais fora de moda.

Nas primeiras décadas, novos avanços, como a popularização dos raios X e das transmissões de rádio, pareciam confirmar tais expectativas. No entan-

---

115 NEVES, Berilo. "Perigos volantes". *A Noite*. Rio de Janeiro, 1/4/1950, p. 3.
116 SMITH, op. cit., p. 72-74.

to, a Primeira Guerra Mundial (1914-1918) arranhou bastante essa boa imagem da ciência. Nos dois lados do conflito, cientistas e engenheiros se uniram aos militares para produzir meios mais eficientes de destruir a vida humana. Foi a primeira grande guerra a contar com colaboração direta dos laboratórios. Gases venosos, metralhadoras, tanques, submarinos e aviões demonstraram claramente quanto a ciência e a tecnologia podiam ser perigosas. Mais de quinze milhões de pessoas morreram, batendo um recorde pouco dignificante.

Muitos cientistas justificaram sua participação dizendo que o conflito acelerava a criação de tecnologias que poderiam, em determinado momento, beneficiar toda sociedade. Esse argumento, no entanto, não convenceu muito. O escritor e professor inglês Peter D. Smith detectou nos romances do entreguerras um profundo sentimento de desconfiança em relação à ciência. De acordo com ele, "o cientista deveria ter sido o homem que acabaria com as guerras e anunciaria uma nova era de prosperidade e saúde, mas depois da [Primeira] guerra o seu lado de santidade desapareceu".[117]

Em 1939, as pretensões territoriais de Adolf Hitler provocaram outro conflito de alcance mundial. Logo no início da Segunda Guerra, alguns físicos enviaram cartas ao então presidente dos Estados Unidos, Franklin Roosevelt, pedindo a criação de uma comissão que estudasse a possibilidade de construir armas atômicas.[118] Entre os que assinaram as mensagens estava um judeu alemão perseguido pelos nazistas chamado Albert Einstein. O grande temor desses cientistas era que o Terceiro Reich produzisse tais artefatos antes dos Aliados.

A partir de 1942, o governo norte-americano passou a levar o alerta mais a sério. Nessa data, foi criado o Projeto Manhattan, uma iniciativa secreta dotada de orçamento bilionário e com mais de 130 mil funcionários. Desde o início, porém, os militares negaram qualquer participação dos cientistas nas decisões sobre os usos políticos e militares da superbomba que estava sendo construída.[119] Cada vez mais os cientistas foram se tornando meros dentes "dentro da engrenagem da máquina militar".[120]

---

117 Ibidem, p. 143.

118 Ibidem, p. 285-290.

119 Ibidem, p. 301.

120 Ibidem, p. 305

A primeira bomba atômica, no entanto, só ficou pronta em julho de 1945, quando a guerra já havia terminado na Europa. Seguiu-se então o que todos sabem: os Estados Unidos utilizaram sua arma mais cara sobre o frágil Japão, numa tentativa de acelerar o processo de rendição e, ao mesmo tempo, demonstrar à União Soviética sua força bélica.

A morte de mais de cem mil japoneses, a maioria civis, provocada por uma única bomba estarreceu o mundo.[121] Até mesmo um líder pouco afeito a sentimentalismos como Stálin comentou: "A guerra é uma barbárie, mas usar a bomba atômica é uma superbarbárie".[122] Para muitos, a humanidade "havia chegado a um ponto decisivo, apocalíptico".[123]

Todos esses acontecimentos funestos provocaram sentimentos ambivalentes em relação aos cientistas, que ora vistos como gênios do bem, ora como loucos insensíveis a serviço de uma elite tecnocrata militar. Numa crônica publicada no ano de 1950, o jornalista brasileiro Bastos Tigre (1882-1957) expôs alguns sentimentos em voga em relação à ciência:

> As mil e uma doenças que atormentam os homens e lhes abreviam a existência são objeto de profundas e dedicadas investigações da Ciência. Esta nos deu, neste meio século, antídotos contra moléstias consideradas, antes, incuráveis [...] Mas, contraditória humanidade! Ao mesmo tempo, em outros laboratórios e usinas, outros apóstolos da Ciência [...] procuram extrair das forças ocultas da natureza [...] o processo de obter a morte breve, fulminante, por atacado. [...] Por que? Para que?[124]

Nesse sentido foram também os comentários de Geraldo de Freitas, colunista literário de *O Cruzeiro*, sobre os "empolgantes e misteriosos" discos voadores. Para ele, sua origem era terrena. Na sua perspectiva, a possibilidade

---

121 Além disso, a Segunda Guerra também bateu um recorde, o de 55 milhões de mortes. Desse montante, cerca de 50% eram civis, contra apenas 10% na Primeira Guerra. SMITH, op. cit., p. 384.

122 GADDIS, John Lewis. *História da Guerra Fria*. 1ª ed. Rio de Janeiro: Nova Fronteira, 2006, p. 24.

123 SMITH, op. cit., p. 417.

124 BASTOS, Tigre. "Contradições" In: *A Noite*. São Paulo, 29 março 1950, p. 6.

A INVENÇÃO DOS DISCOS VOADORES

de produção de uma nova arma de destruição poderosíssima não seria absurdo se considerando aquele contexto:

> Do fim do último século até ao meado [sic] do nosso os homens têm sofrido choques tão grandes em sua sensibilidade e em sua capacidade de crer nas coisas, com o aparecimento do automóvel, do avião, da luz elétrica, do rádio, do cinema, da televisão, dos foguetes dirigidos e da bomba atômica, que um novo mistério custa a encontrar um lugar nas cogitações populares. Os valores foram inteiramente convulsionados e uma crise permanente se apoderou do espírito humano, que sente o progresso espantoso da ciência e um retardamento perigoso nas leis da moral e da consciência individual e geral. Os credos tradicionais foram abalados pela invasão da máquina e um horizonte de espantos se abriu diante do homem comum e mesmo dos mais preparados intelectualmente para acompanhar as novas conquistas. O homem sente que tem diante de seus pés mais um abismo que uma estrada segura e larga.
> Depois da bomba atômica, o que virá? Perguntam os espíritos angustiados, mas também curiosos [...].[125]

Não fossem as guerras, poderia-se esperar que a ciência fosse unanimemente glorificada no século XX, pois, de fato, revolucionou o mundo e tornou-se onipresente e indispensável. Prova disso é o aumento espetacular na expectativa de vida ocorrido nos últimos cem anos. No entanto, de acordo com Eric Hobsbawm, "o século XX não se sentia a vontade com a ciência que fora a sua mais extraordinária realização e da qual dependia".[126]

Durante a segunda metade do século, a associação entre ciência e catástrofe tornou-se comum. A imagem do cientista como parte do problema e não da solução, foi constante, principalmente nos filmes e livros da década de 1950.[127] Inúmeros Victor Frankenstein povoavam o imaginário da época. O ator Peter Selles, em especial, imortalizou a figura do cientista maluco ao interpretar o Dr. Strangelove no filme *Dr. Fantástico ou Como aprendi a parar*

---

125 FREITAS, Geraldo de. "Os discos voadores". Coluna "No mundo dos livros" In: *O Cruzeiro*, Rio de Janeiro, 24/05/1952, p. 8

126 HOBSBAWM, op. cit., p. 511.

127 SMITH, op. cit., p. 412-5.

de me preocupar e passei a amar a bomba (1964). De acordo com Smith, esse personagem "encarnou a ansiedade que toda uma geração nutriu em relação a cientistas que criavam tecnologias cada vez mais letais no campo da destruição em massa".[128]

Bem antes do Dr. Fantástico, porém, comentários publicados no jornal *Folha da Manhã*, em 1952, já refletiam sobre tais dilemas da ciência:

> Depois da explosão da primeira bomba atômica, há sete anos (6 de agosto de 1945), a Ciência entrou, pode-se dizer, em fase de crise moral. [...] por dois motivos: a colocação da Ciência em nível inferior ao da Política, uma vez que esta, boa ou má, tem de predominar na direção dos destinos de qualquer país; e a posição em que ficaram os sábios mais contenciosos, vendo-se obrigados a trabalhar na produção de armas cujo emprego, não raro, eles próprios estão longe de aprovar.[129]

Tal situação não tinha a ver apenas com a "crise moral" causada pela construção de armas de destruição em massa e a submissão dos cientistas aos interesses militares. Havia também uma percepção bem mais profunda e mais antiga de que o avanço da ciência acaba com certo romantismo, enterrando velhas verdades. Contrariando com frequência a religião e o senso comum, instituições construídas milenarmente, a ciência trazia novas verdades e impunha-se cada vez mais como forma ideal de ver o mundo. Esse avanço avassalador, obviamente, incomodava. Tal desconforto foi resumido pelo historiador inglês Eric Hobsbawm. Para ele, essa situação era alimentada por quatro sentimentos:

> o de que a ciência era incompreensível, o de que suas consequências tanto práticas quanto morais eram imprevisíveis e provavelmente catastróficas; o de que ela acentuava o desamparo do indivíduo e solapava a autoridade [...] Tampouco devemos ignorar o sentimento de que, na medida em que a ciência interferia na ordem natural das coisas, era inevitavelmente perigosa.[130]

---

128 Ibidem, p. 456.

129 "O dilema entre a ciência e a política". *Folha da Manhã*, São Paulo, 8/8/1952, p. 4.

130 HOBSBAWM, Eric, *Era dos Extremos: o breve século XX: 1914-1991*. Tradução:

Em *A Lua vai desaparecer*, crônica publicada em 1949, Austregésilo de Athayde comentou algo nesse sentido:

> A Ciência está rudemente destruindo a fantasia dos homens. Em quanta coisa, simples e bela, antes acreditávamos e já agora não podemos acreditar mais, depois que os sábios disseram que as aparências do mundo não correspondem à sua íntima realidade e os sentidos foram feitos para nos transmitir mais enganos do que impressões exatas. [...] [131]

Genolino Amado, outro cronista da época, foi além e atribuiu ao avanço do conhecimento científico a padronização da vida e a perda de idiossincrasias que compõem a identidade. Seu texto, intitulado "Gôndolas e a Lua", é permeado de imagens poéticas. Vale a pena reproduzi-lo praticamente na íntegra:

> Não se assustem os leitores com o título desta crônica, porque ela não tem, absolutamente, sentido romântico. Pelo contrário, gira em torno de notícias que encontrei na imprensa e que me impressionaram pelo prosaísmo desolador. São dois exemplos que se juntam para demonstrar quanto o mundo se vai desromantizando em nossa época.
>
> Realmente, da lua que se cantava no jornal, com abundância de informações técnicas e inteira falta de poesia, era o novo progresso conseguido pelos cientistas americanos em seus estudos para construir o avião-foguete capaz de chegar ao pálido satélite, onde em breve talvez se beba refrigerante de garrafinha e se decifrem palavras-cruzadas. Na mesma página, um telegrama anunciava que as velhas embarcações de Veneza entraram em greve, como desesperado protesto contra a concorrência depreciadora e humilhante das lanchas a gasolina, que invadiram com ruidosos motores os canais sonolentos da cidade anadiomênica.
>
> Ora, de cabeça distraída e espírito aluado, por influência da primeira notícia, fiquei a pensar na segunda. E no melancólico declínio das

---

Marcos Santarrita São Paulo, Companhia das Letras, 1995, pág. 512.

131 ATHAYDE, Austregésilo de. "A Lua vai desaparecer". In: *O Cruzeiro*, Rio de Janeiro, 25/11/1949, n° 6, ano XXI, p. 5.

gôndolas venezianas vi um sinal dos tempos. A existência atual padroniza a terra com suas máquinas estandardizadas e estandardizadoras. Onde os acidentes geográficos e os caprichos da História criaram singularidades pitorescas, a simplificação hodierna luta para impor-se. Veneza ainda terá muita sorte se os seus canais não forem entupidos, para que sobre eles se lancem pistas de asfalto. [...]

Assim, por toda parte agoniza o exótico, desaparece o original. Anulam-se as diferenciações. O planeta, que foi uma colcha de retalhos multicores, tende a revestir-se de uma capa cinzenta. A própria humanidade unifica suas tendências, combate as adversidades nos sistemas de viver, apaga as marcas individuais no difuso e impreciso conjunto das multidões.

Os aparelhos da técnica, os fáceis meios de comunicação, os transportes vertiginosos, constituem um maravilhamento que paradoxalmente vai destruindo os motivos que tínhamos antes para nos maravilhar. Chegará o dia em que o sorvete do Mato Grosso será igualzinho ao da Cochinchina. Moças do Canadá e da Polinésia terão trajes idênticos, idênticas formas de namoro com rapazes que tanto podem ser da Patagônia como da Austrália, pois semelhantes serão nas ideias, nos trajes, nas palavras, em tudo. Será uma vida perfeita... em que talvez se morra de tédio.

E pergunto eu a mim mesmo se esse empenho atual de visitar a lua [sic] já não é o efeito do nosso enfado num orbe inteiramente devassado, sem aventuras por terras ou mares desconhecidos. O que ainda vimos numa viagem a todo instante podemos ver pelo cinema. Poucas surpresas nos esperam em Java ou no Alaska. E eis por que ansiamos encontrar noutro mundo, num distante astro, o que este grão de poeira sideral não mais nos oferece à curiosidade.

Mas, quando a lua se tornar um centro de turismo, quando lá se instalarem [sic] as "boites" de penumbras com os mesmos cantores penumbrosos, quando os "ice-creams" forem vendidos em balcões lunares, quando lá nos hospedarmos em hotéis que terão gerentes e garçons como os do nosso planeta, que será de todos nós até haver passeio a Marte? E quando Marte se banalizar, precisaremos ir mais adiante, em busca de nem sei o que, mas certamente em fuga da nossa tristeza e da nossa eficiência terrenas...[132]

Deve-se lembrar, no entanto, que tais sentimentos negativos conviveram de forma ambígua com o entusiasmo pela ciência, que nunca deixou de existir. Em muitos meios, ela não deixou de ser vista como força progressista e decisiva no destino das nações. Os altos investimentos militares, o aumento do número de estudantes de ciências exatas e o grande crescimento da divulgação científica após a Segunda Guerra Mundial mostram que, para uma parte bastante significativa da sociedade, a ciência continuou em alta. Até mesmo Rachel de Queiróz, que tanto temia pelo mau uso da energia nuclear, reconheceu a ambivalência de sentimentos existentes naquele momento:

> [...] seja quais forem os nossos receios ante a discutível capacidade do homem para lidar com os espantosos recursos que lhe põe em mãos a ciência moderna, o fato concreto é que essa mesma ciência é a dona do nosso século: como disse alguém, vivemos ciência, respiramos e comemos ciência, morremos ciência.[133]

A Ciência no Brasil

Após a Segunda Guerra, os cientistas brasileiros ampliaram sua mobilização em prol da criação de instituições de pesquisa e pela melhoria de suas condições de trabalho. Duas circunstâncias históricas favoreceram esse movimento: o retorno do país à democracia e o papel decisivo que a ciência demonstrara durante o conflito mundial. Embora houvesse quem temesse seu poder de destruição, poucos duvidavam que a construção de uma nação desenvolvida e autônoma economicamente passava pelo investimento em ciência e tecnologia.

Havia muito por fazer. Precarizada e vista como instável, a profissão de cientista naquele momento pouco atraía a elite que podia frequentar

---

132 AMADO, Genolino. "Gôndolas e a Lua". Coluna Luzes da Cidade. *O Cruzeiro*, Rio de Janeiro, 18 de agosto de 1951, p. 48.

133 QUEIROZ, Rachel de. "Ciência & governo". Coluna Última Página. *O Cruzeiro*, Rio de Janeiro, 4 de março de 1961, p. 130.

as universidades brasileiras.[134] Nos anos 1950, apenas duas universidades se destacavam pela pesquisa científica: a USP (Universidade de São Paulo), que tinha na Faculdade de Filosofia, Ciência e Letras (FFCL) sua espinha dorsal, e a Universidade do Brasil, no Rio de Janeiro, com destaque para a Faculdade Nacional de Filosofia (FNFi). Também havia pesquisa em instituições isoladas como o Instituo Oswaldo Cruz, Instituto Butantã e o Observatório Nacional. De modo geral, as condições de trabalho dos professores universitários não eram as melhores, como mostra um comentário de 1949:

> Quanto aos cientistas nossa situação é o que se pode chamar de lamentável. [...] Os professores de nossas Faculdades de Filosofia encarados como meros funcionários públicos de uma determinada [ilegível], mal tem tempo de produzir preocupados com os problemas elementares de subsistência e manutenção da família. Possuidores de vários "bicos" (inclusive ensinar a alunos de ginásio, o que para tais homens representa perda de tempo), não podem consagrar suas oito horas regulamentares aos laboratórios da Faculdade.[135]

Em março de 1948, porém, o país foi surpreendido positivamente pela detecção em laboratório do *méson pi*, uma partícula subatômica. Na equipe responsável pelo feito brilhava o nome de um brasileiro, César Lattes.[136] A descoberta foi um alento no rarefeito cenário científico nacional. Se a física já era a ciência de maior destaque no imaginário e no interesse dos governos, ganhou ainda mais visibilidade após a importante realização.[137] Valendo-se do bom momento, os físicos brasileiros criaram, em 1949, o Centro Brasileiro de Pesquisas Físicas (CBPF), uma instituição autônoma dedicada à pesquisa.

---

134 MENDES, Marta Ferreira Abdala. *Uma perspectiva história da divulgação científica: a atuação do cientista-divulgador José Reis (1948-1958).* Tese de Doutorado em História das Ciências da Saúde. Casa de Oswaldo Cruz (Fiocruz), Rio de Janeiro, 2006, p. 60.

135 BANDEIRA DE MELLO, F. A. "O Brasil e a Ciência" In *O Cruzeiro*, Rio de Janeiro, 12/novembro/1949, n° 4, ano XXI, p. 54.

136 Sobre a repercussão da realização de Lattes ver: ANDRADE, Ana Maria Ribeiro de. "O Cruzeiro e a construção de um mito de ciência". *Perspicillum.* Rio de Janeiro: MAST, v. 8, n. 1, nov. 1994, pág.107-137.

137 ANDRADE, Ana Maria Ribeiro de. *Físicos, mésons e política: a dinâmica da ciência na sociedade.* Rio de Janeiro, Hucitec, Museu de Astronomia e Ciências Afins, 1999, p. 59.

A INVENÇÃO DOS DISCOS VOADORES

Em julho de 1948, foi fundada a Sociedade Brasileira para o Progresso da Ciência (SBPC). Por meio de suas reuniões anuais e da revista *Ciência e Cultura*, a SBPC procurou demonstrar o papel fundamental que a ciência poderia ocupar no desenvolvimento material e social da nação. Além disso, tornou-se importante órgão de pressão e cobrança por políticas publicas específicas para a área.[138]

Outra criação de suma importância foi a do Conselho Nacional de Pesquisas (CNPq), a primeira agência federal de fomento à investigação científica. Embora teoricamente devesse abranger todas as áreas do conhecimento, o CNPq nos seus primeiros anos esteve mais ligado à física e ao interesse militar pelo desenvolvimento da energia nuclear. É emblemático nesse sentido que seu primeiro presidente tenha sido o almirante e professor de físico-química da Escola Naval Álvaro Alberto da Motta e Silva.[139]

Malgrado começasse a se articular e a se profissionalizar, a comunidade científica ainda era pequena, fragilmente organizada e restrita a centros no Rio de Janeiro e São Paulo. Para se ter uma ideia, em dezoito anos (1939-1956), as principais faculdades desses dois estados produziram apenas 228 diplomados em física, numa média inferior a treze alunos por ano.[140] Até 1958, quando foi fundado o primeiro curso de graduação em astronomia, os poucos astrônomos brasileiros eram recrutados entre estudantes de engenharia e

---

138 ESTEVES, Bernardo. *Domingo é dia de ciência*. Rio de Janeiro, Azougue Editorial, 2006, p. 28-9.

139 Nessa época surgiram também os primeiros planos de um programa de energia nuclear brasileiro. A imensa maioria da energia utilizada aqui (82%) ainda vinha da lenha e, para piorar, entre 1948 e 1953 uma crise de racionamento de energia elétrica atingiu os estados mais industrializados, São Paulo e Rio de Janeiro, afetando diretamente o crescimento econômico. (ANDRADE, 1999, p. 77-8) Diante disso, a construção usinas nucleares produtoras de eletricidade alimentou expectativas oníricas. As grandes reservas brasileiras de minerais radioativos eram vistas como depósitos da emancipação energética do país. Obviamente, para os militares brasileiros o programa de energia nuclear também interessava na medida em que poderia prover conhecimentos e mão-de-obra úteis na eventual produção de armas nucleares. De acordo com a historiadora Ana Maria Ribeiro de Andrade, "é ingênuo supor que [os militares] não tivessem interesse na tecnologia dos armamentos nucleares. A bomba, em última instância, era uma realidade inexorável da Guerra Fria" (ANDRADE, op. cit., p. 80).

140 Ibidem, p. 60.

técnicos com formação secundária.[141] De modo geral, as principais carreiras continuavam sendo o direito, a medicina e a engenharia.

Essas condições históricas explicam a participação relevante, mas pouco decisiva dos cientistas brasileiros na controvérsia em torno dos discos voadores. No período analisado, havia poucos cientistas no país e muitos estavam envolvidos na luta pela melhoria de suas condições de trabalho, algo que por si parecia mais relevante. Além disso, o tom sensacionalista de alguns meios de comunicação naturalmente os afastava do assunto. Os discos voadores eram uma questão controversa "que não faria nada para alavancar suas carreiras e poderia causar grande prejuízo à sua reputação".[142]

Eles tampouco pareciam se sentir confortáveis com o assunto, pois os discos voadores continuavam, afinal, não identificados. Como poderiam opinar se ninguém havia comprovado a existência e analisado abertamente um exemplar? Se nem mesmo os norte-americanos, portadores de amplos recursos e conhecimentos, tinham chegado a uma resposta satisfatória, como poderiam os brasileiros e seus parcos laboratórios decifrar definitivamente o enigma?

Diante disso, parecia melhor e mais confortável evitar opinar. Qualquer declaração, devido à impossibilidade de verificação científica, tenderia ao mero achismo. O relato abaixo descreve a abordagem de jornalistas aos participantes do Simpósio Internacional de Física de 1952, ocorrido no Brasil:

> Sistematicamente, recusaram-se os físicos ouvidos a externar qualquer pensamento sobre os tão falados discos. A resposta generalizada era um sorriso irônico. Gleb Wataghin, atual diretor do Instituto de Física da Universidade de Turim, na Itália, que esteve no Brasil de 1934 a 1949 e foi o principal impulsionador da física em nosso país

---

141 MOURÃO, Ronaldo Rogério de Freitas. "A astronomia no Brasil" In: FERRI, Mário Guimarães e MOTOYAMA, Shozo (coords.). *História das ciências no Brasil*. São Paulo, EPU/Edusp/CNPq, 1979-80, v. 2, p. 431.

142 "While much of the media – with their usual mixed motives of truth and profit – continually pushed the extraterrestrial hypothesis on a receptive public, and while the Air Force was understandably preoccupied with national security aspects if the issue, scientists in many ways abdicated their role as critical analyzers of an unexplained phenomenon. In part this was due to the reluctance of scientists to engage in a controversial issue that would do nothing to advance their careers and might do their reputations great harm." DICK op. cit., p. 138-9.

A invenção dos discos voadores

nos últimos quinze anos respondeu: - "Há muita coisa voando no ar em consequência de fatores meteorológicos". César Lattes, depois de muita insistência do repórter, disse: - "Nada tenho a dizer. Nada poderia dizer, mesmo que quisesse. Os cientistas somente acreditam naquilo que veem".[143]

Em momentos pontuais, porém, alguns homens de ciência daqui se deram conta de que muitos casos estavam relacionados a objetos astronômicos, meteorológicos e fraudes. Nessas ocasiões, os cientistas obviamente podiam atuar com mais segurança.[144] Ninguém podia dizer, do ponto de vista científico, o que eram realmente os discos voadores, mas os cientistas ao menos tinham condição de alertar para os enganos. Inevitavelmente, no entanto, eles passaram a ser vistos como inimigos sistemáticos do assunto, o que nem sempre era verdadeiro.

A leitura de jornais e revistas nos permite destacar a atuação especialmente do Observatório Nacional, no Rio de Janeiro, representado em diferentes ocasiões por cientistas como Mário Rodrigues de Souza (1889-1973), Lélio Itapuambyra Gama (1892-1981) e Domingos Fernandes da Costa (1882-1956). Também se manifestou em diferentes momentos, como será analisado adiante, a Associação de Amadores de Astronomia de São Paulo (AAASP). Por outro lado, não foram encontrados registros de participação do pessoal ligado ao IAG (Instituto Astronômico e Geográfico), de São Paulo, nem de um dos mais destacados divulgadores da ciência no país, o médico José Reis (1907-2002).[145] Tampouco, o suplemento *Ciência para Todos*, publicado mensalmente pelo jornal carioca *A Manhã*, tocou no assunto.[146]

---

143 "Falam os físicos". Seção Atualidades e comentários. *Folha da Manhã*, São Paulo, 27/7/1952, p. 1 e 12.

144 Curiosamente, os vespertinos, que tendiam a ser mais sensacionalistas, também eram os diários que mais consultavam os cientistas brasileiros. Isso porque os editores dessas publicações queriam que os casos "rendessem" o máximo de interesse e notícias possível. Os matutinos, por outro lado, costumavam ignorar os casos brasileiros tanto quanto as opiniões da comunidade científica local. Com isso, deixavam o caminho livre para o rumor e histórias suspeitas.

145 Ver: MENDES, op. cit.

146 Ver: ESTEVES, op.cit.

O homem de maior atuação nesse campo foi, sem dúvida, o diretor-geral da revista *Ciência Popular*, Ary Maurell Lobo (1900-1974). Lobo formou-se em engenharia pela Escola Politécnica do Rio de Janeiro e foi professor da Escola Técnica do Exército e da Escola Nacional de Engenharia.[147] Aposentado, criou e manteve por vontade própria e ajuda da família, uma revista mensal sobre ciência por dezoito anos (1948-1966). Nas páginas de *Ciência Popular*, enfrentou com força o sensacionalismo, as fraudes e buscou esclarecer os erros de interpretação envolvendo os discos voadores. Ele farejou eficazmente os abusos e a falsa áurea de ciência criada em torno do tema. Malgrado tenha exagerado na verborragia em algumas análises, não se absteve do debate.[148]

---

147 CAPELLA, Catarina S. "A ciência em foco: a revista *Ciência Popular* e a divulgação científica no Brasil (1948-1956)". In: *IV Congresso Brasileiro de História da Educação*, Goiânia, 2006. Disponível em: http://www.sbhe.org.br/novo/congressos/cbhe4/coordenadas/eixo03/Coordenada%20por%20Bernardo%20Jefferson%20de%20Oliveira/Catarina%20Capella%20Silva%20-%20Texto.pdf. Acesso 10/06/2009.

148 *Ciência Popular* foi esquecida até recentemente pela historiografia. Talvez isso se deva ao fato da publicação não estar diretamente ligada a nenhuma uma instituição científica, grupo de cientistas ou editora. A respeito da atuação de *Ciência Popular* ver: CAPELLA, Catarina S.; OLIVEIRA, B. J. "Toda pergunta tem resposta: o que os leitores da revista *Ciência Popular* desejavam saber sobre ciência (1948-1960)". In: *VII ESOCITE – Jornadas Latino-Americanas de Estudos Sociais das Ciências e das Tecnologias*, 2008, Rio de Janeiro. Disponível em www.necso.ufrj.br/esocite2008/trabalhos/35914.doc. Acesso em 8/7/2009.

Imagem 14 – Capa da revista *Ciência Popular* de julho de 1950. Desenho (apocalíptico) de Israel Cysneiros.[149]

A respeito desse desinteresse da maior parte da comunidade científica em relação à questão, o astrônomo norte-americano Steven J. Dick fez um comentário bastante provocativo. Para ele, essa postura "provou ser uma negligência fatal por parte dos cientistas, cuja pesquisa nesse momento [década de 1950] poderia ter mudado a história sensacionalista que se seguiu".[150]

Embora, de fato, a participação dos cientistas pudesse ser bem maior e mais combativa, também é necessário levar em conta as dificuldades em fazer afirmações seguras do ponto de vista científico a respeito desse tema. Muitos jornais, por exemplo, não se conformaram quando Albert Einstein declarou não possuir qualquer interesse no assunto.[151] No entanto,

---

149 LOBO, Ary Maurell. "Várias hipóteses sobre os misteriosos discos voadores" In: *Ciência Popular*, Rio de Janeiro, julho 1950, n°. 22, p. 35-8.

150 "[...] was to prove a fatal lapse on the part of the scientists, whose investigation at this point might have changed the subsequent sensationalist history". (DICK, op. cit, p. 145).

151 "Einstein não se interessa pelos discos voadores". *Folha da Manhã*, São Paulo,

um comentarista da *Folha da Manhã* notou que, se um cientista como Einstein, com "largo interesse pelas coisas do mundo e da humanidade", tinha tal posição era porque havia "ausência de elementos capazes de dar, a um cientista, elemento [sic] para o estabelecimento de qualquer raciocínio que possa distinguir-se da simples fantasia".[152]

Levando em conta a falta de condições estruturais da época, pode-se afirmar que, como se verá adiante, a atuação da ciência brasileira na questão dos discos voadores foi adequada, embora não suficiente. Isso porque, se por um lado os cientistas brasileiros não foram negligentes, eles tampouco tiveram agilidade, força e meios necessários para combater o sensacionalismo que começou a predominar a partir de 1952, principalmente por meio da revista *O Cruzeiro*. Conforme se poderá acompanhar no capítulo seguinte, eles permaneceram praticamente impotentes diante das distorções promovidas pela revista de maior circulação da época.

Inventores de discos voadores

Ainda que variassem bastante, muitos dos relatos do período descreviam os discos voadores como aeronaves silenciosas e relativamente pequenas que realizavam manobras ágeis e incrivelmente rápidas, o que impediria sua captura. Em se confirmando sua existência e tais características, eles representariam, sem dúvida, considerável vantagem militar a quem os possuísse. Para alguns, a hipótese de que uma das potências da Guerra Fria havia conseguido desenvolver uma nova aeronave secreta teleguiada, de forma circular e que poderia vasculhar e atacar terrenos inimigos parecia verossímil.

Nesse contexto, a grande imprensa publicou muitas declarações de indivíduos que afirmaram ser capazes de projetar e construir discos voadores. Isso ocorreu, principalmente, entre 1947 e 1950, em países como Itália, Alemanha, Austrália, Chile e Argentina.[153] No Brasil, pelo menos cinco histórias desse tipo tiveram destaque.

31/07/1952, p. 1.

152 "O mistério dos discos voadores". *Folha da Manhã*, São Paulo, 24/8/1952, seção Atualidades, p. 9.

153 Para mais informações sobre inventores de discos voadores nesses países, ler: SANTOS, Rodolpho Gauthier C. "Inventores de discos voadores no Brasil: Ciência e imaginário no início da Guerra Fria (1947-1958)". In: *Anais do 14º Seminário Na-*

A INVENÇÃO DOS DISCOS VOADORES

Ao que tudo indica, a primeira declaração nesse sentido veio logo após a primeira grande onda de interesse pelo assunto, em julho de 1947. Em agosto daquele ano, um homem chamado Alcides Teixeira Kopp procurou a redação do jornal *A Folha da Tarde*, em Porto Alegre. Declarou ser o responsável por ter inventado e lançado os discos voadores. Na ocasião, trouxe embaixo do braço um embrulho com quatro discos, cada um com "nada menos de 5.000 fios elétricos, todos entrelaçados em código". E acrescentou: "Fui eu quem os impeli pelos espaços e os guiei através do radar, podendo desenvolver uma velocidade de 10 mil quilômetros horários, indo e vindo a qualquer ponto de Terra, espécie de boomerang moderno mecânico e também guerreiro".[154]

Segundo ele, cada um dos quatro modelos teria uma função, entre elas as de "serrar aviões" e de "produzir terremotos e incêndios de petróleo". Kopp, porém, alegava não possuir mais recursos para continuar suas "experiências". Esperava agora auxílio do governo brasileiro. Ainda de acordo com o diário, os supostos discos de Kopp pareciam, à primeira vista, "rolemans de automóveis".

Sete anos após essa notícia, Kopp ganhou destaque nos jornais. Ele alegou novamente ser pai das "rodas que giram no espaço". Acrescentou dessa vez que era "engenheiro eletrônico, pesquisador nuclear e especialista em estudos interplanetários". O suposto inventor, porém, acabou se dando mal. Dias depois de aparecer nos periódicos, foi conduzido à Casa de Correção de Porto Alegre. Soube-se então que ele era um foragido da Justiça gaúcha condenado pelo crime de bigamia. Um policial tivera notícias suas por meio da imprensa e, de posse de um mandado judicial, foi até Porto Alegre para prendê-lo.[155]

Em 1948, foi a vez de um alemão de personalidade curiosa afirmar a diários brasileiros ter projetado discos voadores enquanto trabalhava para os nazistas. Ele insistia que, com a ajuda do governo, poderia produzi-los aqui. Tanto quanto essa declaração chamou atenção a condição do seu autor. Tratava-se de um dos principais espiões nazistas presos no país durante a Segunda Guerra. À época, ele estava na Penitenciária Central do Distrito Federal, no

---

cional de História da Ciência e da Tecnologia, 2014, Belo Horizonte-MG (disponível on-line).

154 "Inventei os discos voadores" In: *A Noite*, Rio de Janeiro, 18/8/1947, p. 1 e 3.

155 "Preso em Curitiba o "inventor" do disco voador" In: *Diário da Noite*, Rio de Janeiro, 9/12/1954, p. 2.

Rio de Janeiro, cumprindo a pena de trinta anos de reclusão a que fora condenado pelo Tribunal de Segurança Nacional.

Seu nome de batismo era, de acordo com suas próprias alegações, Josef Jacob Johannes Starziczny.[156] Como espião, porém, chegou com documentos dinamarqueses falsos em nome de Niels Christian Christensen. Desembarcou no porto do Rio de Janeiro em abril de 1941 e após onze meses foi detido. Ele montara uma rede de informações sobre rotas de embarcações que cruzavam o Atlântico. Os dados eram repassados cotidianamente por meio do rádio por ele e seus liderados ao Terceiro Reich. Ajudaram submarinos alemães a afundar diversos navios mercantes brasileiros e de outros países, matando centenas de civis.

---

156 É importante fazer uma ressalva: boa parte do que se sabe sobre a vida pregressa de Starziczny/Christensen tem como fonte apenas seus próprios depoimentos à polícia brasileira e suas declarações à imprensa. Assim, suas alegações e episódios de vida permanecem pouco confiáveis. Ele afirmara, por exemplo, que já na Primeira Guerra Mundial, "servia, como oficial, na base naval de Kiel, [quando] construiu um torpedo de dupla carga" ("O inventor de um torpedo de dupla carga revoluciona a engenharia naval" In: *Diário de Notícias*, Rio de Janeiro, 8/12/1948, p. 1 e 6). Se aceitarmos a informação de que nascera a 25 de julho de 1898 em Beuthen (atual Bytom, na Polônia), Starziczny não passaria de um adolescente entre 1914-1918. Ainda segundo suas palavras, ele fora um "estudante brilhante de engenharia mecânica na Universidade de Breslau" (atual Polônia). Teria se formado em 1922 e em seguida trabalhado em diversas empresas na Alemanha, Dinamarca e Inglaterra. "Engenheiro criativo, teria conseguido patentes para duas ou três invenções" (Ver: HILTON, Stanley. *Suástica sobre o Brasil: a história da espionagem alemã no Brasil, 1939-1944*. Rio de Janeiro: Civilização Brasileira, 1977, p. 117). Vale destacar que, anos depois, Starziczny narrou em primeira pessoa sua história ao *Diário da Noite*, do Rio de Janeiro, que a publicou em mais vinte capítulos entre as edições de 07 de dezembro de 1948 e 27 de janeiro de 1949. O material pode ser consultado on-line na Hemeroteca Digital Brasileira da Biblioteca Nacional.

A INVENÇÃO DOS DISCOS VOADORES

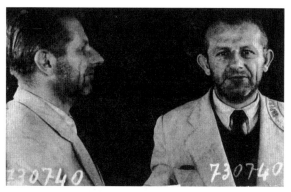

Imagem 15 – Fotografia de Christensen/Starziczny durante o processo judicial.[157]

Em 1948, a guerra havia acabado, mas Starziczny/Christensen continuava preso. Em 5 de novembro, ele deu uma surpreendente declaração ao *Diário da Noite*. De uma cela da ala dos presos políticos transformada em gabinete de pesquisas, falou como Niels Christensen, seu antigo nome falso. Declarou que havia projetado um disco voador durante a guerra. "Eu o inventei sem a ajuda de pessoa alguma. Aliás, não é este o meu primeiro invento". Sob comando dos engenheiros Werner e Wichmann, o ex-espião alegava ter projetado um aparelho guiado por rádio para fotografar terrenos inimigos e servir como arma antiaérea. Após experiências iniciais, uma miniatura do disco voador teria sido testada com eficiência em janeiro de 1941, três meses antes de sua chegada ao Brasil.[158]

Isso teria ocorrido nos Laboratórios de Pesquisas Científicas do Serviço Secreto do 10º Exército Alemão, em Hamburgo.[159] Embora não houvesse registrado a patente, Christensen/Starziczny disse ser capaz de construir para o governo brasileiro uma dessas aeronaves com 20 a 30 metros de diâmetro, em apenas 90 dias e ao custo de 400 mil cruzeiros. De acordo com ele, o invento seria o único

---

157 Prontuário 51.156 da coleção do DEOPS-SP (Departamento de Ordem Política e Social – Polícia do Estado de São Paulo). Consultado no Arquivo do Estado de São Paulo, São Paulo-SP.

158 "O Exército dará parecer sobre o disco voador de Christian". *Diário da Noite*, Rio de Janeiro, 8/11/1948, 1ª edição, p. 8.

159 "Em liberdade, no Brasil, o chefe da espionagem nazista" (Capítulo IX do relato de Niels Christensen). *Diário da Noite*, Rio de Janeiro, 28/12/1948, p. 2.

capaz de anular a ação da bomba atômica ao atingir uma velocidade de mil quilômetros e voar sem reabastecimento por até trinta horas.[160]

Nos dias seguintes, ele redigiu e enviou ao Exército brasileiro um memorial com informações detalhadas sobre o projeto, "nada exigindo em troca da patente". A aeronave seria controla pelo rádio, movida por pás de hélice e utilizaria petróleo ou álcool como combustível. Afirmou ainda que "o desenho do conjunto principal é executado por mim. A elaboração dos desenhos dos subconjuntos e detalhes pode ser realizada por jovens engenheiros".[161] E acrescentou: "O disco voador é empregado para fotografar posições inimigas. O ruído do seu motor – cujo combustível é o petróleo – não é ouvido. Funciona silenciosamente. Transportam bombas explosivas, as quais estouram por intermédio do rádio, a qualquer distância".[162]

As alegações parecem não ter sensibilizado as autoridades brasileiras. Em março do ano de 1950, quando os discos voadores voltaram a ocupar grande espaço na imprensa, ele seguia preso e fazendo afirmações semelhantes. Declarou que os discos voadores seriam engenhos de guerra com qualidades fantásticas inventados pelos alemães. Sem modéstia, disse categoricamente: "A primeira ideia de construção dos discos é minha".[163] E acrescentou: "Qualquer ataque com seu emprego terá êxito absoluto. Além disso, o disco pode ser equipado para defesa antiaérea. Controlado pelo rádio, vai até determinada altura e deixa cair o material inflamável sobre os aviões".[164]

Diante da insistência das alegações, as autoridades brasileiras se manifestaram sobre o caso em pelo menos uma ocasião. Em março de 1950, Starziczny foi desmentido pelo general Fiúza de Castro, chefe do Estado-Maior

---

160 "O Exército dará parecer sobre o disco voador de Christian". *Diário da Noite*, Rio de Janeiro, 8/11/1948, 1ª edição, p. 7.

161 "Entregue ao Exército, por intermédio do 'DIÁRIO DA NOITE' os planos técnicos do DISCO VOADOR". *Diário da Noite*, Rio de Janeiro, 17/11/1948 2a. edição, p. 6.

162 "O inventor de um torpedo de dupla carga revoluciona a engenharia naval" In *Diário de Notícias*, Rio de Janeiro, 8/12/1948, p. 6.

163 "A existência dos discos voadores é incontestável". *Folha da Manhã*, São Paulo, 16/03/1950. Disponível em: http://almanaque.folha.uol.com.br/ciencia_16mar1950.htm. Acesso em 15/1/2009.

164 "O espião Niels Christiansen faz sensacionais revelações sobre os 'discos voadores'. *A Noite*, São Paulo, 18/3/1950, p. 5.

do Exército, que negou que a instituição houvesse recebido qualquer projeto aeronáutico vindo dele. Garantiu que tudo não passava de uma fantasia.[165]

É importante destacar que, naqueles anos, o ex-espião esperava a revisão do seu processo na justiça.[166] Em maio de 1952, o *Diário da Noite*, voltou a procurar Starziczny no presídio. Desta vez, ficou mais explícita sua estratégia de valorizar sua própria capacidade técnica para conseguir sair do cárcere. Na ocasião, o repórter Calazans Fernandes faz a seguinte descrição:

> Ele está triste e mudo. O seu semblante traduz todo o seu drama.
>
> Sua tristeza e seu mutismo têm uma explicação aceitável. Condena-do, juntamente com outros agentes nazistas, a 30 anos de reclusão, Christian ainda hoje permanece preso. Os demais obtiveram indulto. Mas, ele não, embora já tenho dado provas de que renunciou ao nazismo e seja portador de uma folha de comportamento exemplar durante os longos anos de prisão.
>
> Que força misteriosa mantém Cristian no fundo do cárcere?
>
> É ele mesmo que responde, após reconquistar a confiança do repórter:
>
> – Um Ministro do Supremo Tribunal prende meu processo de indulto e impede que o mesmo entre em pauta para julgamento.
>
> Desabafando:
>
> – Isso é um crime que se comete contra os interesses nacionais. Porque não fazer como a Argentina, que sabe aproveitar os cientistas estrangeiros, em benefício do seu desenvolvimento industrial e bélico?
>
> – Coloco-me à disposição do Governo Brasileiro, em todos os sentidos. Sou um técnico, conhecedor de engenharia, da mecânica e da eletricidade. Tenho patentes de fama internacional e dentre os quatro motores de explosão mais cotados no mundo, há um de meu invento.[167]

---

165 "A existência dos discos voadores é incontestável". *Folha da Manhã*, São Paulo, 16/03/1950. Disponível em: http://almanaque.folha.uol.com.br/ciencia_16mar1950.htm. Acesso em 15/1/2009.

166 "Em seis meses entregaria os primeiros "discos voadores" ao Brasil". *A Noite*, Rio de Janeiro, 15/03/1950, p. 1 e 11.

167 FERNANDES, Calazans e MACHADO, Rodolfo. "Conhece o segredo do disco" *Diário da Noite*, Rio de Janeiro, 14/5/1952, p. 1 e 6, 2ª. edição.

Três meses após o desabafo, uma pequena nota publicada no periódico paulistano *Diário Popular* dava conta de que Niels Christensen, após dez anos de reclusão, finalmente fora colocado em liberdade. Ele havia manifestado o desejo de "viver no Brasil, aperfeiçoando seus conhecimentos científicos".[168]

No mês seguinte, uma reportagem publicada pela revista *Manchete* explicou que a maioria dos ex-espiões nazistas havia conseguido sair da prisão por meio de uma manobra jurídica que não tinha nada a ver com discos voadores.[169] Na matéria, lia-se também que Christensen, "o rei da espionagem", havia sido liberado em 15 de agosto de 1952 e que teria recebido várias propostas para trabalhar como engenheiro mecânico no Brasil.

A última informação a seu respeito é do *Historical Dictionary of German Intelligence* que, sem citar fontes, afirma que Starziczny/Christensen realmente teria permanecido no país. Estabeleceu-se como dono de uma loja de consertos de rádios em Niterói, Rio de Janeiro.[170]

Curiosamente, as declarações de Starziczny/Christensen levaram o dentista brasileiro Sebastião Fernandes Lima à redação do jornal vespertino carioca *A Noite*. Na ocasião, ele alegou que o disco voador era uma invenção brasileira e sua. Em tom nacionalista, se colocou à disposição das autoridades para evitar que "a prioridade da invenção do disco voador fique com a Alemanha".[171]

---

168 "Nils Christians em liberdade" In: *Diário Popular*. São Paulo, 16 agosto 1952, 1º. caderno, p. 18.

169 Explicou a revista que o argumento utilizado pelos advogados, em boa parte dos casos, foi o de um "erro do Tribunal de Segurança que condenou a maioria dos espiões como incursos no art. 21 do decreto-lei no. 4.766 de 1º. de outubro de 1942. Tendo sido vários dos espiões presos antes da assinatura do referido decreto, o advogado alegou a ilegal retroatividade da lei. E assim, em quase todos os casos, os juízes votaram pela revisão dos respectivos processos, diminuindo sempre as penas" (SERRA, Carlos. "Onde estão os espiões?" In: *Manchete*, Rio de Janeiro, 13/9/1952, p. 28 e 29).

170 ADAMS, Jefferson. *Historical Dictionary of German Intelligence*. Lanham, Mariland, Scarecrow Press, 2009, p. 441.

171 Lima afirmou ter descoberto uma "nova teoria de força dos "discos voadores", em que a "teoria de força se concentrasse nas asas e não nas hélices". O invento teria "o mesmo princípio do giroscópio e a sua construção é menos custosa do que a de qualquer dessas fortalezas-voadoras. Pode usar motor a jato o de explosão e contando com o novo tipo de turbina de sua invenção, é absolutamente silencioso". A notícia, única encontrada sobre Lima, não trouxe muitas informações sobre o inventor, mas relatou que ele possuía vários outros pedidos de patente.

A INVENÇÃO DOS DISCOS VOADORES

Na ocasião, apresentou um pedido de patente da invenção requerido ao Ministério do Trabalho em 1948. Com a patente, ele disse que poderia

> impedir a fabricação dos "discos voadores" pelo engenheiro alemão ou por qualquer estrangeiro que pretenda a prioridade da invenção, a não ser no caso em que o governo brasileiro se interesse pelo assunto e entregue a engenheiros de outra nacionalidade a incumbência de realizar o serviço. E pode impedir porque a sua patente atinge a tudo o que se relacione com "força propulsora empregada nos planos de sustentação".[172]

Naqueles anos, Starziczny/Christensen não foi o único a afirmar no Brasil que os nazistas estiveram envolvidos em projetos de aeronaves em forma de discos. Em 1954, um eletro-radiologista iugoslavo identificado como Voislav Todorovic procurou a agência de notícias Meridional, em São Paulo. Alegou ter vivido cinco anos como prisioneiro de guerra nos campos de concentração nazistas. Nesse período, seus conhecimentos em radiologia o teriam permitido auxiliar o cientista Huber Strauss na construção do primeiro disco voador.

O trabalho teria sido feito na pequena cidade alemã de Herzberg Am Hartz. De acordo com ele, "o estranho aparelho, contendo dispositivo magnéticos, era catapultado e controlado por rádio. Pesava de 5 a 6 quilos". Sua função seria a de "localizar a infantaria inimiga". Um disco maior para transportar tropas e material de guerra também estava sendo construído quando a localidade acabou bombardeada. Ao final, Todorovic declarou-se disposto a "trabalhar pelo país que o acolheu". E emendou:

> Desejo apenas que o Ministério da Aeronáutica me proporcione os meios [...] para que possa trabalhar. Tendo um laboratório onde possa trabalhar, dotado de mecânica de precisão, em oito meses, no máximo, coloco um Disco voador nos céus do Brasil [...].[173]

O quinto e último inventor foi o capitão do Exército Aldencar da Silva Peixoto, que teve seu relato veiculado repetidas vezes em várias publicações. Nas

---

172 "Brasileiro, o inventor do "disco voador". *A Noite*, Rio de Janeiro, 17/3/1950, p. 1 e 11.

173 "Eu trabalhei na construção de discos enormes, destinados ao transporte de tropas". *Diário da Noite*, Rio de Janeiro, 14/12/1954, p. 7.

suas palavras, ele teria patenteado, em 1939, um revolucionário propulsor de quatro pás ou, em outra descrição do período, uma "hélice de palhetas móveis para motores de aviões, navios, lanchas e ventiladores".[174]

O invento, que apareceu em algumas reportagens com o nome de "aero-remo", poderia, segundo seu autor, revolucionar a aviação "com inúmeras vantagens em velocidade e força de tração sobre a hélice dos aviões modernos".[175] Em 1944, Peixoto teria mostrado o projeto e um protótipo a um técnico ligado à Embaixada dos Estados Unidos no Brasil, que prometeu examiná-lo. Pouco tempo depois começaram a surgir os relatos sobre misteriosas aeronaves em forma de disco que se moviam a grandes velocidades. Para Peixoto, os discos voadores faziam uso do "aero-remo" inventado por ele. Em 1950, desabafou à revista *Ciência Popular*:

> Tenho sofrido muito, e pouco importa que me matem, por inveja, ou por maldade, ou por interesse. Estou absolutamente certo de que os tais discos voadores são aeronaves equipadas com o meu propulsor. Porque no Brasil não há recursos para verificar um dispositivo aeronáutico, porque aqui o brasileiro que inventa é sempre um "maluco", a minha concepção ficou perdida. Perdida para o nosso país, mas aproveitada pelos EE. UU., e sem que nem ao menos reste a ventura de ver o meu nome mencionado como colaborador disso.[176]

De acordo com a revista *O Cruzeiro*, Peixoto trabalhara muitos anos nos serviços burocráticos do Exército e, embora possuísse vários cursos, nenhum dos citados se relaciona à aviação. Na última matéria encontrada, soube-se que ele estava na reserva e que agora ganhava "honestamente a vida como apontador de uma companhia de construções, ainda cheio de entusiasmo e de fé no seu invento".[177]

---

174 MARTINS, João. "Odisseia de um inventor" In: *O Cruzeiro*, Rio de Janeiro, 24/9/1955, p. 44-46 e 56.

175 LEMOS, Ubiratan. "Os estranhos e misteriosos aparecimentos dos Discos Voadores" In: *Diário da Noite*, Rio de Janeiro, 14/5/1952, p. 1 e 4.

176 LOBO, Ary Maurell. "Mais um inventor dos "discos voadores"" In: *Ciência Popular*, Rio de Janeiro, maio 1950, nº. 20, p. 14.

177 Nessa ocasião, Peixoto ainda mantinha a ideia de que havia construído um novo tipo de propulsor, mas não fez mais qualquer menção a discos voadores. Em 1955, Al-

Não cabe aqui julgar se essas cinco pessoas são inventores ingênuos, golpistas ou gente que apenas buscava publicidade. Mesmo admitindo-se que algum tinha motivação pouco nobre, esse(s) provavelmente buscaram moldar suas histórias de acordo com as convicções e expectativas reinantes naqueles anos para convencer seus interlocutores. Nesse sentido, possivelmente apresentaram algo que parecesse passível de ser inventado. Em um momento no qual algo novo parecia prestes a surgir, não eram poucos os gostariam de ser o próximo Santos Dumont.

Pode-se pensar que, para os alegados inventores de discos voadores, a ciência não parecia algo tão incompreensível e distante como ocorreu a tantas pessoas. Indício disso é o fato de que vários se apresentaram como donos de patentes de outros tipos de inventos. Eles parecem crer que era possível criar, reclusos numa oficina de fundo de quintal, uma tecnologia revolucionária. Por outro lado, reconheciam a importância das grandes instituições científicas, já que curiosamente todos pediram auxílio financeiro ao Estado para continuar suas experiências.

Ademais, importa perceber que, ao se colocarem como autores solitários de projetos complexos, esses alegados inventores remetem, em termos de imaginário, à antiga figura romântica e excêntrica do cientista capaz de, a partir do isolamento de seu laboratório, criar algo tão incrível quanto perigoso.[178] Para alguns deles, aparentemente, ciência e tecnologia ainda poderiam ser fruto de única mente, tal qual um obra de arte.

Justamente naquele momento, porém, essa idealização parecia cada vez mais longe da realidade. A partir da Segunda Guerra, fortaleceram-se, principalmente nos países desenvolvidos, os grandes projetos científicos coletivos, a chamada "Big Science". Liderados por governos e corporações em parcerias com universidades, os cientistas cada vez mais passaram a atuar de forma especializada, agindo às vezes como meras peças nas enormes engrenagens

---

dencar e muitas outras pessoas possivelmente já não achavam mais que os discos voadores pudessem ser aeronaves secretas norte-americanas, como ocorrera nos anos anteriores. MARTINS, João. "Odisseia de um inventor" In: *O Cruzeiro*, Rio de Janeiro, 24/9/1955, p. 44-46 e 56.

178 CABRIA, Ignacio. "Ya tenemos platillos volantes. El papel de los médios de comunicación en el origen del rumor y en la construcción social del fenômeno de los "platillos volantes" em España, em 1950" In: *Cuadernos de Ufología*, nº 21 (nº1, 3ª época), 1997, p. 24.

dirigidas e financiadas principalmente por capitalistas e lideres governamentais.[179] Nas últimas décadas, a necessidade de grandes equipes e de máquinas e laboratórios caríssimos tornou ainda mais opaca a atuação de diletantes, amadores e daqueles que buscavam maior independência em relação ao mundo da ciência institucionalizada. Ou seja, a figura do professor Pardal, personagem inventado em 1952 pelos estúdios Walt Disney, passou, cada vez mais, a fazer parte da ficção.

---

179 SMITH, op. cit., p. 386.

Uma verdade que fará arrepiar os cabelos dos que ainda estão alheios às realidades do progresso universal e que fará pensar demoradamente os homens mais céticos [...] uma segunda maçã em cima da cabeça, desta vez não do astrônomo Newton, mas na de todos os homens que contemplam e interrogam o espaço insondável.

Orlando Portela (1952).[1]

---

1   "Extra! Discos Voadores" (encarte) In: *O Cruzeiro*, 11 de dezembro de 1954, p. XI. A única informação disponível sobre Orlando Portela é que ele foi o tradutor do livro *Os discos voadores são reais* do norte-americano Donald Keyhoe.

Capítulo 3

Serão interplanetários?

Eram quatro da tarde do dia 7 de maio de 1952, uma quarta-feira. O repórter João Martins e o fotógrafo Ed Keffel, funcionários da revista *O Cruzeiro*, estavam sentados na areia da Ilha dos Amores, uma região afastada na Barra da Tijuca, Rio de Janeiro. De acordo com o relato deles, tinham ido até o local para fazer uma reportagem sobre casais que procuravam a praia deserta para namorar. Quando esperavam pacientemente a chance de fotografar um par romântico descuidado, algo aconteceu. Um objeto voador cinzento-azulado de forma circular apareceu diante de suas retinas e fez evoluções durante cerca de um minuto. Nesse curto espaço de tempo, Ed Keffel conseguiu bater cinco fotografias. Após a desaparição do objeto, eles esperaram algum tempo pelo seu retorno, mas nada aconteceu. Tentaram ainda, segundo disseram, encontrar outras testemunhas nas redondezas, mas "estranhamente" ninguém havia notado o disco voador.

Os repórteres então correram para a redação da revista. "Dirigi como um louco o meu automóvel através da cidade", contou João Martins. A revelação do filme teria sido feita na presença de técnicos do laboratório e dos diretores da publicação. O reconhecimento do disco voador gravado na película fez com que o entusiasmo inundasse o ambiente. Imediatamente, o material foi preparado para ser publicado no *Diário da Noite*, um vespertino sensacionalista que naquele momento era o segundo jornal mais lido do Rio de Janeiro.[2] A publicação, como *O Cruzeiro*, fazia parte dos *Diários Associados*, uma

---

2   ESTEVES, op. cit., p. 37.

cadeia de jornais, emissoras de rádio e estações de televisão que pertenciam ao mega-empresário da comunicação Assis Chateaubriand, mais conhecido como Chatô.

Na manhã do dia 8 de maio de 1952, os cariocas encontraram nas mãos dos jornaleiros uma edição extra do *Diário da Noite*. Estampada na primeira página havia uma foto com a chamada: "Fotografado na Barra da Tijuca o disco voador".[3] No mesmo dia, toda cadeia de comunicação ligada aos *Diários Associados* passou a noticiar o acontecimento. Era uma estratégia de divulgação em massa.

Ainda no dia 8, dezenas de curiosos e autoridade civis e militares do Brasil e exterior foram até a sede da revista, no bairro da Gamboa.[4] Um deles, o coronel Jack Werley Hughes, adido militar da embaixada dos Estados Unidos, disse não ter a menor dúvida da autenticidade das fotos.[5] Além dele, o capitão e técnico em fotografia Léo e o comandante Brochado, ambos do Ministério da Marinha, disseram que era impossível duvidar da autenticidade do material.[6]

As autoridades que passavam pela redação eram devidamente fotografadas. No dia seguinte, os jornais ligados aos *Diários Associados* publicavam suas imagens e enfatizavam declarações a favor das fotografias. Lourival Fontes, chefe do Gabinete Civil da Presidência da República, teria dito: "As fotografias são impressionantes e revelam o que de mistério existe em torno dos tais 'Discos Voadores'".[7] Sem perceber, as autoridades da nação estavam

---

3   "Fotografado na Barra da Tijuca o disco voador". *Diário da Noite*, Rio de Janeiro, 8 de maio de 1952, edição extra, p. 1

4   O prédio onde existiam vários veículos dos *Diários Associados* foi construído por Oscar Niemeyer e atualmente pertence ao *Jornal do Comércio*, do Rio de Janeiro.

5   MARTINS, João & KEFFEL, Ed. "O disco voador" In: *O Cruzeiro*. Rio de Janeiro, 24/05/1952, p. 20.

6   Nos dias seguintes, outros membros do alto escalão estiveram na redação, como o representante da Aeronáutica, capitão Múcio, o Ministro da Guerra, general Ciro E. D. Cardoso, o Chefe do Gabinete Militar da Presidência, General Caiado de Castro, e o chefe do Gabinete Civil da Presidência da República, Lourival Fontes. "O ministro da Guerra e os chefes do gabinete de Vargas: Existe o Disco". *Diário da Noite*, Rio de Janeiro, 10/5/1952, p. 10 e 4.

7   Ibidem, p. 10 e 4.

sendo usadas numa audaciosa estratégia de propaganda.[8] Sutilmente, os diários criavam a sensação de que elas chancelavam a autenticidade das imagens.

Não apenas autoridades políticas foram envolvidas no circo criado pelos *Diários Associados*. Segundo *O Jornal*, o experiente professor Domingos Costa, astrônomo-chefe do Observatório Nacional, no Rio de Janeiro, teria dito que não tinha mais dúvida a respeito da existência dos discos voadores. Segundo ele, pessoas da sua família tinham visto objetos idênticos aos das fotos. A respeito da origem, Domingos Costa afirmou: "Acredito [...] que sejam engenhos daqui mesmo da Terra, mas não ficaria surpreso se ficasse comprovada a procedência de outro planeta. Nessa questão, aliás, sou mero expectador".[9] Poucas semanas depois, essas declarações foram largamente utilizadas nos jornais e revistas dos *Diários Associados*.

Nem todos no Observatório Nacional, porém, concordavam com Domingos Costa. Lélio Gama, diretor da instituição, foi instado pelo então ministro da Educação, Simões Filho, a comentar o tema que estava levando tanta gente a pedir informações ao órgão governamental. Gama respondeu de maneira incisiva:

> Os "discos voadores" [...] se existem, não constituem fenômenos astronômicos. Em virtude de princípios científicos assentes, é inadmissível a existência de projéteis de origem interplanetária ou sideral com as características dos supostos discos voadores.[10]

Nos primeiros dias, a revista *O Cruzeiro* recebeu também grande número de curiosos que diziam ter visto objetos semelhantes ao fotografado. Quatro pessoas alegaram que sua observação tinha acontecido exatamente no

---

8   Vale salientar que os técnicos que estiveram na sede da revista *O Cruzeiro* tiveram acesso apenas a reproduções dos negativos. Informava a publicação que os originais eram "de uso da redação e permanecerão na caixa forte, não procedendo, assim, as informações segundo as quais aqueles documentos seriam cedidos a qualquer autoridade interessada". "Comunicação oficial ao governo brasileiro, altas autoridades e Conselho Nacional de Segurança". *Diário da Noite*, Rio de Janeiro, 9/5/1952, 2ª. edição, p. 6.

9   "Depoimento do astrônomo-chefe". *O Jornal*, Rio de Janeiro, 10 de maio de 1952, p. 1.

10   "Os "discos voadores"". *O Estado de S. Paulo*, São Paulo, 14 de maio de 1952, p. 28.

mesmo dia em que as fotos tinham sido tiradas. Retratos e endereços dessas testemunhas foram publicadas como suposta prova da realidade das imagens.[11]

Finalmente, na quinta-feira seguinte, 15 de maio, a revista *O Cruzeiro* chegou às bancas de todo país. Trazia um encarte extra com oito páginas de ampliações grandes e nítidas das cinco fotografias do disco voador da Barra da Tijuca.[12] O pequeno texto dentro do encarte era assinado por João Martins. Começa assim:

> Este número de *O Cruzeiro* já estava impresso quando os nossos repórteres João Martins e Ed Keffel realizaram o mais sensacional trabalho jornalístico dos últimos tempos na história mundial. Num esforço correspondente à tremenda importância desse feito, superando todas as dificuldades técnicas, conseguindo incluir nessa edição a surpreendente reportagem apresentada nessas páginas, imprimindo-a num caderno extra que foi encartado no centro da revista [...] única maneira de levarmos sem delongas aos nossos leitores de todo o Brasil o empolgante relato e as espetaculares fotografias que focalizam o mais fascinante mistério do século XX. A Revista *O Cruzeiro*, através de seus repórteres João Martins e Ed Keffel, orgulha-se de apresentar este furo de repercussão mundial, uma das maiores façanhas da imprensa nacional e estrangeira.
>
> N.R.[13]

Salta aos olhos nesse pequeno trecho a abundância de expressões superlativas ("o mais sensacional dos últimos tempos", "tremenda importância", "superando todas as dificuldades", "surpreendente reportagem", "o mais fascinante mistério do século XX", "furo de repercussão mundial" e "uma das maiores façanhas"). Eles dão mostra de um sensacionalismo não era incomum na revista.

---

11 MARTINS, João & KEFFEL, Ed. "O disco voador" In: *O Cruzeiro*. Rio de Janeiro, 24/05/1952.

12 MARTINS, João & KEFFEL, Ed. "Extra! Discos Voadores na barra da Tijuca". In: *O Cruzeiro*. Rio de Janeiro, 17 de maio de 1952.

13 Ibidem, p. 1.

Dentro do encarte, Martins contou como as imagens tinham sido conseguidas e apresentou rapidamente as principais hipóteses a respeito da origem dos discos voadores. Também fez questão de enfatizar que o grande atrativo era o mistério que cercava o assunto: "Muitos discos já foram avistados em diferentes países e em ocasiões diversas. Variam as suas formas aparentes, mas o mistério permanece. O mistério que, mais cedo ou mais tarde, teremos de desvendar".[14]

---

14 MARTINS, João & KEFFEL, Ed. "Extra! Discos Voadores na barra da Tijuca". In: *O Cruzeiro*. Rio de Janeiro, 17 de maio de 1952.

Imagem 16 – Fac-símile da capa do encarte extra com as fotos na Barra da Tijuca em 17 de maio de 1952.[15]

---

15 Direitos autorais concedidos pela D.A. Press.

Segundo um dos diretores da época, Accioly Netto, a edição esgotou-se em apenas duas horas.[16] A estratégia de divulgação dos *Diários Associados* foi um sucesso e não se restringiu ao país.[17] Os direitos de imagem das fotografias foram vendidos a diversas revistas e jornais da Europa e América Latina, que destacaram amplamente o episódio.[18] As fotos da Barra da Tijuca deram aos jornalistas ao menos uma certeza a respeito dos discos voadores: eles eram altamente lucrativos.

Quem se importa com a verdade? (1952)

Para compreender melhor as fotos do disco voador na Barra da Tijuca é necessário mergulhar um pouco na história do meio de comunicação no qual elas foram veiculadas. *O Cruzeiro* teve seu primeiro número publicado em 1928 e pertencia a Assis Chateaubriand, então um próspero empresário da comunicação.[19] Até o início dos anos 40, era pouco expressiva e não dava lucro, o que levou seu proprietário a pensar em fechá-la. A situação começou a mudar com a contratação do jornalista David Nasser (1917-1980) e do fotógrafo francês Jean Manzon (1915-1990), que formariam a dupla mais conhecida do jornalismo naqueles anos.

---

16 ACCIOLY NETO, op. cit., p. 95.

17 Uma crônica não assinada publicada em *O Jornal*, pertencente ao mesmo grupo de comunicação, comemorava o êxito: "Feito o balanço dos resultados do aparecimento do glorioso disco, verifica-se que eles foram satisfatórios, sob vários pontos de vista. Basta ver o êxito da última edição de "O Cruzeiro", em cujas páginas apareceu o fenômeno com todas as honras de estrelas." Coluna Arame farpado. *O Jornal*, Rio de Janeiro, 17 de maio de 1952, p. 8 e 6.

18 MARTINS, João. "A verdade sobre o "disco voador"". In: *O Cruzeiro*. Rio de Janeiro, 2/8/1952.

19 Nas décadas seguintes, Chateaubriand se tornaria dono de um dos maiores grupos de comunicação que já existiram no Brasil – o conglomerado de empresas chamado *Diários Associados* De acordo com Luiz Maklouf Carvalho, "Os *Diários Associados* eram uma potência na década de 50. Em 1956, período de expansão, tinham 31 jornais, 5 revistas, 21 emissoras de rádio, 3 estações de TV [entre elas a TV Tupi], uma agência telegráfica, 2 agências de representação e duas empresas industriais. *O Cruzeiro*, para empregar a imagem mais usada pelos entrevistados, era uma espécie de TV Globo da época". CARVALHO, Luis Maklouf. *Cobras Criadas: David Nasser e O Cruzeiro*. São Paulo, editora SENAC, 2001, p. 20.

A vinda de Manzon, em 1943, foi especialmente importante. Antes dele, O Cruzeiro tinha um design confuso e sem unidade. Manzon trouxe mudanças visuais radicais e apostou nas reportagens fotográficas (ou fotorreportagens), um estilo no qual há prevalência das fotografias e ilustrações sobre o texto. O novo modelo gráfico era claramente inspirado na revista norte-americana Life e na francesa Paris Match, na qual Manzon havia trabalhado.[20] Junto com essa revolução visual vieram as reportagens assinadas por David Nasser. Após a chegada da dupla, as reportagens passaram a ocupar cerca de 40% do espaço da publicação, tornando-se o setor mais oneroso e, ao mesmo tempo, lucrativo da revista.

Com inovações visuais e grandes fotorreportagens, a tiragem de O Cruzeiro começou a crescer. repórteres e fotógrafos foram aos poucos incorporados à equipe que Nasser chamou certa vez de "o esquadrão de ouro". Na década de 1950, a publicação viveu seu apogeu. No final do ano de 1954, estampava: "Tiragem pela qual nos responsabilizamos: 720 mil exemplares".[21] Para se ter ideia do alcance desse recorde, ele "só viria a ser batido extraordinariamente por Veja, em 1985".[22]

Em uma época em que a televisão estava apenas começando, O Cruzeiro era "o visual da nação" de acordo com o ex-repórter da revista Luiz Carlos Barreto. Conta ele: "nós éramos uma imagem que chegava ao Amazonas, em qualquer lugar, para o sujeito que esperava ver o carnaval do Rio de Janeiro ou a fotografia do gol da Copa do Mundo".[23] E acrescentou:

---

20 Existem pelo menos dois estudos jornalísticos sobre as inovações trazidas por Jean Manzon, ambos da mesma autora. Ver: COSTA, Helouise. Aprenda a ver as coisas: fotojornalismo e modernidade na revista O Cruzeiro, dissertação de mestrado. São Paulo: ECA-USP, 1992 e COSTA, Helouise. Um olho que pensa: estética moderna e fotojornalismo, tese de doutorado. São Paulo: FAU-USP, 1998.

21 Embora aparecesse em todas as edições, a tiragem não era medida por institutos de verificação de circulação, como acontece atualmente. Não se sabe se a redação inflava os números para angariar mais anunciantes. O fato é que, em alguns anúncios, a revista afirmava que tinha como comprovar a tiragem àqueles que estivessem interessados.

22 BAHIA, Juarez, Jornal, história e técnica, São Paulo, Ática, 1990, pág. 190

23 PEREGRINO, Nadja. A fotografia de reportagem: sua importância na revista O Cruzeiro (1944-1960), Dissertação de mestrado, Escola de Comunicação da Universidade Federal do Rio de Janeiro, Rio de Janeiro, 1990, p. 28.

Fazíamos uma revista que, no início da semana, traçava uma síntese do que tinha acontecido na semana anterior. E isto com uma precisão de análise e, principalmente, com uma visão fotográfica diferente daquela que os jornais publicavam sob forma de telegrama ou de reportagens pobres em informações. *O Cruzeiro* oferecia, assim, uma informação muito rica, dinâmica e imediata para os acontecimentos.[24]

De toda redação, era David Nasser quem possuía o estilo jornalístico mais admirado e polêmico. Era dotado de uma prosa envolvente, dramática, cheia de adjetivos, que muitas vezes ressaltava o lado curioso e pitoresco. No entanto, nem sempre se preocupava com a verdade. Muitos detalhes ou mesmo matérias inteiras foram inventadas diante de sua máquina de escrever. Luiz Maklouf Carvalho, autor de sua biografia, colheu este depoimento de Freddy Chateaubriand, um dos ex-diretores da publicação:

> Os fatos não eram importantes para o David [Nasser], e sim, a criatividade. Ele inventava coisas pra poder valorizar as reportagens. Foi o Manzon que ensinou isso pra ele. Eu era tolerante. Se você é jornalista e quer vender, você tem que ser escroto. É uma palavra meio forte, mas você não pode ter tanto prurido, senão não vende porra nenhuma. E nisso ele era o rei. [...] Eu sabia das sacanagens, das histórias que ele inventava, mas o principal é vender [...] O Manzon tinha escrúpulo zero. Nenhum escrúpulo. E o David, mais ou menos a mesma coisa [...]. Veracidade? Quem está ligando pra ver se é verdade? Era um jornalismo de resultados. Viver de jornal era a coisa mais difícil do mundo.[25]

Segundo Antônio Accioly Netto, ex-diretor da revista, Nasser e Manzon tinham como filosofia a ideia de que: "a verdade fica mais verdadeira quando exposta a uma razoável dose de fantasia".[26] O próprio David Nasser

---

24 CADERNOS DE COMUNICAÇÃO. *O Cruzeiro – A maior e melhor revista da América Latina*, Série Memória, v. 3, Secretaria Especial de Comunicação Social, Prefeitura Municipal do Rio de Janeiro, Rio de Janeiro, 2002, p. 33.

25 CARVALHO, op. cit, p. 127.

26 ACCIOLY NETO, Antonio. *O Império de Papel – Os bastidores de O Cruzeiro*, Porto Alegre: Sulina, 1998, p. 109.

teria dito em certa ocasião que "a verossimilhança é mais importante do que a verdade".[27] Obviamente, nem todos os membros da redação concordavam com isso.[28] No entanto, esse estilo "criativo" de Nasser parece ter contaminado alguns colegas, como mostram as fotografias de discos voadores tiradas em maio de 1952.

A propósito, aquelas imagens juntaram os caminhos de dois profissionais com biografias bastante diferentes. João Maria de Souza Martins (1916-1998) nasceu em Salvador, filho de uma família tradicional da região. Cursou Engenharia Civil na Escola Politécnica da Bahia. Amante das letras, publicou ainda em seu estado natal contos e alguns livros ficcionais, entre eles *Terra*, de 1935. Após a morte do pai, resolveu se mudar para o Rio de Janeiro. Na nova cidade, deixou o diploma de engenharia de lado e passou a seguir sua vocação. Trabalhou durante algum tempo na Agência Nacional, uma agência de notícias governamental responsável pela *Hora do Brasil*. Depois foi contratado por *O Cruzeiro*. Como também era apaixonado por fotografia, João Martins desempenhou muitas vezes a função dupla de repórter e fotógrafo. Para a direção da revista era útil ter dois profissionais em um, especialmente quando a questão eram os custos das viagens internacionais.

Já Eduardo Schulz Keffel, ou Ed Keffel, nasceu na cidade de Speyer, Alemanha. Nos anos 1930, já trabalhava na imprensa do seu país como fotógrafo. Não era judeu, mas começou a temer quando os nazistas passaram a perseguir os que se escondiam sob filiação de pais apátridas. Ele preferiu fugir e, em 1936, chegou à casa de parentes em Porto Alegre. Depois de algum tempo, passou a fotografar para a *Revista do Globo*. Em 1948, chegou ao Rio de Janeiro para trabalhar em *O Cruzeiro* por intermédio do amigo gaúcho José Amádio. De acordo com Accioly Netto, Keffel "revelou seu valor, como grande técnico que era, especializando-se em fotografias artísticas, muito usadas nas capas da revista, e dirigindo o laboratório fotográfico".[29]

---

27 CARVALHO, op. cit., p. 121.

28 *O Cruzeiro* também ganhou importantes prêmios de jornalismo por suas matérias investigativas. Ver: CARVALHO, op. cit, p. 325 e 327.

29 ACCIOLY NETTO, op. cit., p. 93

Imagem 17 – Os rostos de João Martins e Ed Keffel, principais responsáveis pelas fotos do disco voador na Barra da Tijuca em 1952.[30]

Recentemente, o jornalista Luiz Maklouf Carvalho pediu a sete membros da revista na época sua opinião sobre esses dois colegas e as polêmicas fotos da Barra da Tijuca. Dos sete, seis disseram que se tratava de uma fraude. Para Millôr Fernandes, por exemplo, o clima da redação favorecia:

> Não tenho a menor dúvida de que foi uma fraude. O Keffel e o Martins começaram a se atirar em busca de coisas extravagantes. O clima de fantasia criado pelo David e pelo Manzon permitia, a revista incentivava. O Keffel era um bom técnico. [...]. Iam explicar a coisa toda para o Leão [diretor da revista], mas quando chegaram lá a direção, com aquela leviandade toda, já tinha avisado a imprensa. O clima estava criado e não tinha como recuar.[31]

O repórter Jorge Audi confirma a versão de Millôr Fernandes: "Uma vez, João Martins me contou que o negócio tinha sido uma brincadeira e que depois eles não conseguiram segurar. [...] Quando eles chegaram à redação,

---

30 MARTINS, João & KEFFEL, Ed. "Extra! Discos Voadores na barra da Tijuca". In: *O Cruzeiro*. Rio de Janeiro, 17 de maio de 1952, p. 1. Direitos autorais concedidos pela D.A. Press.

31 CARVALHO, op. cit., p. 267.

já havia um aparato, e eles tiveram que bancar".[32] Luiz Carlos Barreto discorda dessa versão. Segundo ele, a direção da revista tinha pleno conhecimento da fraude: "A ideia partiu do João Martins, que era um repórter da escola do David [Nasser], da ficção. Tinha mais alma de romancista que de repórter, e foi ele que bolou a coisa. Eu sei disso porque era amigo do pessoal do laboratório".[33] Barreto explicou a armação à luz do tipo de jornalismo que predominava na época:

> Era a fase romântica do jornalismo. *O Cruzeiro* teve várias reportagens tão inventadas quanto – a começar pelo disco voador. E não era só *O Cruzeiro* não. O Orson Welles inventou a invasão dos marcianos, nos Estados Unidos. O Lacerda inventou a Carta Brandi. O Calazans Neto, da *Tribuna da Imprensa*, inventou que um submarino alemão estava encalhado em uma praia da Bahia – e era só um cargueiro que tinha naufragado. Era um jornalismo inventivo [...][34]

Que motivos teriam levado à fraude? Segundo o jornalista Eugênio Silva, "*O Cruzeiro* vinha aumentando a tiragem, e praticamente parou. Houve uma reunião da diretoria, e depois disso é que apareceu o disco voador".[35] Já para Luiz Carlos Barreto: "O assunto estava na moda. [...] Na época, tinha charme, apelo".[36]

Ainda de acordo com antigos membros da redação, Leão Gondim de Oliveira, diretor do periódico na época, pediu uma análise dos negativos para Carlos de Melo Éboli, perito do então Instituto de Criminalística da Guanabara. A investigação concluiu que as sombras dos elementos em cena eram divergentes.

Na quarta foto, por exemplo, a sombra do ambiente aparece da direita para a esquerda e a do disco voador da esquerda para a direita. Seriam necessários dois sóis para que tal efeito existisse. Ao que tudo indica, o objeto era uma maquete fotografada em estúdio. Se fosse um modelo jogado ao ar

---

32 Ibidem, p. 267.

33 Ibidem, p. 268.

34 Ibidem, p. 332.

35 Ibidem, p. 266.

36 Ibidem, p. 268.

com a paisagem ao fundo, não haveria divergência nas sombras, pois todos os elementos em cena teriam sido fotografados sob a mesma luz e suas sombras estariam voltadas para a mesma direção. O mais provável é que as imagens do disco voador e da paisagem tenham sido obtidas em momentos diferentes e depois justapostas por meio da dupla exposição do filme fotográfico.

Imagem 18 – A quarta foto de 1952. A sombra da paisagem aparece da direita para a esquerda e a do objeto da esquerda para a direita.[37]

O parecer do Instituto de Criminalística da Guanabara nunca veio a público. Conta Jorge Audi: "Eu era amigo pessoal do Carlos de Melo Éboli [...] Esse laudo foi entregue para o Leão, que ficou puto e enfiou na gaveta. O Éboli me mostrou o laudo. Era uma coisa grande, com várias páginas".[38] Talvez

---

37 MARTINS, João & KEFFEL, Ed. "O disco voador" In *O Cruzeiro*. Rio de Janeiro, 24/05/1952, p.12. Direitos autorais concedidos pela D.A. Press
38 CARVALHO, op. cit., p. 267.

por isso Leão de Oliveira tenha dificultado o acesso às fotos nos momentos posteriores. Segundo Flávio Damm, o diretor da revista:

> Teimou em não permitir que cópias das fotos, mesmo depois de publicadas no *O Cruzeiro* fossem mandadas para os *Diários Associados* do Brasil inteiro, uma praxe sempre praticada em casos de assuntos momentosos.
>
> Negou-se a aceitar uma oferta da Kodak, Rochester, Estados Unidos, para uma análise de autenticidade dos negativos, com relação ao que havia sobre sombras etc.
>
> Mandou trancar os negativos no cofre e os arquivou pessoalmente junto com sua conhecida asnice. Era um imbecil.[39]

Apenas três dos antigos membros da redação defenderam as fotos: os diretores Antonio Accioly Netto e José Amádio, e o fotógrafo Flávio Damm. Os dois primeiros são parte interessada, pois provavelmente foram coautores da fraude. Já Flávio Damm não participou dos acontecimentos. Ele era grande amigo de Ed Keffel com quem aprendeu algumas das primeiras técnicas de fotografia. "Eu pessoalmente acredito na seriedade do meu mestre", afirmou.[40] Damm, no entanto, admitiu a capacidade técnica do fotógrafo alemão e declarou que "todos sabiam que só ele tinha condições de fazer bem feito um truque. Bastava querer fazê-lo".[41]

O Cruzeiro após o caso Barra da Tijuca

Ao longo da década de 1950, *O Cruzeiro* publicou muito sobre discos voadores. Essa grande frequência, mesmo em épocas em que não estavam acontecendo ondas de observações, indica que ao menos parte dos leitores era receptiva ao assunto. Caso contrário, os "termômetros" da redação acusariam a rejeição e as reportagens não seriam publicadas em tamanha profusão. O desafio é tentar entender as razões do sucesso desses produtos culturais.

---

39 DAMM, Flávio. Entrevista concedida por e-mail ao autor no período de 24 de outubro de 2007 a 7 de novembro de 2007.

40 Ibidem.

41 Ibidem.

A INVENÇÃO DOS DISCOS VOADORES

Sabe-se, por exemplo, que a redação da revista possuía vários mecanismos para inferir a aceitação ou rejeição do que publicava. Como toda empresa, ela precisava ter conhecimento do que era bem aceito pelos consumidores. Segundo o fotógrafo Flávio Damm, o planejamento das edições de *O Cruzeiro* era feito com base no desempenho do exemplar anterior.[42] Se este havia se esgotado, continuava-se explorando temas semelhantes. Se havia muito encalhe, os assuntos eram renovados. Em 1949, o *Anuário Brasileiro de Imprensa* publicou uma reportagem em que narrava as etapas da produção das edições de *O Cruzeiro*. Um pequeno trecho confirma as informações do fotógrafo:

> [...] a preferência do público influi sobremaneira para o seu aperfeiçoamento, disposição e variedade. Algumas [matérias] surgem por sugestão dos leitores e as que caem no seu desagrado deixam de figurar na revista. Além das cartas à redação, o IBOPE é o termômetro preferido quanto ao gosto dos leitores.[43]

Como se pode notar, as cartas dos leitores tinham grande influência sobre o que era veiculado. Flávio Damm também enfatizou a importância delas na escolha das pautas.[44] A pesquisadora Nadja Peregrino comentou que a revista recebia milhares de correspondências que ofereciam assuntos.[45] Até mesmo João Martins declarou, em mais de uma ocasião, que recebia centenas de missivas com recortes de jornal e casos de discos voadores:

> Nesse trabalho de pesquisa, tem sido de inestimável valor a colaboração de uma grande equipe de correspondentes que aos poucos reunimos: hoje, para o repórter que escreve essas linhas, convergem

---

42 DAMM, Flávio. Entrevista concedida por e-mail ao autor no período de 24 de outubro de 2007 a 7 de novembro de 2007.

43 MATOS, J. M. Rocha. "Como se faz uma revista" In: *Anuário Brasileiro de Imprensa*. Revista Publicidade e Negócios, Rio de Janeiro, out. 1949, p. 106.

44 DAMM, Flávio. Entrevista concedida por e-mail ao autor no período de 24 de outubro de 2007 a 7 de novembro de 2007.

45 PEREGRINO, Nadja Maria Fonseca. *A fotografia de reportagem: sua importância na revista O Cruzeiro (1944-1960)*, Dissertação de mestrado, Escola de Comunicação da Universidade Federal do Rio de Janeiro, Rio de Janeiro, 1990, p. 23.

regularmente informações de todos os pontos do Brasil e também do exterior.[46]

Ao longo do ano de 1952, *O Cruzeiro* continuou publicando grandes reportagens fotográficas sobre discos voadores. Algumas semanas após as fotos da Barra da Tijuca, a revista começou a veicular os capítulos do livro *Os discos voadores existem,* do norte-americano Donald Keyhoe. Ele vinha defendendo que a Força Aérea estadunidense sabia da origem interplanetária, mas mentia deliberadamente para evitar pânico semelhante ao causado por Orson Welles em 1938. O domínio das bombas nucleares, ele especulava, podia ter despertado a preocupação dos habitantes de um planeta vizinho, como Marte ou Vênus.

Longe do academicismo, Keyhoe escrevia sobre discos voadores como se estivesse contando uma das histórias detetivescas que tantas vezes publicara.[47] Ao longo dos capítulos, ele detalhou passo a passo as buscas por pistas e o desenvolvimento de suas reflexões. Embora o estilo cativasse alguns, a obra, nas palavras do historiador David Jacobs, era "baseada em conjecturas, opiniões pessoais de cientistas não explicitados, um pouco de informação factual e grande quantidade de pensamentos fragilmente articulados".[48] Apesar disso, *O Cruzeiro* brindou as matérias com ilustrações grandes e de qualidade. Elas provavelmente ajudaram a popularizar o assunto de modo muito mais instantâneo do que os textos que as acompanhavam.

Enquanto as ideias de Keyhoe chegavam ao Brasil, os Estados Unidos viviam uma onda de observações sem precedentes. Entre os meses de junho e julho de 1952, o assunto tomou conta do país. O episódio-chave ocorreu quando três radares da costa leste detectaram pontos desconhecidos voando a grandes velocidades. As luzes teriam sido testemunhadas também por algumas pessoas e, de acordo com radares, sobrevoaram locais proibidos como a Casa Branca e o Capitólio. Na noite do dia 26 para 27 de julho, dois caças

---

46 MARTINS, João. "Nos bastidores da espionagem internacional – parte I. Serão da Rússia os Discos Voadores?". In: *O Cruzeiro.* Rio de Janeiro, 18/06/1955, p. 58-C e 58-D.

47 SWORDS, Michael. "Donald E. Keyhoe and the Pentagon". In: EVANS, Hilary e STACY, Dennis (org.), *UFOs 1947-1997 From Arnold to the abductees: fifty years of flying saucers,* Londres, Inglaterra, 1997, p. 87.

48 JACOBS, op. cit., p. 59.

F-94 chegaram a decolar para proteger a capital norte-americana, mas não encontraram nenhum alvo visual. Segundo a explicação oficial, veiculada tempos depois, os radares foram enganados por inversões de temperatura na atmosfera.[49] Muita gente, porém, não acreditou nisso.

Esses acontecimentos repercutiram no mundo todo. No dia 30 de julho, a *Folha da Manhã* estampou como notícia principal: "Causam viva apreensão nos E.U.A. os Discos Voadores".[50] Aparentemente, porém, a imprensa brasileira não se interessou tanto pelo tema como em outras ocasiões. Em quatro diários verificados,[51] há muitas notas, mas poucas matérias e entrevistas.[52] Isso não deixa de ser estranho, já que essa onda de relatos em solo norte-americano superou em muito todas as outras.[53]

O que teria ocorrido? Por que os jornais brasileiros não se interessaram tanto pelos discos voadores nesse momento? Teriam os editores evitado o assunto para não prestigiarem a revista *O Cruzeiro*, que vinha dando ampla atenção ao tema? Essa hipótese não parece muito provável, já que o *Diário da Noite*, um vespertino sensacionalista que pertencia aos *Diários Associados*, tampouco deu grande destaque ao assunto em julho. O mais provável é que editores e leitores já estivessem saturados do tema, pois ele vinha sendo notícia desde maio, quando apareceram as fotos da Barra da Tijuca.

Em agosto de 1952, a confusão nos Estados Unidos diminuiu um pouco. Nesse momento, o mais famoso jornalista da redação de *O Cruzeiro* aproveitou para escrever sobre o tema. David Nasser assinou, junto com o fotógrafo Luciano Carneiro, o texto *A capital do disco voador*.[54] O título faz referência à cidade de Farmington, Estados Unidos, onde supostamente 65 mil pessoas teriam visto esquadrilhas de discos voadores. De acordo com Luiz Maklouf Carvalho, trata-se de mais uma fraude "já que ele [Nasser] e

---

49 PEEBLES, op. cit., p. 46 e 77.

50 *Primeira Página: Folha de S. Paulo.* – 5 ed. – São Paulo: Publifolha, 2000, p. 65

51 São eles: os jornais paulistanos *Diário Popular, Folha da Noite* e *O Estado de S. Paulo*, e o jornal carioca *Diário da Noite*.

52 Apenas no final do mês de julho o assunto ocupou as primeiras páginas e saíram alguns textos mais elaborados, quase sempre de agências de notícias internacionais.

53 Apenas no mês de julho de 1952 a Força Aérea norte-americana recebeu 536 informes de observações, mais do que o triplo do total de todo ano anterior, quando foram 169. PEEBLES, op. cit., p. 78

54 NASSER, David. "A Capital do Disco Voador" In: *O Cruzeiro*. Rio de Janeiro, 30 de agosto de 1952.

Luciano [Carneiro] nunca estiveram trabalhando juntos em nenhuma viagem internacional".[55]

Ainda em agosto de 1952, o fotógrafo Luciano Carneiro assinou uma grande reportagem fotográfica sobre a história de Silas Newton, personagem que havia motivado o *best-seller Behind the Flying Saucer*, escrito por Frank Scully. Desde 1950, Silas Newton vinha insistindo na história da queda de três discos voadores nos Estados Unidos. Dentro deles, trinta e quatro homenzinhos, provavelmente de Vênus, teriam sido encontrados mortos. Os seres e os destroços teriam sido recolhidos pela Força Aérea norte-americana, que era duramente acusada de esconder a verdade.[56]

Dois meses após a publicação dessa matéria, Silas Newton e um comparsa foram presos por vender maquinário falsificado para localizar poços de petróleo.[57] As vítimas tinham sido lesadas em mais de quatrocentos mil dólares, um valor enorme para a época. A história dos venusianos, soube-se então, tinha sido inventada por dois vigaristas com várias passagens pela polícia norte-americana.[58] Essa informação, porém, nunca chegou aos leitores de O *Cruzeiro*.

No total, os discos voadores apareceram em dezoito das 52 edições da revista O *Cruzeiro* do ano de 1952. Ou seja, em cerca de 35% dos exemplares do período. É um número bastante expressivo, principalmente em se tratando da revista mais lida do país.

É possível saber como os leitores reagiram a essa insistência na temática? De acordo com a historiadora Ana Maria Ribeiro de Andrade, que analisou a divulgação científica na revista, os leitores "mais atentos e críticos" logo teriam percebido a "farsa" ao notarem a ausência de opiniões de cientistas a respeito dos discos voadores. Ela destaca:

---

55 CARVALHO, op. cit., 269.

56 Embora fosse claramente uma fraude, a história de Silas Newton era bastante sedutora e teve grande destaque. Ela foi muito importante na formação do imaginário dos discos voadores nos Estados Unidos, como notaram vários autores. Ver: JACOBS, op. cit., p. 59 e PEEBLES, op.cit., p. 55-58 e 80-83.

57 PEEBLES, op. cit., p. 84.

58 COTTON, John L. & SCALISE, Randall J. *Discos voadores e Frank Scully*. Tradução Kentaro Mori. Disponível em http://www.ceticismoaberto.com/ufologia/discosvoadores_scully.htm. Acesso em 08/07/2009.

A INVENÇÃO DOS DISCOS VOADORES

Teria sido o caso, por exemplo, de Lélio Gama, Domingos Costa ou outro nome do Observatório Nacional ter sido consultado, como ocorria no tratamento de outros campos, justamente para dar ares de seriedade e credibilidade.[59]

Não se deve esquecer, no entanto, que a revista acionava outros estratagemas para dar credibilidade ao assunto. João Martins, por exemplo, frequentemente se apresentava como engenheiro e procurava citar dados e opiniões que criavam um ar de cientificidade. Além disso, o uso das fotografias, especialmente no caso Barra da Tijuca, proporcionou uma força de objetividade maior do que qualquer texto. Milhares de pessoas podem ter uma alucinação visual coletiva, mas a câmera é fria e não tem visões, argumentou David Nasser.[60] Para muitos leitores, as fotografias eram um testemunho fidedigno e transparente da existência dos discos voadores. Elas davam credibilidade ao tema.

Deve-se ter em conta ainda que a publicação era o meio de comunicação impresso mais influente do país.[61] Embora jornais e revistas tenham se insurgido contra suas reportagens sensacionalistas, no final das contas, para o grande público valia a versão dada por *O Cruzeiro*, cuja penetração era imensamente maior do que a dos concorrentes. Essas matérias, aliás, devem ter ajudado a aumentar significativamente a tiragem da revista, que saiu de 350 mil exemplares em janeiro para cerca de 500 mil em dezembro de 1952.[62]

Malgrado fosse um sucesso comercial absoluto, *O Cruzeiro* nunca se preocupou muito com a divulgação científica. Ao longo de todo ano de 1952, por exemplo, veiculou apenas duas matérias desse tipo, uma sobre astronomia e outra sobre medicina.[63] No mesmo ano de 1952, Adolpho Bloch criou no Rio de Janeiro a revista semanal *Manchete*. Ainda que não tenha inicialmente

---

59 ANDRADE, 1994, p. 126-127.

60 NASSER, David. "A Capital do Disco Voador" In: *O Cruzeiro*. Rio de Janeiro, 30 de agosto de 1952, p. 64.

61 Segundo Fernando Morais, biógrafo de Chateaubriand, o dono dos *Diários Associados* "se gabava do fenômeno em que *O Cruzeiro* se transformara: a revista tinha quase dez vezes mais leitores do que a soma dos telespectadores de suas duas estações de televisão". MORAIS, op. cit., pág. 536.

62 ANDRADE, 1994, p. 116.

63 Ibidem, p. 121.

incomodado a líder de vendas, ela conquistou cada vez mais espaço com sua qualidade gráfica superior à concorrente. Em termos de divulgação científica, *Manchete* também era bem melhor, ao menos em sua primeira época.[64]

A origem das ondas de relatos

Após um período agitado, as notícias sobre discos voadores não apareceram muito nos diários ao longo do ano de 1953 e nos primeiros nove meses de 1954.[65] Contudo, mesmo nesses momentos em que não estavam em alta, elas continuavam surgindo em pequenas notas veiculadas esparsamente. Aos poucos, o assunto passou a integrar os chamados *fait divers*, categoria das notícias curiosas, sensacionais e pitorescas que não se encaixam em gêneros jornalísticos tradicionais como economia, política e cultura.

Fait divers (do francês "fatos diversos") também são chamados de notícias de interesse humano. Têm como característica a autosuficiência de significado: não é necessário saber nada além da própria notícia para compreendê--la em sua totalidade.[66] Compreende-se de imediato, por exemplo, uma nota sobre um disco voador no céu de uma cidade. Por outro lado, uma manchete sobre uma crise econômica frequentemente só pode ser entendida a fundo por meio de informações adicionais.

De duração fugaz, os *fait divers* frequentemente estão relacionados a coincidências ("Mulher ganha cinco vezes na loteria"), anomalias da natureza ("Bezerro de duas cabeças"), crimes ("Pai arremessa filha do quinto andar"), causalidades ("Bandido foge da cadeia disfarçado de policial") e mistérios. Embora *fait divers* não signifique a mesma coisa que sensacionalismo, os dois conceitos se confundem com frequência, pois os meios de comunicação sensacionalistas sempre deram bastante espaço a esse tipo de notícia.[67]

Para o semiólogo francês Roland Barthes, a principal característica dos discos voadores enquanto *fait divers* é seu caráter misterioso, a impossibilidade

---

64 ANDRADE, 2001, p. 262

65 MARTINS, João. "Os Discos Estão Aqui" In: *O Cruzeiro*. Rio de Janeiro, 15 de janeiro de 1955, p. 49.

66 BARTHES, op. cit., p. 59.

67 ANGRIMANI Sobrinho, Danilo. *Espreme que sai sangue: um estudo do sensacionalismo na imprensa*. São Paulo, Summus, 1995, p. 30-1.

de atribuir-lhes uma causa concreta.[68] Nesse ponto residiria o interesse humano que ele carrega. Mesmo quando são relacionados aos marcianos, mantém-se o suspense: "eles" são amistosos ou hostis? Nas palavras de Barthes o papel do *fait divers* "é, ao que parece, preservar no seio da sociedade contemporânea a ambiguidade do racional e do irracional, do inteligível e do insondável".[69]

No entanto, o noticiário sobre os discos voadores possuí uma característica que nem todos os assuntos típicos de *fait divers* têm: as ondas de casos. Como um vulcão adormecido, o tema frequentemente fica esquecido por anos e de repente volta com força aos periódicos. Essas ondas podem ter alcance local, regional, nacional ou mundial.

Uma questão importante a respeito é: o que faz com que o número de casos aumente subitamente de tempos em tempos? Há alguma lógica por trás dessas ondas de observações? Embora seja difícil chegar a uma resposta plenamente satisfatória, vale a pena acompanhar as principais teorias a respeito.

Adeptos da hipótese extraterrestre, obviamente, argumentam que o aumento repentino do número de casos está relacionado ao crescimento das visitas oriundas do espaço. Malgrado essa alegação seja antiga, não surgiram até o momento evidências científicas conclusivas a respeito. Mesmo assim, levando o argumento adiante, pode-se perguntar: por que "eles" viriam com mais frequência em determinadas épocas?

Foi Donald Keyhoe quem propôs uma das primeiras explicações: "eles" estariam preocupados com o uso de armas nucleares.[70] Por isso, teriam chegado em massa em 1947, apenas dois anos após as explosões atômicas sobre o Japão. Essa perspectiva, no entanto, não explica porque aconteceram ondas em regiões sem armas atômicas, como o Brasil. Tampouco esclarece a razão das supostas caravanas interestelares "chegarem" em épocas em que não ocorreu um único teste nuclear.

Outra teoria, bastante comum nos anos 1950, postulava que as ondas ocorriam quando Marte estava no seu ponto de maior proximidade com o planeta Terra. Nesses momentos, os marcianos precisariam de menos com-

---

68 BARTHES, Roland. "Estrutura da notícia". *Crítica e verdade*. São Paulo: Perspectiva, 3ª. edição, 1999, p. 61.

69 Ibidem, p. 67.

70 LOBO, Ary Maurell. "Várias hipóteses sobre os misteriosos discos voadores" In: *Ciência Popular*, Rio de Janeiro, julho 1950, nº. 22, p. 35-8.

bustível para uma viagem. Nas últimas décadas, entretanto, poucas ondas de casos coincidiram com as aproximações celestes entre nosso mundo e o planeta vermelho.

Fora do campo das especulações alienígenas, existem outras propostas. Há, por exemplo, diversas teorias psicológicas. Vale a pena conhecê-las, ainda que não esteja no escopo desta obra julgar sua validade. A hipótese mais tradicional atribui à histeria coletiva as avalanches de casos. Desde a primeira onda de 1947, alguns psicólogos defendem isso. No entanto, a ideia sempre permaneceu vaga. Não se conhece até o momento um trabalho científico que detalhasse o mecanismo de funcionamento desse fenômeno psicológico de massa.

Ainda no campo da psicologia, o pesquisador norte-americano Curtis Peebles trouxe uma perspectiva diferente. Ele defendeu as ideias do psiquiatra austríaco Otto Billig, que acreditava que as ondas tinham ligação com crises sociais e políticas.[71] Segundo Billig, durante tais crises as pessoas olham para o céu em busca de fuga e de uma salvação mágica, o que gera relatos de discos voadores. As ondas, no entanto, não aconteceriam exatamente durante crises específicas, bem definidas. Se assim fosse, milhares de norte-americanos teriam visto discos voadores durante a grave crise dos mísseis cubanos de 1962, por exemplo.

As ondas ocorreriam em épocas de tensão silenciosa, latente, nas quais há mais medo do que pode acontecer do que pelo que está ocorrendo. Assim, em 1947 havia medo generalizado dos comunistas e dos rumos da Guerra Fria, por exemplo. Em 1952, ano de muitos casos nos Estados Unidos, havia o impasse na Guerra da Coreia, o macarthismo e a corrida pela bomba de hidrogênio.[72]

Na opinião do ensaísta norte-americano Martin Kottmeyer, essa teoria se vale de um conceito demasiado amplo de crise. Isso fez Kottmeyer questionar: se na década de 1950 e 1960 os Estados Unidos viveram contínuas

---

71 Infelizmente, não tivemos acesso direto ao trabalho de Billig. Tomamos conhecimento deste apenas por meio dos comentários feitos por Curtis Peebles (1994) e Martin S. Kottmeyer (2003). BILLIG, Otto. *Flying saucers: Magic in the Skies. A Psychohistory*. Cambridge, Mass.: Schenkman Publishing Co., 1982.

72 PEEBLES, op. cit., p. 343.

A INVENÇÃO DOS DISCOS VOADORES

crises políticas e sociais, como afirma Billig, por que ocorreram picos de relatos separados por vários anos e não um número constante de observações?[73]

O próprio Kottmeyer formulou uma teoria a que chamou de hipótese paranóide.[74] Sabe-se, a partir do trabalho de psicólogos, que episódios envolvendo vergonha e humilhação são responsáveis pelo desencadeamento da paranoia em muitos indivíduos. Também pode ser considerada paranoica a ideia de que os alienígenas estão secretamente escrutinando nosso planeta. Segundo o raciocínio de Kottmeyer, episódios de vergonha ou humilhação coletiva podem ter sido os responsáveis pelas ondas de casos ao gerar sentimentos paranoicos coletivos que incentivariam o interesse por visitantes interplanetários.

Ele dá vários exemplos, como o da onda de 1957 nos Estados Unidos. Ela ocorreu logo após o lançamento do primeiro satélite soviético, um "profundo golpe na autoestima dos norte-americanos". Kottmeyer aplica essas ideias a várias ondas ocorridas em solo ianque. Reconhece, no entanto, que sua hipótese nem sempre se adéqua aos fatos e que podem existir outros fatores relevantes atuando nesses momentos.

Outra vertente bastante conhecida de explicação das ondas de observações de discos voadores costuma atribuí-las à cobertura dos meios de comunicação. Ao noticiar os casos, a mídia estimularia ainda mais observações, num processo de contínua retroalimentação em que a cobertura midiática e os rumores se reforçariam mutuamente. Segundo essa hipótese, quando a mídia expõe amplamente o assunto, as pessoas ficam mais suscetíveis a tomar como discos voadores objetos e fenômenos convencionais, como aviões, meteoritos, planetas, estrelas e outros. Nesses momentos, as pessoas ficariam mais propensas a ver "o que tudo mundo está vendo", num processo de contaminação pelo clima de expectativa provocado pelos boatos.

A ideia vem de longe. Nos anos 1950, um conhecido físico francês, Pierre Auger, acusou os jornalistas: "Os discos voadores não passam de uma versão aerodinâmica da serpente marinha que vocês inventaram".[75] A serpente

---

73 KOTTMEYER, Martin S. "Oleadas OVNI: un análisis". In: *La Nave de los Locos*, Monográfico nº. 2, Santiago, Chile, junio 2003, p. 9.

74 Ibidem, p. 9.

75 "Os sábios e os discos voadores". *Folha da Manhã*, São Paulo, 24/8/1952, seção Atualidades, p. 9.

marinha, no caso, era o monstro do Lago Ness, tido por muitos como criação do sensacionalismo midiático.

Para testar essa influência dos meios de comunicação, um grupo de estudiosos da província espanhola de Guipúzcoa fez um curioso experimento em dezembro de 1978. Seu objetivo era criar artificialmente uma onda de relatos a partir da manipulação da mídia. A iniciativa recebeu o nome de *Projeto Ivan*.[76] A princípio, os pesquisadores criaram uma campanha de divulgação que envolvia cartas aos jornais, publicação de artigos e, principalmente, a apresentação de diversas testemunhas aos jornais e rádios da região. Tudo isso era falso. As testemunhas, por exemplo, tinham sido recrutadas entre conhecidos. Nessa primeira fase, as coisas ocorreram conforme o previsto. Os jornalistas foram enganados com extrema facilidade, pois não checaram as informações apresentadas nem verificaram a confiabilidade das testemunhas.

Após duas semanas de intensa cobertura da imprensa regional sobre os falsos casos, começaram a aparecer espontaneamente diversas testemunhas que não tinham a ver com o experimento. Eram pessoas que haviam visto algo no céu, não conseguiram compreender e logo associaram sua observação ao que vinha sendo divulgado na mídia. Alguns relatos claramente envolviam confusões com aviões. Assim, o *Projeto Ivan* conseguira produzir artificialmente uma onda de relatos de alcance regional.

Depois de alguns dias, os pesquisadores espanhóis notaram que os casos publicados foram se tornando repetitivos e que o interesse dos jornais diminuiu consideravelmente. Novas observações espontâneas continuaram a aparecer, mas não receberam atenção dos diários. Elas tinham chegado tarde demais, ou seja, no momento em que o assunto já havia perdido seu poder de novidade.

Ironicamente, pouco tempo depois das manchetes sumirem dos meios de comunicação os discos voadores também "deixaram de aparecer". Em outros termos, sem o estímulo da imprensa as testemunhas deixaram de associar objetos e fenômenos não reconhecidos com discos voadores. Assim, a onda de observações "morreu". "Talvez esta seja a explicação para o final de

---

76 ARES DE BLAS, Félix. *Iván. Historia de um proyecto*. 2002. Disponível em http://digital.el-esceptico.org/leer.php?autor=23&id=1272&tema=25. Acesso em 14 abr. 2009.

muitas outras ondas", comentou o investigador cético Félix Ares de Blas, que liderou o experimento.

Defensores da hipótese extraterrestre, no entanto, discordam desse ponto de vista. Questionam a noção da testemunha irracional sendo guiada pelo que leu nos jornais ou viu na televisão. Para o pesquisador norte-americano Jerome Clark, por exemplo, elas só optam pela explicação misteriosa depois de descartarem racionalmente as possibilidades convencionais.[77] Os ufólogos argumentam também que os casos aumentam durante períodos de ampla cobertura dos meios de comunicação porque nessas ocasiões as testemunhas ficam mais à vontade para relatar as ocorrências. Em tais períodos, haveria maior receptividade ao assunto e as pessoas correriam menos risco de serem ridicularizadas.

Nos capítulos anteriores, pôde-se perceber como os meios de comunicação influenciaram substancialmente a criação de ondas de casos de discos voadores. Em julho de 1947 e março de 1950, períodos de ampla cobertura da imprensa brasileira sobre ocorrências internacionais, foram verificadas ondas de relatos no país.

Por outro lado, nem sempre a longa exposição do assunto gerou aumento abrupto do número de observações. Entre maio e julho de 1952, por exemplo, houve ampla publicidade midiática devido às fotos da Barra da Tijuca e à grande onda norte-americana. No entanto, quase não surgiram casos brasileiros na sequência. Foram encontrados apenas sete ocorrências nesses três meses.[78]

Outros estudos corroboram a ideia de que nem sempre a mídia exerce papel preponderante na criação de um *boom* de avistamentos. A tese de doutorado de Herbert Strentz sobre a cobertura dos jornais norte-americanos, por exemplo, indica que por vezes foi o crescimento espontâneo do número de relatos que fez com que os meios de comunicação "baixassem suas barreiras" e

---

77 CLARK, Jerome, "Paranormal and Occult Theories about UFOs". In: *High Strangeness: UFOs from 1960 through 1979. The UFO Encyclopedia*, v. 3. Omnigraphics, 1996b, apud CABRIA, op. cit., p. 130-1.

78 A leitura de dez jornais brasileiros entre os dias 8 e 31 de maio de 1952 encontrou apenas sete relatos de discos voadores no país. Para se ter uma ideia, na onda brasileira de 1947 foram pelo menos vinte e oito ocorrências. Na de 1950, trinta. Todos eles foram veiculados em jornais dos *Diários Associados*, que nesse momento estavam interessados em promover as fotografias de *O Cruzeiro*.

começassem a publicar sobre o tema. Para Strentz, o aumento do número de casos também pode forçar a imprensa a dar atenção ao assunto.[79]

A ideia foi confirmada pelo ensaísta norte-americano Martin S. Kottmeyer, que comparou o interesse da mídia com as estatísticas de casos feitas pelos militares daquele país.[80] Embora tenha encontrado coincidências, ele se deparou também com muitas incongruências. Notou que houve momentos em que o número de relatos cresceu substancialmente sem que os meios de comunicação estivessem dando grande atenção ao assunto. Verificou também que, em certas épocas, a grande exposição dada pelos jornais não acarretou crescimento considerável dos informes feitos às Forças Armadas. Desse modo, Kottmeyer conseguiu demonstrar que, algumas vezes, a mídia não é responsável pelas ondas de casos de discos voadores. A longa exposição do tema nos jornais pode eventualmente gerar uma onda, mas não produz obrigatoriamente aumento do número de testemunhos.[81]

Enfim, embora os meios de comunicação tenham tido papel fundamental em muitas ondas de casos de discos voadores e possuam, de fato, poder para criá-las sozinhos, como demonstrou o *Projeto Ivan*, eles não podem ser responsabilizados exclusivamente pela gênese de todos esses episódios. Lançamentos de balões meteorológicos, criação de rotas de aviões em regiões desavisadas, o brilho do planeta Vênus em certas épocas e uma série de eventos combinados também podem gerar aumento súbito do número de relatos. Ao que tudo indica, a culpa nem sempre é dos jornalistas.

---

79 STRENTZ, Herbert J. *A survey of press coverage of UFOS*, 1947-1966, Arcturus Book Service, p.p. 60, 138 apud KOTTMEYER, Martin S. "Oleadas OVNI: un análisis". In: *La Nave de los Locos*, Monográfico n°. 2, Santiago, Chile, junio 2003, p. 7.

80 Nos Estados Unidos é possível saber com certa exatidão quando ocorreu o início e o final de uma onda de casos. Lá, o projeto *Blue Book*, iniciativa militar responsável por investigar discos voadores, recebeu diariamente relatos de todas as partes do país entre 1950 e 1968. Analisando o fluxo de informes notam-se variações nas quantidades de observações recebidas. No Brasil, as Forças Armadas aparentemente não se preocuparam em compilar os relatos de discos voadores ocorridos no país ao longo dos anos. Desse modo, a única maneira de descobrir se uma onda de casos ocorreu aqui nos anos 1950 é por meio do acompanhamento do interesse da imprensa. Se alguma onda de relatos brasileiros foi ignorada pela mídia nessa época, ela provavelmente permanecerá esquecida. Ondas posteriores a 1957 foram registradas pelos ufólogos. Sobre isso, ver: *Boletim SBEDV*, Rio de Janeiro, n° especial 1975, p. 73.

81 KOTTMEYER, Martin S., 2003, p. 7.

O avanço da hipótese interplanetária

Apesar dos poucos casos ocorridos durante o ano de 1953 e parte de 1954, seres de outros planetas estavam quase todos os dias nas casas das pessoas. Isso porque, nessa época, a indústria cultural passou a explorar pesadamente as potencialidades dramáticas do contato com alienígenas. A respeito, o jornalista Eduardo Graco da revista *O Cruzeiro* comentou:

> O "SCIENCE-FICTION" é o gênero de filme mais em voga nos Estados Unidos, atualmente. Durante um mês e pouco em que lá estive, assisti pelo menos oito películas de assuntos interplanetários – invasões, planetas exóticos, navios do espaço etc. As revistas infantis, o rádio, a televisão, os teatros e até as "boites", por incrível que pareça, estão explorando o filão magnífico que é a ficção científica.[82]

Produtos culturais como esses foram muito importantes. Primeiro, porque apresentaram representações visuais acerca dos discos voadores e dos seres de outros mundos. Filmes, gibis e a incipiente televisão da época promoveram imagens acerca do que até então muitos comentavam, mas poucos tinham ideia da forma.

O cinema deve ter sido especialmente influente. Estima-se, por exemplo, que 80% da população das grandes cidades do Brasil nos anos 1940 e 1950 frequentava "as salas de exibição centrais ou as de bairro pelo menos uma vez por semana."[83] Isso em uma época em que cerca de 60% dos brasileiros eram analfabetos.[84] Muitos filmes sobre extraterrestres produzidos nos Estados Unidos estrearam nas telas locais e o cinema nacional também fez uso deles em películas como *Carnaval em Marte* (1954) e *Os Cosmonautas* (1962).[85]

---

82 GRACO, Eduardo. "A Guerra dos Mundos" In: *O Cruzeiro*. Rio de Janeiro, 26 de dezembro de 1953, p. 29.

83 MENEGUELLO, Cristina. *Poeira de estrelas: o cinema hollywoodiano na mídia brasileira das décadas de 40 e 50*. Campinas, Ed. da Unicamp, 1996, p. 11.

84 BELTRAO, Kaizô. *Alfabetização por raça e sexo no Brasil: evolução no período 1940-2000*. Rio de Janeiro: Escola Nacional de Ciências Estatísticas, 2002. Disponível em www.ence.ibge.gov.br/publicacoes/textos_para_discussao/textos/texto_1.pdf. Acesso em 28/2/2006.

85 SUPPIA, Alfredo Luiz Paes de Oliveira. *Limite de Alerta! Ficção Científica em Atmosfera Rarefeita: Uma introdução ao estudo da FC no cinema brasileiro e em algumas cine-*

Direta ou indiretamente, esses produtos culturais influenciaram as discussões sobre a existência dos discos voadores. Eduardo Graco escreveu que, após assistir ao filme *Guerra dos Mundos* (1953),

> O espectador sai da sala de projeção vagamente impressionado com a possibilidade dos marcianos invadirem de fato a Terra, pois ninguém conhece, de fato, os segredos do espaço e os discos-voadores (interplanetários ou não) andam cruzando os céus do mundo todo.[86]

A proximidade entre ficção e realidade pode ser observada em outras fontes. Um anúncio de 1955 da revista juvenil *O Guri* apregoava: "Seu filho viverá aventuras "reais" com os discos voadores". Na peça publicitária, um pequeno trecho completava:

> Seu filho que vive a era das maravilhas atômicas... das conquistas grandiosas da Ciência... vive também a idade das interrogações! Agora, com as reportagens fartamente ilustradas sobre os discos voadores, que "O GURI" lançará já a partir deste número, ele encontrará as respostas para os mistérios que cercam os discos voadores! Tudo é dito numa linguagem fácil, simples e de maneira empolgante! Até o senhor mesmo vai gostar desses próximos números de "O GURI"!...[87]

As aventuras espaciais estavam em moda nas histórias em quadrinhos consumidas pelo público jovem. No início de 1952, Adolfo Aizen, diretor da Editora Brasil-América Limitada (EBAL), especializada no ramo,

---

matografias *off-Hollywood*. Tese de doutorado em Multimeios, Campinas, Universidade Estadual de Campinas, 2007. Em 1957, a TV Tupi produziu um seriado semanal de ficção científica chamado *Lever no Espaço*. O programa era exibido aos sábados e teve 23 episódios. Contava com nomes de peso como Lima Duarte e Beatriz Segall. Ver: Vizzoni, Chico. "Um cometa vai destruir a Terra". In: *O Cruzeiro*, Rio de Janeiro, 7/9/1957, p. 112.

86 GRACO, Eduardo. "A Guerra dos Mundos" In: *O Cruzeiro*. Rio de Janeiro, 26 de dezembro de 1953, p. 46.

87 [Anúncio publicitário]. *O Cruzeiro*, Rio de Janeiro, 5/3/1955, p. 65.

afirmou que vinha "recebendo pedidos no sentido de publicar histórias do gênero 'interplanetário'".[88]

Imagem 19 (À esquerda) – revista *Álbum Gigante* com o título *Charles Vick e seu Disco Voador* (janeiro 1952).[89]
Imagem 20 (À direita) – revista em quadrinhos *Disco Voador* n° 5 (1955).[90]

No jornalismo impresso, "eles" também avançavam. As agências de notícias internacionais estavam dando cada vez mais espaço aos defensores da hipótese extraterrestre e isso chegava ao país. Diários brasileiros, por exemplo, compraram os diretos de publicação de escritores norte-americanos como Frank Scully[91] e Donald Keyhoe.[92] Lentamente, a ideia de discos voadores pilotados por seres de outros planetas começava a seduzir o grande público.

---

88 "Charles Vick e seu Disco Voador". *Álbum Gigante*. Editora Brasil-América Limitada (EBAL), Rio de Janeiro, janeiro de 1952, n° 33, p. 2.
89 "Charles Vick e seu Disco Voador". *Álbum Gigante*. Editora Brasil-América Limitada (EBAL), Rio de Janeiro, janeiro de 1952, n° 33, p. 36.
90 DISCO VOADOR, Orbis Publicações S.A., Rio de Janeiro, fevereiro-março-abril de 1955, ano 2, n° 5, p. 34.
91 *Diário da Noite*, vespertino carioca e sensacionalista dos *Diários Associados*, publicou uma série de artigos de Frank Scully a partir de 16 de junho de 1952.
92 *O Jornal*, matutino carioca dos *Diários Associados*, publicou uma série de artigos de

Isso refletiu-se diretamente no imaginário. Numa pequena enquete feita em 1952 pelo diário carioca *O Jornal*, os periodistas perguntaram a pessoas o que elas pensavam sobre os discos voadores. Enquanto alguns apostavam nas hipóteses de armas de guerra, fenômenos atmosféricos e instrumentos de propaganda, a maioria, segundo o diário, já acreditava na origem interplanetária.[93]

A transformação do imaginário pode ser notada até nas propagandas da época. A seguir, há dois anúncios publicitários de uma mesma empresa veiculados em julho de 1947 e maio de 1952. A principal diferença entre eles é o pequeno texto que os acompanha. Em 1947, não há nenhuma referência à origem dos discos voadores, enquanto em 1952 eles são associados a marcianos.

Keyhoe a partir de 11 de maio de 1952.

93 "Fala o povo sobre o disco voador: arma de guerra, mensagens de outro planeta, invenção russa". In: *O Jornal*, Rio de Janeiro, 11/5/1952, p. 8.

ANÚNCIO JULHO DE 1947 [94]	ANÚNCIO MAIO DE 1952 [95]
LEGENDA: – Serão discos-voadores? – Não, meu caro, são pratos do Dragão! – Então trata-se de uma demonstração de que o artigo de lá é bom! – Sim, porque o Dragão, o rei dos barateiros, é a maior organização de louças, cristais, alumínios, ferragens e artigos finos para presentes. Tudo ali é de ótima qualidade e custa pouco. Rua Larga ns. 191-193 (em frente à Light). NÃO TEM FILIAIS.	LEGENDA: – Praxedes! Veja! Discos Voadores! Será que vêm de Marte para melhorar a nossa situação quanto aos preços? – Qual o que. Não são discos voadores. São panelas do "O DRAGÃO", você verá que tudo ali é de ótima qualidade e custa pouco. Sou "fan" do "O DRAGÃO", para ser justo. Esta é a verdade. Sim, porque o "O DRAGÃO", rei dos barateiros, é a maior organização em louças, cristais, alumínios, ferragens e artigos finos para presentes – Rua Larga ns. 191-193 (em frente à Light). NÃO TEM FILIAIS.

 O que teria feito com que a hipótese de armas secretas fosse jogada para segundo plano? A Guerra Fria seguia preocupando a todos, principalmente depois que os Estados Unidos explodiram sua primeira bomba de hidrogênio, em novembro de 1952. Nem o armistício na Guerra da Coreia, em julho de 1953, acalmou os ânimos. A preocupante escalada tecnológica continuava. Aparentemente, não havia motivo para deixar de acreditar que

---

94 [Anúncio com desenho]. *A Noite*. Rio de Janeiro, 21 de julho 1947, edição final, p. 2.
95 [Anúncio com desenho]. *A Noite*. Rio de Janeiro, 26 de maio 1952, p. 2.

novas aeronaves secretas, talvez em forma de disco, estivessem em processo de desenvolvimento nos dois lados.

No entanto, havia a persistência dos relatos que, junto com outros fatores, provavelmente convenceram muita gente de que os discos voadores não deviam ser deste mundo. Entre 1947 e 1952, surgiram testemunhas consideradas confiáveis (aviadores, principalmente) que os descreviam com formas, velocidades e manobras que, se verdadeiras, só poderiam ser fruto de uma tecnologia alheia à terrestre. Os jornais, no entanto, raramente informavam que tais observadores também estavam sujeitos a erros, já que a visão de qualquer pessoa pode ser facilmente enganada.

Apareceram ainda casos nos quais houve detecção de discos voadores por radar. Pouco adiantou os cientistas e militares alertarem que as anomalias detectadas por esses aparelhos podiam ser causadas por tempestades, grupos de pássaros, inversões térmicas e outros eventos. A crença na eficiência dos instrumentos criados pela ciência e a desconfiança em relação às Forças Armadas fazia com que tais argumentos caíssem no vazio.

Mas o fator primordial na mutação do imaginário deve ter sido mesmo a atuação da indústria cultural, que com sua força massificou imagens e narrativas sobre outros mundos. Os filmes de Hollywood, por exemplo, facilmente alcançavam um público bem maior do que qualquer caso discutido nos jornais. A indústria cultural percebeu rapidamente quão divertida e rica, do ponto de vista imaginativo, podia ser a ideia de visitantes interplanetárias. "Eles", afinal, serviam como alegoria em muitos contextos. Na maioria dos filmes norte-americanos dos anos 1950, por exemplo, os extraterrestres aparecem como uma metáfora dos comunistas.

Durante o restante dos anos 1950 e nas décadas seguintes, os discos voadores não deixaram mais de ser sinônimo de seres extraterrestres. Aos poucos, consolidou-se um imaginário inteiramente novo no qual a ideia de visitantes de outros planetas ocupava posição central. Argumentos foram adicionados, mas as noções básicas do imaginário ufológico continuam as mesmas daqueles primeiros anos.

Os jornais noticiaram
A milhares de leitores
Que habitantes de outros mundos,
Medonhos aterradores,
Estão visitando a Terra
Nos tais "Discos Voadores"

Reportagens espantosas
Aparecem todo dia
Nas revistas dos ricaços
Nos jornais da burguesia;
Diz mais ou menos assim
A tal imprensa "sadia":

Nada se sabe a respeito
Dessas invenções errantes
Mas a verdade é que existem
Os grandes discos voantes
Por que muita gente boa
Falou com seus tripulantes

Discos Voadores e os Habitantes de Outros Mundos
Folheto de Cordel.[1]

---

1   WANDERLEY, Antônio Geofre. *Discos Voadores e os Habitantes de Outros Mundos.*
Folheto de Cordel, s/d. (Fundação Casa de Rui Barbosa).

Capítulo 4

São interplanetários!

Foi novamente *O Cruzeiro* quem rompeu a calmaria que, desde 1952, reinava a respeito do assunto. Após o suicídio de Getúlio Vargas, em agosto de 1954, a revista cravou seu recorde de tiragem, 720 mil exemplares. Talvez para manter esse índice, João Martins e Ed Keffel foram escalados para uma nova série de reportagens intitulada *Na esteira dos discos voadores*.

Martins tinha conseguido grande publicidade meses antes, quando cobriu o concurso de Miss Universo, nos Estados Unidos. Sua conterrânea, a baiana Marta Rocha, era a grande favorita ao título. No entanto, a candidata norte-americana foi a vencedora. Rumores davam conta de que a moça fora escolhida porque o evento precisava aumentar a audiência e o número de patrocinadores norte-americanos. Não foi essa, porém, a versão que chegou ao Brasil.

Segundo Accioly Netto, ex-diretor de *O Cruzeiro*, os jornalistas brasileiros que cobriram o concurso se reuniram após a divulgação do resultado. Nesse encontro, João Martins teria inventado, em comum acordo com todos, que Marta Rocha perdera porque seu quadril tinha duas polegadas (5 cm) a mais do que a vencedora. "Na volta, todos os presentes na reunião guardaram o maior segredo sobre a mentirinha".[2] Marta Rocha só tomou conhecimento

---

2   ACCIOLY NETTO, op. cit, p. 92.

dessa versão por meio da imprensa. O Brasil ficou com a vitória moral das curvas arredondadas.[3]

Três meses após essa "mentirinha" João Martins assinou, junto com Ed Keffel, a primeira reportagem da nova série sobre discos voadores. Na estreia, publicaram uma entrevista com o comandante de aviação Nagib Ayub, que alegava ter observado uma bola luminosa vermelha por quase duas horas no trajeto entre Porto Alegre e Rio de Janeiro.

Na semana seguinte, a dupla trouxe informações de Buenos Aires, onde tinham se encontrado com os irmãos Jorge e Napy Duclout. Os dois argentinos afirmavam ter contatos com seres de *Ganimedes*, satélite de Júpiter. Descreviam assim os extraterrestres:

> Pacíficos, não existe guerra entre eles, nem sentimentos guerreiros [...] Não tem diferentes nações, nem diferentes governos, nem problemas sociais [...] Vivem em média 200 anos dos nossos [...] Determinaram em um mapa de três dimensões as zonas onde há radioatividade. Localizam todos os locais onde há laboratórios de urânio e onde houve explosões de bombas atômicas.[4]

Após a Argentina foi a vez dos Estados Unidos. Lá, João Martins cobriu uma reunião de testemunhas e interessados em discos voadores ocorrida no monte Palomar, Califórnia.[5] Nesse encontro, as estrelas foram três pessoas que alegavam manter contatos com seres de outros planetas (contatados): George Adamski, Daniel Fry e Truman Bethurum. Adamski (1891-1965) assegurava ter se encontrado com seres de Vênus que possuíam aparência ariana e intenções nobres. De acordo com ele,

> A sua viagem não tinha intuitos agressivos. Radiações muito fortes estavam saindo do nosso planeta, depois das bombas atômicas, e estavam afetando o espaço exterior. Ele me deu a entender que, com muitas explosões, haveria uma catástrofe na Terra [...] Por assim di-

---

3   *REVISTA ÉPOCA*, edição de 10/9/1998. Disponível em http://epoca.globo.com/edic/19980810/socied4.htm. Acesso em 15/2/2006.

4   Ibidem, p. 70.

5   Segundo informa Martins, o encontro ocorreu entre os dias 7 e 8 de agosto de 1954.

A INVENÇÃO DOS DISCOS VOADORES

zer, eles se acham e vivem muito mais perto do criador do que nós, na Terra.[6]

João Martins comentou despretensiosamente que uma mulher enigmática acompanhada por dois homens causou furor ao visitar o congresso do monte Palomar. Ela era loira, alta e se chamava Dolores Barrios. Era surpreendentemente parecida com o venusiano andrógino descrito por Adamski e pintado sob encomenda em tamanho natural.[7] "Ninguém sabia como tinham vindo nem quem eram. Começou a correr o boato de que eram "venusianos" disfarçados".[8]

De acordo com João Martins, Adamski não gostou da história. Achou que fosse uma comediante tentando imitar o retrato do venusiano para desmoralizá-lo.[9] O repórter de O Cruzeiro bateu várias fotos da mulher e, na primeira oportunidade, narrou o ocorrido "a título de curiosidade".[10] Naqueles anos, Adamski apresentou também várias fotos de discos voadores. Algumas foram

---

6   MARTINS, João. "Na esteira dos "Discos Voadores" – parte 4. Espiões interplanetários". In: O Cruzeiro. Rio de Janeiro, 23 de outubro de 1954, p. 74-A.

7   Nos anos 1970 o ufólogo Fernando Cleto Nunes Pereira teve acesso às fotos originais, guardadas nos arquivos de O Cruzeiro. Ficou surpreso ao perceber que na imagem original, sem retoques, Dolores Barrios aparece com uma peruca. Os indícios provavelmente tinham sido apagados pelos técnicos da revista. Estaria João Martins envolvido em outra armação? Ou o disfarce teria sido criado por alguém do próprio congresso com objetivo de angariar público? Ver: PEREIRA, op. cit., p. 53-54

8   MARTINS, João. "Na esteira dos "Discos Voadores" – parte 3. Reunião de "Discos" em Palomar". In: O Cruzeiro. Rio de Janeiro, 16 de outubro de 1954, p. 52.

9   PEREIRA, Fernando Cleto Nunes. Sinais estranhos. Editora Hunos, Rio de Janeiro, 1979, p. 50.

10 No final de 1954, o ufólogo Fernando Cleto Nunes Pereira, ao entrar em um cinema, viu dois homens que lhe causaram estranha sensação. De acordo com seu relato, meses depois, ao tomar conhecimento das fotos de Dolores Barrios, ele tomou um susto ao reconhecer um deles. "Só naquele momento em que vi a fotografia daquela mulher que pude compreender, em segundos, ter sido o belo e estranho homem o responsável direto pelos estranhos acontecimentos do cinema". A experiência o marcou. Ele passou a se perguntar se tinha estado próximo a um extraterrestre e a carregar consigo uma foto de Dolores Barrios, mostrando-a àqueles que alegavam ter contatado os tripulantes dos discos voadores. Ver: PEREIRA, op. cit., p. 48-51.

desmascaradas mais tarde como montagens rudimentares. Uma delas envolveu uma chocadeira, um bico de chupeta e três bolinhas de ping-pong.[11]

O que salta aos olhos nas narrativas de contatados como Adamski, Fry e Bethurum é sua preocupação com a situação vivida pelo mundo naquele momento. Nos seus relatos de encontros com extraterrestres, "eles" vêm para nos alertar sobre os riscos que corremos ao utilizarmos a energia atômica de maneira inadequada. São superiores tecnologicamente e moralmente.

Suas mensagens expressam uma angústia cotidiana compartilhada por muita gente. Em alguma medida, relatos como esses eram estratagemas interessantes que davam voz a indivíduos que dificilmente seriam ouvidos pelos meios de comunicação. João Martins apostou nessa força dramática ao justificar a publicação das matérias:

> De qualquer modo, verdadeiras ou não, tôdas as narrativas eram altamente construtivas. Giravam através de seres de outros mundos muito mais civilizados do que o nosso, sêres altamente evoluídos que transmitem mensagem de paz e davam mensagens de paz a essa nossa Humanidade que está se afogando em ódios, lutas sangrentas, incompreensões, ignorância e intolerância.[12]

Curiosamente, as alegações dessas pessoas se parecem com o eixo narrativo do filme norte-americano *O dia em que a Terra parou*, dirigido por Robert Wise, em 1951. A película narra a chegada de um disco voador a Washington, Estados Unidos. Um alienígena com forma humana, chamado *Klaatu*, trazia consigo um grande robô de nome *Gort*. Ao sair da nave, *Klaatu* afirma, em inglês impecável, que sua mensagem é de paz.

No entanto, é acidentalmente baleado pelos humanos. Levado a um hospital militar, entra em contato com autoridades norte-americanas. Pede uma reunião com representantes de todos os países, mas as diferenças políticas entre as nações impedem tal encontro. Em seguida, *Klaatu* foge do hospital e passa a viver anonimamente em uma espécie de pensão de classe média. Ali, mantém

---

11 http://fotos.ceticismoaberto.com/ovnis/nave-de-escolta-venusiana/. Acesso em 28/09/2009.

12 MARTINS, João. "Na esteira dos "Discos Voadores" – parte 3. Reunião de "Discos" em Palomar". In: *O Cruzeiro*. Rio de Janeiro, 16 de outubro de 1954, p. 49.

contato com pessoas comuns, como uma criança e um cientista. Passa então a alimentar esperanças de que a humanidade possa mudar.

A perseguição dos militares, no entanto, faz com que *Klaatu* seja morto a tiros. Depois disso, uma amiga humana vai até o robô alienígena *Gort* e declama a frase *Klaatu barada nikto*. Ao ouvir a frase, *Gort* ressuscita *Klaatu*. Antes de partir, o extraterrestre discursa de forma dura para uma multidão humana:

> O universo está cada dia menor e ameaças de agressão de qualquer grupo, em qualquer lugar, não podem mais ser toleradas. [...] Nós temos uma organização para proteção mútua de todos os planetas e para completa eliminação da agressão. [...] Eu venho aqui para dar a vocês os fatos. Não é da nossa conta o modo como vocês administram seu planeta, mas se vocês ameaçarem estender sua violência, essa Terra será reduzida a um monte de cinzas. Sua escolha é simples. Junte-se a nós e vivam em paz. Ou continuem no seu caminho atual e encontrem a eliminação. Nós estaremos esperando pela sua resposta. A decisão está com vocês.

Assim termina o filme. Não é difícil perceber que esse alienígena paternal que aterrissa para distribuir broncas é semelhante aos das narrativas de contatados como George Adamski, Daniel Fry e Truman Bethurum.

Imagem 21 – Propaganda do lançamento do filme em São Paulo em junho de 1952.[13]

João Martins percebeu rapidamente que os sentimentos em voga na Guerra Fria estavam muito presentes nos relatos de encontros com seres de outros mundos. Em mais de uma ocasião, ele explorou a dramaticidade do contexto. Em 1954, escreveu:

> Se interplanetários, que sejam amigos e nos ensinem a viver melhor, a nos elevar do charco em que estamos atolados. E se não forem amigos, que pelo menos obriguem a todos os homens a se unirem ante um perigo comum, a se lembrarem que somos todos irmãos. Pois precisamos mesmo disso, sob o risco de nos destruirmos estupidamente, num retôrno absurdo à selvageria primitiva.[14]

Esse tipo de apelo emocional, embora bastante sensacionalista, fazia sentido. Para muita gente, a "selvageria primitiva" parecia cada vez mais próxima. Em 1º de março de 1954, cientistas e militares norte-americanos fizeram um grande teste atômico no atol de Bikini, nas Ilhas Marshall, Oceano Pa-

---

13   [Cartaz] *Folha da Noite*, São Paulo, 18/6/1952, p. 9.
14   MARTINS, João. "Na esteira dos "Discos Voadores" – parte 8. O que são os "Discos Voadores"". In: *O Cruzeiro*. Rio de Janeiro, 20 de novembro de 1954, p. 60.

cífico. A experiência, porém, escapou ao controle e a explosão da bomba de hidrogênio alcançou 15 megatons (milhões de toneladas de dinamite), três vezes mais do que o previsto. O teste ficou conhecido como Bravo e é até hoje o maior já feito pelos norte-americanos. Tinha cerca de setecentos e cinquenta vezes mais poder de destruição do que a bomba de Hiroshima.

Duas semanas depois o mundo ficou estarrecido ao saber que um pequeno navio pesqueiro japonês chamado *Fukuryu Maru* fora atingido. Sua tripulação de 23 homens estava a cerca de 150 quilômetros do epicentro da explosão. Os pescadores contaram que horas depois de presenciarem um forte clarão de luz testemunharam uma espécie de "tempestade de neve" semelhante a fuligem. Era o cálcio radioativo do coral de Bikini que tinha sido vaporizado. Na volta ao Japão, toda tripulação sofria os efeitos da radiação – diarreia, vômitos e queimaduras na pele. Ao menos um marinheiro morreu. O acontecimento deixou muitos japoneses em pânico, pois havia temor de que os experimentos atômicos contaminassem a base da sua alimentação, o peixe.

As consequências do teste Bravo repercutiram negativamente no resto do mundo. Detectores de radiação de locais muito distantes da explosão, como a Europa, acusaram contaminação da atmosfera. Cientistas calculavam que apenas cem bombas de hidrogênio como aquela seriam suficientes para envenenar de radioatividade todo ar do planeta.[15] Essa constatação, porém, não impediu que os soviéticos testassem sua primeira bomba de hidrogênio, em 22 de novembro de 1955. Ninguém, nem as nações que se declaravam não alinhadas, estaria a salvo do assassino invisível representado pela atmosfera contaminada. Ficava cada vez mais claro que uma possível guerra nuclear levaria absolutamente todos à aniquilação.

A onda de 1954

No final de outubro de 1954, uma nota oficial da Base Aérea de Porto Alegre, sede da Força Aérea Brasileira em Gravataí, surpreendeu o país. O comunicado informava que no dia 24 daquele mês vários militares e civis testemunharam o sobrevoo da base por "corpos estranhos". Os objetos seriam circulares, de cor prateada-fosca e com velocidade "muito acima do que qualquer outro de que a base tenha conhecimento". A nota informava ainda que não era

---

15   GADDIS, op. cit., p. 62.

possível confundir aqueles "corpos" voadores com objetos astronômicos e que tampouco existiam balões meteorológicos na área.[16]

No dia 16 de novembro, o brigadeiro Gervásio Duncan, chefe do Estado Maior da Aeronáutica, divulgou no Rio de Janeiro cinco dos 16 relatórios feitos pelas testemunhas da base aérea gaúcha. Duncan se limitou a ler os depoimentos e se desculpou por não ter novidades sensacionais. Segundo ele, não havia dados suficientes para chegar a uma conclusão segura sobre o que foi observado.[17]

Ainda assim, o caso ganhou muita atenção. Envolvia testemunhas consideradas confiáveis. Além disso, segundo o relatório do major-aviador João Magalhães Mota, "tudo [...] foi observado ao mesmo tempo e de locais diversos da base por grupos que não podiam influir psicologicamente sobre os demais".[18]

A discussão sobre os discos voadores foi retomada e os cientistas foram novamente convidados a opinar. Segundo o *Diário da Noite*, porém, professores e "homens de ciência" tinham "certa reserva" em relação ao assunto. José Leite Lopes (1918-2006), do Centro Brasileiro de Pesquisas Físicas, comentou com ironia: "Estou cru no assunto. Tenho lido, aliás com bastante interesse, as reportagens que "O Cruzeiro" vem publicando. [...] É nessa revista que eu estou aprendendo alguma coisa...".[19]

A partir de novembro, os jornais começaram a publicar relatos vindos de todas as regiões do Brasil. Apenas o *Diário da Noite*, do Rio de Janeiro, noticiou mais de 30 casos diferentes nos dois últimos meses daquele ano. Foi, provavelmente, a maior onda de observações da década no país.

Em meio a ela, ocorreram também grandes enganos. Em Botucatu, estado de São Paulo, "uma pequena multidão" alertou para um disco voador em alta velocidade sobre o campo de aviação da cidade. O mistério, porém, se desfez quando um instrutor levantou voo com um pequeno avião. Ele notou

---

16 MARTINS, João. "Discos em Porto Alegre". In: *O Cruzeiro*. Rio de Janeiro, 27 de novembro de 1954, p. 17.

17 "Impressionantes depoimentos dos oficiais da FAB sobre os discos voadores". In: *Diário da Noite*. Rio de Janeiro, 17/11/1954, p. 1 e 7.

18 MARTINS, João. "Discos em Porto Alegre". In: *O Cruzeiro*. Rio de Janeiro, 27 de novembro de 1954, p. 17.

19 "Engenhos misteriosos que escapam à mente humana". In: *Diário da Noite*. Rio de Janeiro, 28/10/1954, p. 1 e 4.

A INVENÇÃO DOS DISCOS VOADORES

que se tratava de um espesso tufo de capim-barba-de-bode que estava seco. Muito leve, a touceira "fora levantada pelo vento e impulsionada pelas correntes aéreas".[20]

Como já havia acontecido anteriormente, grupos de populares começaram a se juntar para observar o céu. A notícia a seguir narra um desses episódios ocorrido na cidade de Curitiba, estado do Paraná:

> CURITIBA, 16 – (Meridional) – Centenas de populares começaram a olhar para o céu, nesta Capital. Eram aproximadamente 12 horas, e o sol estava forte. Alguém gritou: "Olha lá o disco voador". Logo, outras vozes responderam: "É mesmo um disco voador".
>
> Como num passe de mágica, começaram a surgir nas mãos de homens, mulheres, velhos e crianças, binóculos. Todos procuravam "espiar" o fenômeno. Houve também quem dizia não estar vendo coisa alguma, e que tudo não passava de boato. As discussões em torno do "disco" tomaram conta das ruas, cafés, lojas, bares e confeitarias de Curitiba.
>
> Duas mulheres gritavam para quem quisesse escutar: "Estamos vendo o disco. Lá está ele". E apontavam, com o dedo indicador, a direção onde estaria o estranho corpo, provavelmente enviado do Planeta Marte. Os telefones das estações de rádio e dos jornais começaram a tilintar. Houve algum nervosismo. Pessoas falavam numa possível invasão marciana em Curitiba, e o locutor da emissora, completamente histérico, berrava coisas absurdas, numa tentativa de imitação da famosa irradiação feita pelo ator Orson Welles, em Nova York, alguns anos atrás.
>
> Um menino muito esperto resolveu alugar o seu binóculo a dois cruzeiros o minuto. Dentro de alguns instantes já arrecadava uma boa féria. Uma psicose coletiva parecia dominar a todos. Muito de imaginação e superstição entrou na história da "visão" do disco voador. Uma velha exclamou: "Credo. É o fim do mundo. Estou vendo uma coisa no céu que parece uma estrela vermelha".

---

20 "O Disco voador era uma Touceira de Barba-de-Bode batida pelo vento". In: *Diário da Noite*. Rio de Janeiro, 29/11/1954, p. 1 e 12.

O repórter, como é natural, também saiu à rua, misturou-se logo com o povo, e procurou "localizar" o "disco", que dezenas de pessoas, como que sugestionadas, diziam estar vendo. Mas foi inútil a nossa tentativa. Por mais que espiássemos (e usamos também um binóculo), não vimos o tal "disco voador".[21]

Bastante interessada nessa grande onda de casos, a imprensa brasileira tornou-se menos crítica e acabou caindo numa brincadeira que correu o mundo. No dia 22 de novembro de 1954 pela manhã, os meios de comunicação brasileiros começaram a noticiar que um disco voador havia caído na cidade de Caratinga, interior de Minas Gerais. Segundo informações preliminares, a nave carregava pessoas "pequenas e disformes em nada se parecendo com a gente deste mundo".[22] Em pouco tempo, a novidade começou a ser veiculada também em outros países.[23]

Às pressas, jornalistas, autoridades e curiosos passaram a se dirigir à pacata localidade. Contudo, não havia disco algum. A confusão fora causada por uma mensagem que um funcionário do serviço telegráfico local enviou ao seu colega de Belo Horizonte como uma despretensiosa brincadeira. Quando saiu para o almoço, o telegrafista de Caratinga levou um susto ao perceber que seus vizinhos estavam em polvorosa por terem ouvido o noticiário no rádio.

O Cruzeiro ficou raivosa por ter perdido tempo e dinheiro. Colocou uma foto do telegrafista em página inteira com a legenda: "o funcionário que

---

21 "O "disco voador" continua preocupando as populações das cidades e do interior". In: *Diário da Noite*, Rio de Janeiro, 17/12/1954, p. 1 e 10.

22 Essa não foi a primeira nem a última vez que alguém deu um alarme falso sobre a chegada dos extraterrestres. A "travessura" radiofônica feita por Orson Welles, em 1938, foi imitada em diferentes países e épocas. Foi o que aconteceu, por exemplo, em Santiago (Chile, 1944), Quito (Equador, 1949), Lisboa (Portugal, 1958) e São Luís do Maranhão (Brasil, 1971). O caso do Equador foi, sem dúvida, o mais trágico, pois acabou em "confrontos com a polícia e no incêndio do edifício onde estava instalada a estação de rádio [que] resultaram em dezenas de feridos, na prisão de 18 suspeitos e na morte de 20 pessoas". Ver: VALIM, Alexandre Busko. ""Os marcianos estão chegando!": as divertidas e imprudentes reinvenções de um ataque alienígena no cinema e no rádio". In: *Diálogos*. DHI/PPH/UEM, Maringá, v. 9, n. 3, p. 185-208, 2005, p. 190.

23 "O disco de Caratinga voou pelo mundo". In: *Manchete*, Rio de Janeiro, 4 de dezembro de 1954, no. 137, p. 5.

pagará caro a sua leviandade [...] não soube prever as consequências do seu ato. Agora, naturalmente, está arrependido...".[24]

Por algumas horas, Caratinga foi a cidade mais comentada do mundo.[25] Um cronista do *Diário da Noite* fez graça do assunto:

> Dizem que o telegrafista de Caratinga vai ser punido. Ou está louco ou é um irresponsável! Que nada! O homem é um gênio [...] O homem de Caratinga deu ao Brasil popularidade internacional. No dia de ontem, metade do mundo ficou sabendo que o nosso país existe e tem uma cidade importante chamada Caratinga. [...]
>
> O telegrafista de Caratinga colocou em polvorosa metade do mundo. A FAB quase levantou voo, com aparelhos cheios de técnicos, fotógrafos etc. Iam fotografar o marciano. Aviões foram fretados para conduzir repórteres de todas as partes do mundo para Caratinga, cujo campinho de aviação, normalmente pasto, mas aeroporto aos domingos, foi logo preparado para seus grandes dias. [...] Aliás, dizem as más línguas, que os marcianos resolveram vir aqui buscar o sr. Jânio Quadros, que desceu e esqueceu de voltar. Mas, pousaram em campo errado. O homem está em Saint Germain de Prés.[26]

No dia 2 de dezembro, os próprios militares brasileiros colocaram ainda mais lenha na fogueira. Nessa data, o coronel João Adil de Oliveira (1907-1976), chefe do serviço de Informações do Estado-Maior da Aeronáutica, realizou uma aguardada conferência sobre discos voadores na Escola

---

24 SILVA, Eugênio. "O Disco de Caratinga – O maior "Bluff" do ano" In *O Cruzeiro*. Rio de Janeiro, 11 de dezembro de 1954, p. 14.

25 Até hoje, o episódio é lembrado por cronistas mineiros. O escritor e cartunista Ziraldo, que nasceu em Caratinga-MG, conta que certa vez a cidade participou de um programa na televisão mineira chamado "Cidade contra Cidade". Na semifinal, Caratinga enfrentou Santos Dumont, local onde havia nascido o pai da aviação. Na hora de apresentar celebridades das duas cidades: "Caratinga veio de disco voador. Ah, é: vocês têm o avião? Pois nós temos o disco voador.", conta Ziraldo. No final, a pequena Caratinga do disco voador ganhou da terra onde nasceu Santos Dumont. A história é contada por Ziraldo na crônica "Viva Santos Dumont", disponível em http://www.otempo.com.br/colunistas/lerMateria/?idMateria=25539. Acesso 11/12/2005.

26 Interino. "Viva Caratinga City". Coluna A Tabuleta do Dia. In: *Diário da Noite*, Rio de Janeiro, 23/11/1954, p. 1.

Técnica do Exército no Rio de Janeiro. Embora aberta à imprensa, a exposição dirigia-se principalmente aos oficiais das Forças Armadas. Os jornalistas João Martins e Ed Keffel compareceram. Foram convidados como "testemunhas" do caso Barra da Tijuca. Com grande senso de oportunidade, *O Cruzeiro* publicou a transcrição de toda palestra e tratou-a como um grande evento.[27]

Logo no início, o coronel advertiu: "[...] não tenho a intenção de envolver ciência técnica ou Júlio Verne na exposição. Desejo apenas fazer um relato sucinto do que se sabe no mundo a respeito [...]".[28] De fato, João Adil de Oliveira não consultou cientistas, não fez análises técnicas de casos e tampouco citou obras literárias. Durante a conferência, ele restringiu-se a narrar brevemente alguns casos e teorias. Boa parte do que citou na exposição tinha sido retirado dos livros de Donald Keyhoe e Hugo Rocha, dois escritores que defendiam a hipótese interplanetária.

Na parte final, o coronel preferiu não expressar sua opinião. Não era muito difícil perceber, no entanto, que ele era bastante simpático à hipótese extraterrestre. Nas considerações finais, João Adil de Oliveira citou as conclusões a que chegaram Donald Keyhoe, H. B. Darrach e Robert Ginna (jornalistas da revista norte-americana *Life*) e Orlando Portela (tradutor da obra de Keyhoe). Todos defendiam ou estavam inclinados a acreditar que os discos voadores vinham de outros planetas. Nenhum cientista, brasileiro ou estrangeiro, teve sua opinião lembrada na conclusão.

A conferência do coronel João Adil de Oliveira provocou ampla repercussão e mostrou aos olhares mais atentos quanto os militares brasileiros podiam estar despreparados, do ponto de vista científico, para lidar com a questão. As ideias e fontes de informação do chefe do serviço de Informações do Estado-Maior da Aeronáutica eram semelhantes às do jornalista João Martins, o que não parecia um bom sinal. João Martins precisava se preocupar com a venda de revistas. O coronel, não.

---

27 "Extra!"Discos Voadores" – A conferência do Coronel Adil de Oliveira" In: *O Cruzeiro*. Rio de Janeiro, 11 de dezembro de 1954.

28 Ibidem, p. II.

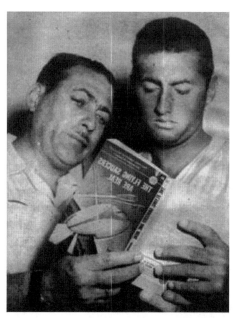

Imagem 22 – O coronel João Adil de Oliveira e seu filho posam para as lentes da *Revista da Semana* com o livro *The flying saucers are real*, escrito por Donald Keyhoe, um dos "pais" da hipótese extraterrestre.[29]

No mês seguinte, a revista *Ciência Popular* atacou a conferência. Afirmou que não passava de um punhado de citações e criticou duramente a qualidade dos quadros das Forças Armadas brasileiras. Escreveu Ary Maurell Lobo, editor da publicação:

> O chefe do Serviço Secreto da Aeronáutica, nesse ensejo, não avançou uma informação sequer de seus arquivos, o que seria leviandade; limitou-se a resumir notícias e comentários dados a lume, há mais de ano [...]. Nada ali é seu.
> O erro dos que me tem procurado, está justamente em considerar de muito valor tal depoimento. Essa conferência serviu apenas para deixar bem claro o seguinte: 1) que a associação dos diplomados da Escola Superior de Guerra precisa organizar debates de maior valor cultural; por enquanto, pela amostra, os seus cursos de extensão

---

29 SALLES, Milton (reportagem) e VIEIRA, Antônio (fotos). "Habitantes de outros planetas já se encontrariam na Terra". *Revista da Semana*. Rio de Janeiro, nº 51, ano 54, 18 de dezembro de 1954, p. 52-55.

constituem ridicularias; 2) Que o Brasil necessita pensar seriamente na organização de seus serviços secretos, a começar pelo melhor recrutamento dos chefes e altos funcionários [...].[30]

Ary Maurell Lobo também criticou João Adil de Oliveira por não ter percebido que as fotos da Barra da Tijuca eram uma grosseira armação. Nas suas palavras:

> O Cel. Adil — que não pode ser de forma alguma o homem inexperiente e ingênuo que sua desastrada conferência deixa transparecer, pois goza justa fama dentro e fora do meio militar — foi vítima dos serviços de 'inteligência' que existem no Brasil, em sua maioria os mais incapazes dêste mundo, e de não se dedicar, pela sua profissão, aos estudos científicos. Mas de qualquer maneira é imperdoável que o chefe do Serviço Secreto da Aeronáutica não conhecesse a trampolinice dos fotógrafos de O Cruzeiro, ainda mais que houve testemunhas, e testemunhas de grande valor moral, do inqualificável embuste![31]

Não se sabe se João Adil de Oliveira respondeu a essas críticas sulfúricas. Mas levando-se em conta dois episódios ocorridos na mesma época, pode-se inferir que Ary Maurell Lobo, aparentemente, estava certo ao apontar o despreparo técnico dos militares brasileiros.

O primeiro aconteceu no final daquele ano de 1954. Na época, Fernando Cleto Nunes Pereira, então um mero interessado no assunto, foi convidado pelo Estado-Maior da Aeronáutica, no Rio de Janeiro, a narrar uma observação de discos voadores que tivera. No local, ele participou de uma reunião na qual estavam presentes diversos pilotos, João Martins, Ed Keffel e o coronel João Adil de Oliveira. Lá, Cleto soube que o encontro fazia parte de um inquérito sobre discos voadores encomendado pelo então ministro da Aeronáutica, brigadeiro Eduardo Gomes.

Durante a conversa, o coronel João Adil de Oliveira apresentou a todos um relatório da Força Aérea Brasileira sobre as fotos da Barra da Tijuca.

---

30 LOBO, Ary Maurell. "Os discos voadores, uma chantagem, uma imbecilidade e uma psicose" In: Ciência Popular. Rio de Janeiro, janeiro de 1955, n° 76, p. 2.

31 LOBO, Ary Maurell. "Os discos voadores, uma chantagem, uma imbecilidade e uma psicose" In: Ciência Popular. Rio de Janeiro, janeiro de 1955, n° 76, p. 2.

De acordo com Cleto, houve um súbito silêncio quando, ao abrir o volume de documentos, o militar deixou cair um disco de madeira sobre a mesa. Foi então que João Adil de Oliveira disse:

> Você se lembra, Martins, que algumas pessoas declararam ter visto homens jogando um disco para o ar e fotografando? Realmente êles viram êste disco que aqui está, mas nós sabemos que não foi jogado por vocês, porque êle foi jogado por nós da FAB, que nos dias seguintes ao fato fomos para o local fazer minuciosos estudos em tôrno das suas fotografias. Inclusive andamos jogando êste disco para o ar, numa tentativa de reproduzir uma sequência como a de vocês.[32]

Na ocasião, o coronel narrou a todos os presentes que a Aeronáutica tentara reproduzir as fotos da Barra da Tijuca jogando para o alto um modelo de madeira. Sem êxito nos testes, os oficiais concluíram que as imagens eram verdadeiras. Aparentemente, não passou pela cabeça deles que as fotos pudessem ter sido obtidas pelo recurso da dupla exposição do filme.[33]

Em 1959, o público soube dessa chancela da Aeronáutica às fotos da Barra da Tijuca por meio de Fernando Cleto Nunes Pereira, que apresentou na televisão o dossiê militar e a maquete de madeira.[34] Quando isso aconteceu, João Martins declarou: "Para mim e para Keffel, a opinião de um homem como o Cel. Adil de Oliveira sempre valeu mais do que a de cem amigos gratuitos ou a de cem 'descrentes' sem base".[35]

---

32 MARTINS, João. "Revelado o segredo da Barra da Tijuca" In: *O Cruzeiro*. Rio de Janeiro, 31/10/1959. (disponível em: http://www.memoriaviva.digi.com.br/ocruzeiro/ Acesso em 4/01/2006).

33 A respeito do erro da Aeronáutica, o pesquisador Claudeir Covo comentou: "[...] do ponto de vista técnico, o erro mais gritante dos oficiais da Aeronáutica brasileira foi tentar calcular a distância do suposto objeto voador não identificado em cada uma das fotos de Keffel. Isso é um tremendo absurdo". Ver: COVO, Claudeir & COVO, Paola Lucherini. "Resgatando a História da Ufologia Brasileira. Casos Barra da Tijuca e Ilha da Trindade: dois clássicos nacionais em situações opostas" In: *Revista UFO*, Campo Grande, número 82, novembro 2002.

34 MARTINS, João. "Revelado o segredo da Barra da Tijuca" In: *O Cruzeiro*. Rio de Janeiro, 31/10/1959. (disponível em: http://www.memoriaviva.digi.com.br/ocruzeiro/Acesso em 4/01/2006)

35 Ibidem, p. 22.

Outro episódio foi o convite para uma palestra feito ao jornalista João Martins pelo comando da 6ª. Região Militar, sediada em Salvador. No final de 1957, dezenas de oficiais do Exército, Marinha e Aeronáutica ouviram por mais de uma hora o jornalista afirmar que havia "um plano sistemático, praticamente militar, [...] para uma possível descida [dos extraterrestres] de caráter definitivo e permanente". À época, João Martins acreditava que "eles" estavam preparando uma invasão ao planeta Terra. Segundo *O Cruzeiro*, a plateia em nenhum momento colocou em dúvida a existência dos discos voadores. Preferiu discutir se eles eram amistosos ou hostis.[36]

É importante destacar que João Martins sempre manteve boas relações com os oficiais brasileiros envolvidos na questão dos discos voadores. Nunca os acusou de esconder propositadamente a verdade, como fazia Donald Keyhoe nos Estados Unidos. Pelo contrário, costumava elogiar a postura das Forças Armadas brasileiras. Em certa ocasião, escreveu:

> Apesar do sigilo natural das autoridades militares em torno de certos fatos, declaramos, a bem da verdade, que temos recebido a maior cooperação pessoal de oficiais das três armas (ligados a investigação do assunto): a nossa pesquisa tem sido orientada, muitas vezes, por informações que nos são dadas em caráter confidencial e cujo sigilo temos respeitado sempre que isso nos é pedido. Não poderemos unir a nossa voz daqueles que criticam ou acusam as autoridades, muitas vezes querendo que elas confirmem ou definam sobre coisas que ainda não estão completamente esclarecidas, pois compreendemos a razão dessa reserva.[37]

Tomando-se apenas as declarações dadas à imprensa, é possível perceber que a postura dos militares brasileiros nos anos 1950 foi, no mínimo, curiosa. Sem muitos cientistas nos seus quadros, eles levaram a hipótese interplanetária a sério e colaboraram bastante com os meios de comunicação. Tendo isso em conta entende-se porque praticamente não houve nesse período no

---

36 No texto, sobram elogios ao jornalista. Como a reportagem não foi assinada, pode-se suspeitar que tenha sido escrita pelo próprio Martins. O estilo e o tipo de argumentação, pelo menos, são semelhantes. "Discos Voadores na 6ª Região Militar". In *O Cruzeiro*. Rio de Janeiro, 22/2/1958.

37 MARTINS, João. "A ronda dos Discos Voadores (1)". In: *O Cruzeiro*. Rio de Janeiro, 3 de maio de 1958, p. 56.

Brasil duras críticas ao sigilo dos militares locais. Aparentemente, uma teoria da conspiração nos moldes daquela forjada por Donald Keyhoe nos Estados Unidos não fazia sentido por aqui naquela época. Na questão dos discos voadores, os militares brasileiros podiam estar tão perdidos quanto os civis.

Novas polêmicas (1955-1957)

O Cruzeiro continuou explorando o tema mesmo após o arrefecimento da onda de casos no final de 1954. Em fevereiro de 1955, publicou a série de reportagens Os *"Discos Voadores" e o mistério dos mundos subterrâneos*. Nela, João Martins compilou as palestras do "Comandante" Paulo Strauss, da Sociedade Teosófica Brasileira. Segundo Strauss, haveria mundos subterrâneos habitados por seres superiores reencarnados. Esses locais seriam ligados à superfície por cavernas. Existiriam também emissários "deles" na superfície, alguns dos quais viriam aqui buscar livros que representassem alguma evolução espiritual e merecessem assim fazer parte das bibliotecas subterrâneas.

"O assunto, êste sim, pode ser sensacional, mas isso não é minha culpa [...] apenas procurei reproduzir de uma maneira simplificada e acessível", justificou João Martins.[38] Nem sempre, porém, ele adotou uma postura defensiva. Em uma das matérias, mostrou-se bastante irritado, atacou os críticos e convocou-os para "as vias de fato":

> Felizmente, pouquíssimos foram os que, sempre anonimamente, revelaram ser meus inimigos e detratores, revelando também que são analfabetos, pois nem ao menos estavam a par do texto das reportagens que atacavam. Alguns, mesmo, chegaram a ameaças, não sei ao certo por quê. A esses infelizes só posso responder recomendando um curso noturno de alfabetização, um tratamento psiquiátrico ou um chá de flor de laranja. Ou que me procurem pessoalmente... [39]

É impossível saber com certeza a quem João Martins se refere nessas linhas. É provável que suas reportagens tenham sido atacadas por vários jor-

---

38 MARTINS, João. "Os "Discos Voadores" e o mistério dos mundos subterrâneos – parte III - Até 1956: os Discos intervirão". In: *O Cruzeiro*. Rio de Janeiro, 19/02/1955 (4), p. 18-J.

39 MARTINS, João. "Na esteira dos 'Discos Voadores' – parte 8. O que são os 'Discos Voadores'". In: *O Cruzeiro*. Rio de Janeiro, 20 de novembro de 1954 (4), p. 51.

nais ou revistas concorrentes. O que se sabe é que no mês seguinte a essa virulenta investida, *Ciência Popular* publicou o artigo *Os discos voadores, ridícula psicose coletiva*. Para o editor do magazine, o engenheiro militar Ary Maurell Lobo, o assunto era "a mais miserável chantagem de todos os tempos". Segue o que parece ser uma réplica:

> Parece existir o propósito deliberado de criar o terror no grande público, de levar a gente simples do povo ao máximo da tensão nervosa, não só para alcançar determinados favores com prejuízo da coletividade cedente mas também para vender revistas e jornais que apenas circulam à custa da exploração de assuntos escandalosos ou fantasiosos. Haja vista o que está acontecendo com os discos voadores, a mais miserável chantagem dos últimos tempos. *Ciência Popular* afirma que até agora todas as fotografias de discos voadores dadas a lume, sem exceção de uma só, todas, todas são absolutamente falsas, ou em outras palavras mais fortes: são torpemente falsificadas pelos escroques que estão tomando conta da imprensa em todo o mundo. Não lhe tem faltado a esses vigaristas o apoio de altas autoridades civis e militares, altas nas posições de mando e na ignorância enciclopédica. No estado atual das ciências e das técnicas, nem um aparelho terrestre pode possuir as características reveladas, nem tão cedo elas serão conseguidas. Em outros planetas deve realmente existir outras espécies de vidas, mas os fatos já conhecidos permitem pôr de lado a hipótese de máquinas interplanetárias, como veremos em nossa próxima edição. Restam os fenômenos luminosos, riscando o espaço, e as psicoses, confundindo o cérebro dos tolos e dos fracos.[40]

Na edição seguinte, *Ciência Popular* foi ainda mais agressiva. Colocou em sua capa, com letras grandes, a frase: "Os discos voadores, uma chantagem, uma imbecilidade e uma psicose".

---

40 "Os discos voadores, ridícula psicose coletiva". *Ciência Popular*, Rio de Janeiro, dezembro de 1954, nº 75.

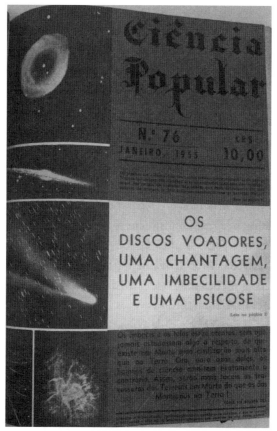

Imagem 23 – Capa da edição de *Ciência Popular* de janeiro de 1955. Abaixo do título, pode-se ler:
"Os imbecis e os tolos estão crentes, sem que jamais estudassem algo a respeito, de que existe em Marte uma civilização mais alta que na Terra. Ora, para azar deles, os homens de ciência admitem exatamente o contrário. Assim, serão mais fáceis as travessuras Terreais em Marte do que as dos Marcianos na Terra!"

Nessa edição, a revista atacou diretamente *O Cruzeiro* e chamou João Martins e Ed Keffel de espertalhões (ladinos). Sobrou até para os extraterrestres:

> [os discos voadores] Marcaram primeiro encontro, na Barra da Tijuca, com dois ladinos repórter [sic] de *O Cruzeiro*, magazine que precisa vender uma tiragem de 750.000 exemplares por semana. Depois, passaram a espionar as bases aéreas brasileiras, para avaliar com certeza o poderio bélico da Terra da Santa Cruz, que tem mais generais e almirantes e brigadeiros que soldados. Ora, só e só esta última faça-

nha dos "discos voadores" deveria ser suficiente para os desmoralizar completamente. Tais engenhos teriam de provir de um lugar habilitado por sêres de fenomenal inteligência, e tão somente gente muito burra ignora que nada há para espionar por aqui, já que o Brasil não passa, quanto ao potencial bélico, de um zero bem redondo, ou talvez mais exatamente de um googol de zeros, resultância muito lógica da pobreza nacional, sobretudo em matéria de vergonha.[41]

Como se pode notar, Ary Maurell Lobo combateu o sensacionalismo com uma linguagem nada científica. É difícil dizer se essa abordagem colérica atraía os leitores de *Ciência Popular*. Aparentemente, a revista também passava por dificuldades financeiras. Um indício eram os poucos anúncios publicitários veiculados. O que se pode afirmar com certeza é que os ataques pessoais e o uso de qualitativos eram relativamente comuns na época. De modo geral, não havia no jornalismo de então o ideário da neutralidade. As fronteiras entre crônica e notícia eram tênues, muitas vezes inexistentes.

Semanas depois da capa de *Ciência Popular*, João Martins lançou o que parece ser uma tréplica:

> [...] sensacionalismo fazem aqueles que, por atitude, por preguiça, por incompetência, por ignorância, por estreiteza mental ou seja lá pelo que for, exploram o assunto dos "discos voadores" negando tudo sistematicamente, apelando para os recursos fáceis do ridículo e até mesmo da infâmia. Estes agem como os donos de certas revistecas que publicam fotos imorais e narrativas com detalhes escabrosos sob o pretexto de mostrarem o mal que deve ser combatido. Negar é muito simples e muito cômodo.[42]

É bem possível que nesse trecho João Martins estivesse se referindo a *Ciência Popular*, pois a revista, às vezes, publicava fotos de mulheres seminuas em matérias sobre a saúde feminina ou doenças. Embora tenha combatido as

---

41 LOBO, Ary Maurell. "Os discos voadores, uma chantagem, uma imbecilidade e uma psicose" In: *Ciência Popular*, Rio de Janeiro, janeiro de 1955, nº 76, p. 2.

42 MARTINS, João. "Os "Discos Voadores" e o mistério dos mundos subterrâneos – parte I – Os discos vêm do interior da Terra". In: *O Cruzeiro*. Rio de Janeiro, 5 de fevereiro de 1955, p. 14.

reportagens sensacionalistas de *O Cruzeiro*, o editor de *Ciência Popular* pouco podia fazer diante da tremenda influência da revista de Assis Chateaubriand. Em certa ocasião, comentou desanimado:

> [...] [Devo] caracterizar perfeitamente qual a diferença que existe entre uma revista que frauda e mente – "O Cruzeiro" – e outra que somente divulga a verdade verdadeira – CIÊNCIA POPULAR. Uma diferença tão grande quanto 30 está para 1. Pois a tiragem daquela é 450.000, e a desta 15.000. Mas uma diferença que mede, com o máximo rigor, o que é o Brasil de hoje: para 30 brasileiros moleques, paranoicos e atrasados, apenas 1 honesto, equilibrado e culto.[43]

Após um agitado ano de 1954, no período de 1955, 1956 e boa parte de 1957, a imprensa brasileira pouco publicou a respeito dos discos voadores. João Martins resumiu bem esse marasmo momentâneo e atribui-o à repetição de ocorrências semelhantes. Ele escreveu:

> o simples fato de ter sido avistado "algo estranho" no céu, pela repetição, já se tornou banal e raramente ganha espaço em algum jornal. A verdade é que, nesse mistério dos "discos voadores", somente alguma coisa de novo pode despertar interesse geral. E essa "alguma coisa" só poderá ser a comunicação ou o contato direto com eles. Essa é a razão pela qual este repórter, apesar de estar permanentemente investigando o assunto, não tem publicado, nos últimos tempos, nada a respeito. Para que ficar repetindo casos mais ou menos semelhantes e que nada acrescentam ao que já foi publicado anteriormente?[44]

Nesse período, porém, houve ao menos um acontecimento digno de nota. Em agosto de 1956, a TV Tupi-Difusora, de São Paulo, produziu um programa chamado *Mesa Redonda* sobre o tema. O debate contou com a participação de três representantes da Associação dos Amadores de Astronomia de São Paulo (AAASP), dois do recém-fundado Centro de Pesquisas de Discos

---

43 LOBO, Ary Maurell. "Os discos voadores, uma chantagem, uma psicose e uma imbecilidade". In: *Ciência Popular*, Rio de Janeiro, dezembro de 1957, nº 111, p. 24.

44 MARTINS, João. "À espreita dos "Discos Voadores" – missão DX". In: *O Cruzeiro*. Rio de Janeiro, 27 de outubro de 1956, p. 133.

Voadores (CPDV) e um da Associação Mundialista Interplanetária, uma organização mística a respeito da qual não há muita informação.

O que se sabe desse encontro foi narrado por Auriphebo Berrance Simões, um dos líderes do CPDV.[45] Segundo ele, houve um áspero embate entre astrônomos amadores e entusiastas de discos voadores. Os primeiros teriam tentado provar que tais objetos não existiam. Argumentaram que nenhum astrônomo os vira e que a literatura a respeito não era digna de crédito. O outro lado buscou citar fontes confiáveis, como cientistas famosos e a Força Aérea norte-americana. Assim, "mais se discutiu sobre a personalidade dos que escrevem sobre discos, do que sobre esses objetos".[46] Segundo Simões, o resultado do debate deve ter sido um pouco confuso para os telespectadores.[47]

Alguns dias depois, os astrônomos amadores veicularam um comunicado em vários jornais paulistanos.[48] A entidade assegurou que a maioria das observações era causada por fenômenos atmosféricos, objetos astronômicos e aparelhos construídos pelo homem. Afirmou também que astrônomos e meteorologistas "nunca se referiram a discos voadores" e que a ideia de vida inteligente no sistema solar pertencia "ao domínio da fantasia". Na conclusão, a *Associação* declarou convictamente que não existiam engenhos de origem terrestre ou extraterrestre "com as características que têm sido atribuídas aos "discos voadores"".[49]

João Martins logo soube do comunicado e comentou-o. Atacou a entidade paulistana e disse que não era mais lícito duvidar da existência dos discos voadores. Nas suas palavras:

---

45 SIMÕES, Auriphebo Berrance. *Discos voadores: fantasia e realidade*. 2a ed., São Paulo, Edart, 1959.

46 Ibidem, p. 126.

47 Ibidem, p. 127.

48 A diretoria da Associação dos Amadores de Astronomia de São Paulo (AAASP) era formada na ocasião pelo professor Aristóteles Orsini (presidente), dr. Álvaro de Freitas Armbrust (vice-presidente), dr. Décio Fernandes de Vasconcellos (1º. Secretário), Vézio Bazzani (2º. Secretário), Alberto Marsicano (tesoureiro), prof. Abraão de Moraes (diretor científico), Abraham Szulc (diretor técnico), Alberto Alberto Berlendis (diretor social) e Arquimedes Sócrates Felisoni (bibliotecário).

49 ""Discos Voadores". Comunicado da Associação dos Amadores de Astronomia de S. Paulo". In: *O Estado de São Paulo*, São Paulo, 18/8/1956, p. 6.

A INVENÇÃO DOS DISCOS VOADORES

> Se bem que inúmeros casos de aparecimento de "discos" possam ser explicados por má observação ou objetos aéreos conhecidos, inúmeros outros desafiam qualquer explicação dessas. [...] Quanto à parte das características e das possibilidades de vida nos outros planetas, os amadores revelam apenas leviandade quando afirmam com tanta segurança conhecimentos que não são definitivos e que são ensinados aos estudantes de cosmografia e de astronomia à falta de outros. Na verdade, pouquíssimo se sabe acerca dos outros planetas do nosso sistema [...] filosoficamente, os amadores em questão se revelam de um primarismo completo ao suporem que só na Terra pode existir vida superior e inteligente e que essa vida só possa existir nas mesmas condições e formas da nossa. Isso nem merece comentários.[50]

Como se pode notar, o argumento de João Martins se baseia na aposta de que outros planetas possam abrigar vida inteligente. De certa forma, a imensidão do universo possibilitava especulações desse tipo, pois é difícil aos cientistas fazer afirmações seguras a respeito da existência ou não de outros mundos habitados.

Uma resposta mais fundamentada foi oferecida pelo ufólogo carioca Olavo Teixeira Fontes.[51] Ele rebateu o comunicado da AAASP ponto por ponto. Utilizou alguns argumentos razoáveis e muitos dados da obra do capitão norte-americano Edward Ruppelt. Citou também filmes e registros de alteração de radioatividade como provas da existência dos discos voadores. E emendou: "Afinal, que espécie de prova querem eles? Um disco voador pousado no solo, bem no centro de São Paulo?".[52]

Essa provocação remetia à rejeição da ciência a vídeos, fotos e testemunhos envolvendo discos voadores.[53] Aceitos tradicionalmente no Direito, tais elementos nunca foram considerados provas conclusivas das visitas alienígenas para os cientistas, que insistem em afirmar que "alegações extraordiná-

---

50 MARTINS, João. "A propósito dos Discos Voadores". In: *O Cruzeiro*. Rio de Janeiro, 15 de setembro de 1956, p. 128.

51 SIMÕES, op. cit., p. 130 a 143.

52 Ibidem, p. 141.

53 A provocação de Fontes, a propósito, nunca foi respondida. Seu texto ficou tão longo que foi rejeitado pelos jornais. Apareceu apenas em boletins ufológicos, que raramente eram lidos pelos astrônomos amadores.

rias exigem evidências extraordinárias".[54] Para estes, apenas corpos de extraterrestres ou pedaços de astronaves interplanetárias que pudessem ser analisados abertamente por diferentes pesquisadores configurariam evidências científicas inquestionáveis. Fotos, filmagens e testemunhos são tidos como indícios dignos de investigação, mas não mais do que isso.

No período, pelo menos dois casos brasileiros poderiam ter fornecido elementos mais concretos para análises científicas. O primeiro ocorreu no final da tarde de 13 de dezembro de 1954, quando moradores da cidade de Campinas, estado de São Paulo, teriam observado três objetos voadores cinzentos em forma de cone. De acordo com o relato de uma senhora, que não quis se identificar, um dos objetos aproximou-se do telhado de sua casa. "Do aparelho desprendeu-se uma substância líquida, aparentemente saída da parte inferior do objeto, que desceu para o solo como uma chuva de prata".[55] O material fumegante caiu sobre o quintal de algumas casas e teria sido recolhido.

Em seguida, pessoas ligadas ao jornal campineiro *Correio Popular* foram avisadas e o episódio ganhou destaque. Análises laboratoriais feitas na cidade concluíram que o material possuía 88,91 por cento de estanho quimicamente puro e 11,09 de oxigênio. Visvaldo Maffei, químico-chefe responsável pela análise, apressou-se em afirmar: "É o mais puro estanho jamais achado na Terra. Em nenhum lugar do nosso planeta uma concentração tão alta como esta – com pureza tão perfeita – pode ser obtida". No entanto, já se sabia que metais com tal grau de pureza tinham sido encontrados em meteoritos de ferro e níquel.[56]

O outro caso ocorreu em 1957, quando o colunista de *O Globo* Ibrahim Sued recebeu três pequenos pedaços de um metal branco em uma carta anônima. A missiva informava que aqueles objetos tinham sido recolhidos em uma praia de Ubatuba, litoral de São Paulo, após a explosão de um disco voador. Análises químicas feitas na época indicaram que o metal era magnésio e que ele possuía grau de pureza muito grande, superior aos da

---

54 A frase, amplamente conhecida, é do astrônomo norte-americano Carl Sagan (1934-1996).

55 MARTINS, João. "A terrível missão dos Discos Voadores - segunda parte". In: *O Cruzeiro*. Rio de Janeiro, 19/10/1957, p. 42 e 46.

56 À época, algumas amostras foram fornecidas à Força Aérea Brasileira, mas não se soube o resultado de sua análise. Ibidem.

época. Para o ufólogo Olavo Fontes, isso indicava que ele só podia ter sido produzido por uma tecnologia desenvolvida de outro planeta.[57]

Nos anos 1960, um projeto da Universidade do Colorado ligado à Força Aérea norte-americana (o Comitê Condon), submeteu amostras daquele magnésio a novos testes laboratoriais. Estes constataram que, apesar dos fragmentos realmente possuírem pureza muito grande, outros materiais com composição semelhante já eram produzidos por algumas empresas norte--americanas na mesma época. Aliada à falta de testemunhas, tais análises colocaram por terra a hipótese alienígena nesse caso.[58]

A onda de 1957 e dois casos famosos

Após um longo interlúdio, as manchetes sobre discos voadores retornaram à grande imprensa nos últimos meses de 1957. No dia 4 de outubro, os soviéticos lançaram o Sputnik, o primeiro satélite artificial humano. Um mês depois subiu ao espaço o Sputnik II, com a cadela Laika dentro. Essas importantes realizações atraíram a atenção do mundo todo. Nos Estados Unidos, o número de relatos de discos voadores explodiu a partir de novembro. Provavelmente, era o efeito do aumento do número de observadores do céu depois do anúncio dos feitos russos.

No Brasil, ocorreu a mesma coisa. Enquanto os jornais cobriam com grande interesse as extraordinárias realizações da astronáutica soviética, relatos de discos voadores vindos de várias partes do país começaram a aparecer em pequenas notas. Aproveitando-se disso, O Cruzeiro voltou a apostar no tema.[59] A revista deu início a uma série de reportagens, assinada novamen-

---

57 MARTINS, João. "A explosão do Disco Voador". In: O Cruzeiro. Rio de Janeiro, 16/4/1960.

58 HARNEY, John. O magnésio de Ubatuba, disponível em www.ceticismoaberto.com/referencias/ubatuba.htm. Tradução de Kentaro Mori. Acesso em 14/08/2005.

59 Alguns meios de comunicação, como a revista Mundo Ilustrado (SULLIVAN, Robert E. "Os discos voadores apertam o cerco - parte 2". Mundo Ilustrado, Rio de Janeiro, n° 51, 13 de dezembro de 1958, p. 24 a 27) e O Cruzeiro, noticiaram o aumento súbito do número de relatos especialmente a partir de novembro de 1957. Os casos ocorridos nos últimos meses de 1957 foram narrados na série A ronda dos discos voadores, assinada por João Martins e publicada pela revista em cinco edições (3 de maio a sete de junho de 1958). Ver também o Boletim SBEDV, Rio de Janeiro, no. 8, 1°. de março de 1959, p. 2.

te por João Martins e intitulada *A terrível missão dos discos voadores*. Nela, o jornalista declarou, pela primeira vez, estar totalmente convencido de que os discos voadores vinham de outro planeta. Ele comentou: "Todos os fatos, toda a lógica, todo o bom-senso, conduziram-me diretamente à conclusão que aparentemente era a mais fantástica".

A conclusão de João Martins devia ser compartilhada por muitos que acompanhavam a controvérsia. A essa altura, provavelmente parecia um pouco estranho às pessoas pensar que os discos voadores pudessem ser aviões secretos das superpotências. Argumentava-se que, se realmente fossem aeronaves terrestres, isso já teria vindo à tona após tantos anos seguidos de relatos.

A associação entre discos voadores e extraterrestres começava a se enraizar na sociedade brasileira e no Ocidente. Podia-se agora passar adiante e especular sobre os interesses e modo de vida dos seres de outros mundos. Para o jornalista, por exemplo, eles eram hostis e estavam preparando silenciosamente uma invasão.

Pouco depois da onda de casos de 1957, ocorreram no Brasil dois episódios que se tornaram bastante famosos na casuística mundial. O primeiro deles ocorreu em janeiro de 1958, quando o fotógrafo civil Almiro Baraúna (1916-2000) estava na Ilha da Trindade para acompanhar uma expedição científica militar liderada pela Marinha brasileira. Segundo Baraúna, no dia 16 de janeiro ele teria fotografado por quatro vezes um objeto voador circular que sobrevoava a ilha. Embora tenha alegado que muitos oficiais foram testemunhas, não se sabe ao certo se isso ocorreu.[60]

De acordo com o fotógrafo, a Marinha, responsável pela expedição científica, analisou os negativos durante alguns dias e não encontrou indícios de fraude. Em seguida, as imagens teriam chegado às mãos do então presidente Juscelino Kubitschek, que inadvertidamente as teria repassado a amigos jornalistas do diário carioca *Correio da Manhã*. No dia 20 de fevereiro, estações de rádio do Rio de Janeiro começaram a anunciar com estardalhaço que esse jornal publicaria, no dia seguinte, as fotos de um disco voador na Ilha da Trindade.[61]

---

60   VISONI, Rodrigo Moura. "Photoshop na Rolleiflex". In: *Revista de História da Biblioteca Nacional*. Rio de Janeiro, ano 5, n° 49, outubro de 2009, p. 69.

61   CASO TRINDADE. Produção Marco Antonio Petit. *Entrevista com Almiro Baraúna*. Brasil. 2005. 1 DVD, Colorido, 41 min.

A INVENÇÃO DOS DISCOS VOADORES

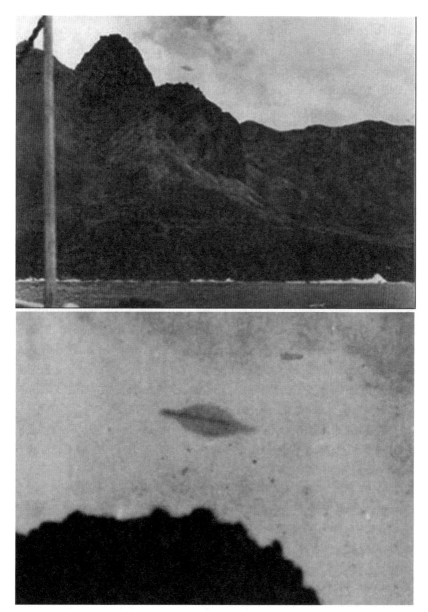

Imagens 24 e 25 – A segunda foto tirada por Almiro Baraúna em 1958 na Ilha da Trindade e sua respectiva ampliação.[62]

---

62 MARTINS, João. "Disco Voador sobrevoa o "Almirante Saldanha"". In: *O Cruzeiro*. Rio de Janeiro, 8/03/1958, p. 6. Direitos autorais concedidos por D.A. Press.

O fotógrafo Baraúna não fora consultado a respeito da publicação e temeu perder os direitos autorais sobre as fotografias. Por isso, ligou para João Martins e lhe explicou a situação. Ambos resolveram ir até a sede do *Correio da Manhã*. Lá, souberam que esse jornal publicaria as fotografias mesmo sem permissão do autor e que arcaria com os riscos de um possível processo judicial.

Diante dessa situação, Baraúna e Martins foram até a casa de Leão Gondim, diretor de *O Cruzeiro*. Gondim decidiu acabar com o furo jornalístico do *Correio da Manhã*. Pagou 60 mil cruzeiros a Baraúna pelas imagens, valor que, segundo o fotógrafo, era quase suficiente para comprar um apartamento.[63] Em seguida, todos foram ao laboratório fotográfico de *O Cruzeiro*, onde fizeram muitas ampliações das fotos. À noite, reuniram quase todos os jornais da cidade do Rio de Janeiro e distribuíram gratuitamente cópias bastante ampliadas e nítidas. No dia seguinte, elas estavam em quase todas as primeiras páginas dos diários cariocas.

O caso era muito interessante porque indiretamente envolvia os militares. Os meios de comunicação cobriram com atenção os desdobramentos e passaram a consultar especialistas.[64] Lélio Gama, do Observatório Nacional, negou que pudessem ser naves extraterrestres.[65] Já João Lira Medeiros, presidente da *Sociedade Interplanetária do Rio de Janeiro*, e Alexandre Fucks, da *Associação Brasileira de Astronomia*, apontaram vários fenômenos astronômicos e meteorológicos que poderiam ter levado à confusão.[66]

Alguns dias depois, a Marinha brasileira divulgou uma nota. Ao invés de diminuir o interesse pelo assunto, acabou colocando mais lenha na fogueira. Eis o comunicado:

> Com relação às notícias veiculadas pela Imprensa de que o Ministério da Marinha vem se opondo à divulgação de fatos acerca do apare-

---

63 CASO TRINDADE. Produção Marco Antonio Petit. *Entrevista com Almiro Baraúna*. Brasil. 2005 [ilegível]. 1 DVD, Colorido, 41 min.

64 Na versão original da dissertação há uma lista de fontes sobre a repercussão do caso Trindade.

65 "Não há base no caso dos discos voadores". In: *Diário de Notícias*, Rio de Janeiro, edição de 23 e 24/2/1958, p. 1, 2ª. seção.

66 "Meros Fenômenos Meteorológicos os Chamados "Discos-Voadores"". In: *Diário de Notícias*, Rio de Janeiro, 25/2/1958, p. 1 e 2, 2ª. seção.

cimento de estranho objeto sobre a Ilha da Trindade, este gabinete declara que tais informações carecem de fundamento.

Este Ministério não vê motivos para que fosse impedida a divulgação de fotografias do referido objeto, obtidas pelo sr. Almiro Baraúna, que se achava na Ilha da Trindade a convite da Marinha, e na presença de grande número de elementos da guarnição do NE "Almirante Saldanha", de bordo do qual foram feitos os flagrantes.

Evidentemente este Ministério não poderá se pronunciar a respeito do objeto visto sobre a Ilha da Trindade, uma vez que as fotografias não constituem prova bastante para tal fim.[67]

Como se pode perceber, o texto não deixa totalmente claro se existiram ou não testemunhas militares no momento em que as fotos foram batidas. O cronista Rubem Braga comentou que era uma "uma nota oficial que, em resumo, não diz nada, ou quase nada".[68] Nos dias seguintes, houve uma guerra de versões nos jornais, que se dividiram entre os que apoiavam e os que estavam contra o caso. Notando o aparecimento cada vez mais frequente de fotografias de discos voadores, Rubem Braga ironicamente sugeriu:

[...] uma reunião de diretores de jornais de todo Brasil para adotar um critério em matéria de discos voadores. Cada Estado teria sua cota, que não poderia exceder a um cada 24 meses [...]. Em cada praça seria feito o sorteio do jornal ou revista a ser favorecido pelo disco, ficando entendido que *O Cruzeiro* e o *Correio da Manhã* estariam proibidos de "discar" pelo menos até 1970.[69]

As fotos da ilha de Trindade estão, provavelmente, entre as mais discutidas ao longo da história dos discos voadores. Os defensores de sua autenticidade citaram como elementos favoráveis a reputação do fotógrafo e alguns relatos na mesma ilha em dias anteriores ao ocorrido.[70] Os mais céticos, con-

---

67 "Marinha diz que é autêntico o disco da Trindade". In: *Tribuna da Imprensa*. Rio de Janeiro, 24/2/1958, p. 4.

68 BRAGA, Rubem. "Discos". In: *Diário de Notícias*, Rio de Janeiro, 26/2/1958, 1ª. seção, p. 2.

69 Ibidem, p. 2.

70 BORGES, Alexandre de Carvalho. "Esfriando a polêmica sobre o caso". In: *Revista*

tudo, argumentaram que apenas duas testemunhas do caso eram conhecidas, justamente dois amigos pessoais de Almiro Baraúna.[71] Também lembram que Baraúna publicou anos antes uma reportagem na revista semanal *Mundo Ilustrado* em que mostrava como era fácil fraudar fotografias de discos voadores.[72] Para eles, parece uma estranha coincidência que um disco voador tenha aparecido justamente para um fotógrafo que sabia tão bem fazer truques desse tipo.

Apenas na segunda década do novo milênio o episódio foi esclarecido. Em 2010, a publicitária Emília Bittencourt, amiga da família de Baraúna, declarou em um programa de televisão de grande audiência que ouvira da boca do próprio fotógrafo que as fotos eram uma montagem. Utilizando duas colheres, Baraúna teria montado uma estrutura semelhante a uma nave espacial. Teria usado como pano de fundo a geladeira de sua casa e iluminado o ambiente com um abajur. De acordo com ela, o falecido fotógrafo divertia-se muito com o episódio. No ano seguinte, seu sobrinho, Marcelo Ribeiro, confirmou a fraude e afirmou que o tio era "um grande gozador", uma pessoa com "um senso de humor fantástico". Ele estimou que Baraúna pode ter angariado mais de quatrocentos mil reais, em valores atualizados, com a concessão dos direitos de reprodução das imagens.[73]

Poucos meses após o caso Trindade, o jornalista João Martins tomou conhecimento de outro episódio que se tornaria mundialmente famoso. Durante os dias de carnaval de 1958, ele recebeu a visita de um jovem de 23 anos do interior de Minas Gerais chamado Antônio Villas Boas (1934-1991). Há alguns meses, o jornalista e o agricultor trocavam cartas. Nelas, Villas Boas pedia uma passagem de ônibus para ir à capital do país contar sua história. João Martins aceitou. No Rio de Janeiro, ele levou Villas Boas até o consultório do doutor Olavo Teixeira Fontes, médico e um dos primeiros ufólogos brasileiros. Lá, ele foi submetido a exames e a um interrogatório.

UFO, Campo Grande, número 82, novembro 2002, p. 10-21.

71 VISONI, Rodrigo Moura. "Photoshop na Rolleiflex". In: *Revista de História da Biblioteca Nacional*. Rio de Janeiro, ano 5, n° 49, outubro de 2009, p. 69.

72 LIMA, Vinícius (texto) & BARAÚNA, Almiro (fotos). "Um disco voador esteve em minha casa…". In: *Mundo Ilustrado*, Rio de Janeiro, n° 93, 10 de novembro de 1954, p. 38 e 39.

73 BORGES, Alexandre de Carvalho. *Caso Trindade: Sobrinho de Almiro Baraúna afirma que as fotos são um truque*. Disponível em http://www.ufo.com.br/noticias/caso-trindade-sobrinho--de-almiro-barauna-afirma-que-as-fotos-sao-um-truque-parte1. Acesso em 15 dez. 2014

A INVENÇÃO DOS DISCOS VOADORES

Contou que na madrugada de 16 de outubro de 1957 foi surpreendido por um estranho objeto voador que pousou sobre o campo enquanto ele arava a terra com um trator. Da aeronave saíram seres baixos vestindo macacões cinza que cobriam todo corpo. Esses pequenos seres o teriam agarrado e levado à força para o interior do objeto por meio de uma escadinha metálica. Ali, Villas Boas foi despido. Os seres falavam entre si usando de grunhidos ou rosnados incompreensíveis. Sobre seu corpo, passaram um líquido oleoso utilizando um tipo de espoja. Além disso, foram retiradas amostras de sangue por meio de uma espécie de sangria.

Em seguida, apareceu uma moça estranha e baixa, de cerca de 1,33 metro. Estava completamente nua. Era loira, branca, com sardas nos braços, grandes olhos azuis e pelos pubianos e nas axilas vermelhos. Sem palavras, ela passou a se esfregar nele e mantiveram relações sexuais. No final, já cansada, a alienígena rejeitou a aproximação do lavrador. Antes de deixar a sala, ela ainda apontou para a sua barriga e para o céu. Villas Boas foi então devolvido a sua propriedade em São Francisco de Sales, interior de Minas Gerais. "Era isso o que queriam comigo, um bom reprodutor para melhorar a raça deles", contou.[74]

João Martins ouviu e registrou toda história, mas recusou-se a publicá-la. Naqueles anos, não existiam relatos de sequestros por alienígenas, muito menos envolvendo sexo. Ele, provavelmente, percebeu que o caso era demasiado estranho e temia que os leitores não engolissem a narrativa, altamente inverossímil para a época.[75] De certa forma, ela rompia com o delicado equilíbrio entre ficção e realidade que sempre existiu tacitamente nesse tema. O jornalista sabia que esse "balanceamento" era fundamental para sua aceitação. Certa vez, escreveu:

> A grande dificuldade, numa pesquisa fria e racional sobre o mistério dos "discos", é separar a realidade da fantasia, que andam de braços dados nesse assunto. Estabelecer a fronteira onde a primeira termina e

---

74 LORENZEN, Coral and Jim. *Flying saucer occupants*. Signet Books, New York, 1967, p. 54.

75 Para o ufólogo Fernando Cleto Nunes Pereira, João Martins estava desgastado pelas críticas às fotos da Barra da Tijuca e não podia bancar a publicação de algo tão fantástico, uma narrativa na qual "a imaginação havia voado tão sem freios". A menos que houvesse uma prova física, o que não era o caso. (PEREIRA, Fernando Cleto Nunes. Entrevista concedida no Rio de Janeiro ao autor em 18 de janeiro de 2007.)

a segunda principia, constitui, sem dúvida, o mais complexo trabalho. Não deve ficar demasiadamente preso à realidade convencional, nem tampouco perdê-la de vista. Não se deve conter demais a imaginação, nem tampouco deixar que ela voe sem freios.[76]

João Martins notou também algumas contradições nas versões dadas por Villas Boas.[77] Não percebeu, porém, algo bem mais sutil. Segundo o lavrador, o alegado encontro ocorreu na noite de 16 de outubro. Apenas quatro dias antes, a revista *O Cruzeiro* havia saído às bancas com uma longa reportagem com relatos e ilustrações de pessoas atacadas por pequenos seres extraterrestres em locais desertos.[78] A mesma matéria destacou também narrativas de encontros com alienígenas loiros.[79] Seriam coincidências as semelhanças entre o relato de Villas Boas e o que foi veiculado pelo magazine de maior circulação do país apenas alguns dias antes? A reportagem incluiu ainda um desenho de página inteira em que, em meio a um floresta, dois caçadores lutam contra pequenos seres de outro planeta. Ao fundo, os espreita um disco voador".[80]

Quatro anos após a primeira entrevista, ufólogos da *Sociedade Brasileira de Estudos dos Discos Voadores* (SBEDV) foram até São Francisco de Sales. Eles colheram um novo depoimento e desenhos feitos pelo próprio Antônio Villas Boas.[81] A partir de então, o episódio passou a circular no campo rela-

---

76　MARTINS, João. "A terrível missão dos Discos Voadores". In: *O Cruzeiro*. Rio de Janeiro, 12/10/1957, p. 73.

77　O jornalista teria hesitado ao perceber pequenas contradições entre as primeiras cartas e o que foi dito no encontro do Rio de Janeiro (LORENZEN, op. cit., p. 64-65)

78　João Martins narrou, por exemplo, o caso de Gustavo Gonzales e José Ponde (Venezuela, 28/11/1954), que alegavam ter brigado com quatro pequenos extraterrestres na cidade de Caracas. Narrou ainda o caso de Lorenzo Flores e Jesus Gomes (Venezuela, 9/10/1954), dois caçadores que também diziam ter lutado contra quatro pequenos alienígenas. Ver: MARTINS, João. "A terrível missão dos Discos Voadores". In *O Cruzeiro*. Rio de Janeiro, 12/10/1957.

79　Na mesma edição, João Martins destacou os encontros com alienígenas loiros relatados por João de Freitas Guimarães (Brasil) e Salvador Villanueva Medina (México).

80　Ver: MARTINS, João. "A terrível missão dos Discos Voadores". In: *O Cruzeiro*. Rio de Janeiro, 12/10/1957, p. 75.

81　Sem perceber, Villas Boas fez importantes alterações em vários detalhes da história. Para notar as contradições, basta comparar o relato dado aos membros da SBEDV em 1962 (*Boletim SBEDV*, Rio de Janeiro, no. 26/27, Rio de Janeiro, abril a julho 1962, p. 7-9) com a narrativa original feita a João Martins e Olavo Teixeira Fontes em

tivamente restrito dos boletins produzidos artesanalmente pelos aficionados pelo tema. Estes desempenharam o papel que Martins se negou a realizar.[82] Na década de 1960, histórias de raptos por extraterrestres, as chamadas abduções, começaram a ganhar espaço na grande imprensa e o tema passou a ser mais explorado por filmes e outros produtos culturais. Essa abertura permitiu que o caso Villas Boas finalmente viesse a público. Hoje, ele é considerado pelo aficionados o marco inicial desse tipo de narrativa.[83]

Casos como esse, porém, foram exceção. Predominaram na época relatos de contatos amistosos com extraterrestres. Vários brasileiros alegaram ter mantido encontros desse tipo. A maioria das narrativas parecia-se com a história do norte-americano George Adamski: eles vinham em paz para alertar sobre os perigos da guerra atômica.

A história que recebeu maior destaque foi a de Dino Kraspedon, pseudônimo de Aladino Félix (1920-1985).[84] Kraspedon escreveu, em 1957, o livro *Contato com os discos voadores*, no qual narra suas conversas com o "co-

---

fevereiro 1958 (*Boletim SBEDV*, Rio de Janeiro, no. 90-93, janeiro a agosto de 1973, p. 10-24).

82 Em 1965, Heitor Durville publicou um resumo do caso em *O Cruzeiro Internacional*, edição em espanhol que circulava na América Latina. Ver: *O Cruzeiro Internacional*, "Detrás de La Cortina de silêncio", edições: 1/1/1965[ilegível], 16/1/1965 (p. 16-18), 1/2/1965 (p. 76-79), 16/2/1965 (p. 70-73). Segundo os membros da SBEDV, Heitor Durville era o próprio João Martins sob pseudônimo. Ver: *Boletim SBEDV*, no. 85-89, março a dezembro 1972, p. 17.

83 O ufólogo Fernando Cleto Nunes Pereira soube que Antônio Villas Boas foi entrevistado pelo apresentador Flávio Cavalcanti da extinta *TV Tupi* em uma época que não se recorda. Cleto relata: "dizem, eu não acompanhei, que o Flávio Cavalcanti começou muito bem, apresentando ele e, no fim, fizeram sujeira, bombardearam, disseram que era mentiroso, essas coisas… "quer aparecer". […] Foi três vezes no programa. Parece que na primeira se deu bem, na segunda, na terceira já apareceram os caras que querem aparecer em cima… dizendo que ele mentiu, essas coisas. Ele já era advogado nessa época. Ele já tinha crescido". PEREIRA, Fernando Cleto Nunes. Entrevista concedida no Rio de Janeiro ao autor em 18 de janeiro de 2007. Segundo o Boletim SBEDV, Flávio Cavalcanti entrevistou várias pessoas que tiveram contatos com discos voadores no seu programa no canal 6 (Rio de Janeiro) durante mais de um mês no segundo semestre de 1978. Ver: *Boletim SBEDV*, Rio de Janeiro, n° 126-128, janeiro-julho 1979, p. 11.

84 Cláudio Suenaga fez um grande resgate histórico da atuação de Dino Kraspedon. Ver: SUENAGA, Cláudio Tsuyoshi. *A dialética do real e do imaginário: uma proposta de interpretação do fenômeno OVNI*. Dissertação de Mestrado em História, Universidade Estadual Paulista, Assis, 1998.

mandante do disco voador", vindo de duas luas de Júpiter. O principal aspecto da obra é a relação entre a ciência e a crença em Deus. Ao longo de todo o livro, o comandante faz críticas duras aos cientistas e ao mau uso da tecnologia, além de invocar a necessidade de humildade diante da natureza. Chega até a ameaçar a humanidade:

> É o momento azado para que os cientistas parem e meditem, que o ser humano deixe de julgar-se o rei da criação, que o homem da Terra desça do pedestal que a sua arrogância o colocou e compreenda que se é seu costume oprimir os fracos, pode se dar o caso que um mais forte resolva fazê-lo calar.[85]

Além de Dino Kraspedon, João de Freitas Guimarães,[86] Hélio Aguiar[87] e Antonio Rossi[88] relataram encontros com seres extraterrestres no final dos anos 1950.[89] Suas narrativas utópicas mostram, de certa forma, como eles receberam e reformularam a grande quantidade de informações sobre discos voadores consumidas naqueles anos.

Maurell Lobo e a expulsão do templo

O retorno do interesse em plena era do Sputnik provocou nova reação de Ary Maurell Lobo, editor-chefe de *Ciência Popular*. Numa sequência de sete reportagens, ele argumentou contra a existência dos discos voadores e fez virulentos ataques àqueles que estavam ligados ao tema. Em outubro de 1957,

---

85 KRASPEDON, Dino. *Contato com os discos voadores*. 2a edição revista e ampliada, São Paulo, São Paulo Editora S/A, 1957, p. 195-6.

86 "O disco faltou ao horário marcado". In: *Manchete*. Rio de Janeiro, 7 de setembro de 1957, p. 16.

87 MARTINS, João. "Mensagem do Disco Voador". In: *O Cruzeiro*. Rio de Janeiro, 13/6/1959.

88 ROSSI, Antonio. *Num disco voador visitei outro planeta*. São Paulo, Nova Era, 1957, 264 p.

89 Uma lista cronológica dos relatos de encontros entre brasileiros e seres extraterrestres foi compilada pela SBEDV (Sociedade Brasileira de Estudos sobre Discos Voadores). Ver: *Boletim SBEDV*, Rio de Janeiro, boletim especial 1975, p. 92.

anunciou com ironia: "E voltaram os 'discos voadores' para lucro dos gaiatos, perturbação dos paranoicos e perplexidade dos boçais!".[90]

Imagem 26 – O engenheiro militar Ary Maurell Lobo, editor da revista *Ciência Popular*.

Lobo gostava de lembrar que enganos podiam ser causados por meteoritos, balões, o planeta Vênus, aviões, relâmpagos globulares etc.[91] Nesse processo, o elemento-chave era a grande falibilidade do olho humano. Ele advertiu: "Não se esqueçam os indoutos que o olho humano é, na realidade, um instrumento maravilhoso, mas dentro de suas possibilidades tão somente; fora daí, conduz às maiores erronias".[92]

Essa ressalva era, via de regra, ignorada pelos meios de comunicação. Jornais e revistas, por exemplo, costumavam publicar estimativas fornecidas pelas testemunhas como se elas correspondessem à realidade. Não se davam conta de que ninguém consegue calcular com alguma precisão o tamanho e a velocidade de um objeto voador sem usar instrumentos de medição e pontos de referência conhecidos. Não percebiam, enfim, que o conceito de "teste-

---

90 LOBO, Ary Maurell. "E voltaram os "discos voadores" para lucro dos charlatães, entretenimento dos gaiatos, perturbação dos paranoicos e perplexidade dos boçais". In: *Ciência Popular*, Rio de Janeiro, outubro de 1957, nº 109, p. 3.

91 Ibidem, p. 5-6.

92 CIÊNCIA POPULAR. *Desvendando os segredos do Cosmos. Livro 3 – Discos voadores*. Rio de Janeiro, s/d, p. 5.

munha confiável" não tem sentido, pois não se pode confiar plenamente na visão humana.

A respeito dessa falibilidade do olho humano, os membros do já citado *Projeto Ivan* fizeram um experimento interessante. Em 1978, eles criaram uma estrutura composta por luzes e *flashs* e a colocaram nas montanhas próximas à pequena cidade espanhola de Irún. Em uma noite clara, acenderam as luzes da estrutura. Alguns minutos depois, centenas de curiosos da cidade começaram a observar o falso disco voador. Após o episódio, os pesquisadores entrevistaram tais pessoas. Eles ficaram bastante surpresos com o fato delas descreverem a mesma coisa de maneira tão discrepante. Embora tivessem sido expostas ao mesmo estímulo visual, elas "enxergaram" coisas bastante diferentes.[93]

Ao contrário dos seus colegas jornalistas, o diretor de *Ciência Popular* sabia que os sentidos de qualquer pessoa podem ser facilmente enganados. Ele explicou isso aos leitores diversas vezes. Mas nem sempre manteve o tom professoral. Quando o assunto eram os discos voadores, Ary Maurell Lobo frequentemente se perdia em uma verborragia agressiva. Seus textos sobre o tema estão repletos argumentos contra a pessoa (*ad hominem*) e de autoridade. Lobo afirmava que não gostava de tocar no assunto e, por isso, tinha palavras tão "ácidas". Em certa ocasião, escreveu:

> Tudo daria para não entrar nessa sujeira dos discos voadores. Mas quem tem como objetivo difundir a verdade científica em prol de um Brasil de amanhã sem moleques não deve permanecer parado, quando lhe cumpre combater a felonia e a parvalhice. No entanto, não escondo a repugnância com que o faço, sobretudo considerando a nenhuma classe dos adversários.
>
> Portanto para a frente, até liquidar os charlatães, coibir os gaiatos, acalmar os paranoicos, e esclarecer os boçais.[94]

---

93 ARES DE BLAS, Félix. *Ivan. Historia de um proyecto*. 2002. Disponível em http://digital.el-esceptico.org/leer.php?autor=23&id=1272&tema=25. Acesso em 14/4/2009.

94 LOBO, Ary Maurell. "Os discos voadores, uma chantagem, uma psicose e uma imbecilidade"In: *Ciência Popular*, Rio de Janeiro, novembro de 1957, n° 110, p. 10.

Ary Maurell Lobo atacava com veemência aqueles que obtinham lucro a partir do tema, especialmente jornalistas e contatados que escreviam livros. Acreditava que tais pessoas estavam enganando a sociedade e enriquecendo às custas da ignorância do povo. Sua nobre missão seria desmascará-las. Ele comentou:

> Aqui, a bem dos idiotas, dos papalvos e dos otários, é mister que um periódico da elevada categoria de CIÊNCIA POPULAR, em inteiro desacordo com o programa que lhe agradaria seguir, saia mui de seguida a campo, com o chicote da verdade em punho, para fustigar os miseráveis tranquiberneiros que não recuam, visando uns à coleta fácil de dinheiro, outros à justificativa de atos ilícitos, em explorar um povo tão achafurdado na incultura, no misticismo e na doença.[95]

O editor de *Ciência Popular* condenava também os consumidores das notícias e produtos culturais relacionados aos extraterrestres. Chamou-as de boçais e paranoicos. Nem as testemunhas escaparam de sua pena ferina. Nas suas palavras,

> Hoje – tenho plena certeza – são bem poucos os brasileiros que, diante de estranhos fenômenos luminosos no céu, por mais surpreendentes que sejam, logo saem a afirmar que se trata de "discos voadores". Restam somente uns tantos cidadãos desnorteados, o que é natural em qualquer coletividade: alguns doentes mentais, e certos ignorantões, que nem dão conta de que nada sabem de nenhuma ciência, sobretudo na atualidade […]
>
> Para esses paranóicos e esses asneirentos, não há outro recurso senão deixá-los na crença tola e estúpida: que continuem com seus "discos voadores", mas prefiram o monólogo ao diálogo, e jamais se lembrem de me mandar cartas […][96]

---

95 LOBO, Ary Maurell. "Os discos voadores, uma chantagem, uma psicose e uma imbecilidade". In: *Ciência Popular*, Rio de Janeiro, novembro de 1957, n° 110, p. 8.

96 LOBO, Ary Maurell. "Os "discos voadores", uma chantagem, uma psicose e uma imbecilidade". In: *Ciência Popular*, Rio de Janeiro, fevereiro de 1958, n° 113, p. 27.

Tais críticas, no entanto, raramente eram acompanhadas por análises técnicas de casos e fotos ou por demonstrações científicas pontuais de erros e enganos cometidos pelas testemunhas. Tampouco houve em *Ciência Popular* artigos de cientistas brasileiros apoiando Ary Maurell Lobo na questão. Ele também não cita ninguém nesse sentido. É possível que seu tom agressivo e polêmico o tenha afastado da comunidade científica quando se tratava desse assunto.

Ary Maurell Lobo preferia negar o tema como um todo e desqualificar todos aqueles que, de alguma maneira, estivessem ligados a ele. A lista de insultos não é pequena. João Martins e Ed Keffel, autores das fotos da Barra da Tijuca, foram chamados de pseudo-jornalistas e sacripantas.[97] O coronel João Adil de Oliveira foi descrito como "jejuno em coisas da ciência" e "um leigo impressionável".[98] Já o contatado João de Freitas Guimarães estaria em "estágio alucinatório em franco progresso".[99] Além disso, um conselho foi dado aos leitores do livro de Dino Kraspedon, que dizia ter se encontrado com seres de Ganimedes, satélite de Júpiter. Lobo declarou: "Dependurem [o livro] na parede, e considerem-se a um só tempo doutores em imbecilidade e grão-comendadores da ordem da burrice".[100]

O ataque mais contundente, porém, foi feito a *Sociedade Interplanetária Brasileira*, que havia publicado nos jornais um questionário dirigido àqueles que tinham visto discos voadores. Ei-lo:

> Não há dúvidas, essa Sociedade Interplanetária de São Paulo [sic] é integrada de grandes salafrários ou grande azêmolas, ou – o que é mais provável – ambas essas coisas a um só tempo. O tal questionário, pelas perguntas que contém, é um retrato de corpo inteiro dos que o organizaram. Aí aparecem as orelhas extraordinariamente compridas, as quatro patas, e o rabo dos asnos. Aparece também a

---

97 Ibidem, p. 26-27.

98 LOBO, Ary Maurell. "Os "discos voadores", uma chantagem, uma psicose e uma imbecilidade". In: *Ciência Popular*, Rio de Janeiro, abril de 1958, n° 115, p. 10.

99 LOBO, Ary Maurell. "E voltaram os "discos voadores" para lucro dos charlatães, entretenimento dos gaiatos, perturbação dos paranoicos e perplexidade dos boçais". In: *Ciência Popular*, Rio de Janeiro, outubro de 1957, n° 109, p. 9.

100 LOBO, Ary Maurell. "Os discos voadores, uma chantagem, uma psicose e uma imbecilidade". In: *Ciência Popular*, Rio de Janeiro, novembro de 1957, n° 110, p. 10.

A INVENÇÃO DOS DISCOS VOADORES

alma negra, cúpida e pérfida dos criminosos. Chicote e ferro em brasa
– eis o que se deve fornecer quanto antes a esses patifes.[101]

Essa não foi a primeira vez que Lobo propôs soluções, digamos, auto-
ritárias. Nesses casos, suas palavras tinham sentido literal ou eram apenas um
recurso retórico de gosto duvidoso? Difícil saber. Em outro artigo, ele afirmou
que, se tivesse uma varinha mágica, faria com que os defensores dos discos voadores sofressem uma surra e fossem rematriculados no curso primário. Antes
disso, queimaria todas as escolas do Brasil com seus respectivos professores e
as reconstruiria com novos "programas e novos mestres". Emendou:

> Quanto aos charlatas, sem exclusão de um só, experimentariam a ri-
> geza de uma boa corda, numa forca bem construída. Que este é, aliás,
> o castigo que se impõe aos reles exploradores das entidades sobre-
> naturais e das concepções fantasiosas, pelos enormes prejuízos que
> causam à difusão das luzes numa comunidade ainda chafurdada nas
> trevas da insciência e da misticidade.
>
> Como, no entanto, não possuo o maravilhoso instrumento das ma-
> gas, vou mesmo utilizando este outro, uma pena molhada na tinta,
> que não dói no lombo dos imperitos, nem impede os acessos dos lou-
> cos, nem obsta aos golpes dos trapaceadores, mas a todos marca, e de
> maneira indelével, com o qualificativo adequado. Uma vez que não
> posso dar-lhes o justo corretivo, pelo menos pespego-lhes os ferretes
> que servem para assinalar a estupidez de uns, a parvidade de outros e
> a ignomínia de ainda outros.[102]

Sabe-se que ao menos João Martins rebateu brevemente as ofensas.
Não deixou claro que se referia a Ary Maurell Lobo, mas nem era preciso.
Em uma ocasião, ele criticou certo "cientista de almanaque" que buscava "de-
sesperadamente estabelecer polêmica a fim de arranjar publicidade barata para
si próprio".[103] Afirmou que essa pessoa atacava de maneira "grosseira" e "nada

---

101 LOBO, Ary Maurell. "Os "discos voadores" chantagem – idiotice – ignorância". In:
   Ciência Popular, Rio de Janeiro, janeiro de 1958, nº 112, p. 34.

102 LOBO, Ary Maurell. "Os discos voadores, uma chantagem, uma psicose e uma imbecilidade". In: *Ciência Popular*, Rio de Janeiro, dezembro de 1957, nº 111, p. 21-22.

103 MARTINS, João. "Revelado o segredo da Barra da Tijuca" In: *O Cruzeiro*. Rio de

científica" todos os que "testemunharam ou levam a sério os "discos voadores", sejam eles civis ou militares, leigos ou técnicos".

Não houve tréplica. Nos anos seguintes, Ary Maurell Lobo continuou sem paciência. Ao receber a carta de um leitor, respondeu:

> Nada há que me cause mais irritação que isso de discos voadores. [...] Como não sei mentir, vou logo dizendo ao Sr. Miklos que me poupe com as suas cartas. Em ciência não há lugar para democracia: os homens, nesse campo, ficam cada qual em seu nível de cultura, e os de cima nada querem com os de baixo.[104]

Como se vê, Lobo delineia nessas linhas a imagem do cientista como alguém especial, portador de um saber restrito, aristocrático. Comentários desse tipo só serviam para aprofundar diferenças entre cidadãos comuns e cientistas. Projetavam a imagem da ciência como algo elitista e, ironicamente, afastavam Lobo do seu principal objetivo: fazer dela algo popular. Em outra ocasião, o editor da revista advertiu:

> Não esqueçam os bigorrilhas e atrevidaços, que nos domínios da ciência impera dura aristocracia, e aí não tem entrada os de miolo mole ou cabeça vazia. Eis porque não lhes dou a esses infelizes a menor confiança. Mal os deparo, logo lhes aplico o devido castigo, expulsando-os do templo...[105]

Enfim, malgrado tenha travado duros combates contra o sensacionalismo no qual o assunto estavam envolto, Ary Maurell Lobo apostou, na maior parte das vezes, em ataques pessoais e argumentos de autoridade. Se tivesse feito uso de análises e argumentos técnicos, em diferentes casos, possivelmente teria conseguido demonstrar com mais eficiência os mecanismos de funcionamento da ciência e as razões pelas quais os cientistas rejeitam as supostas provas da origem extraterrestre dos discos voadores. Ou seja, abrir as portas

---

Janeiro, 31/10/1959. (disponível em: http://www.memoriaviva.digi.com.br/ocruzeiro/) Acesso em 4/01/2006.

104 "Cartas ao Diretor Geral". In: *Ciência Popular*, Rio de Janeiro, fevereiro de 1959, nº 125, p. 21.

105 LOBO, Ary Maurell. "Os "discos voadores", uma chantagem, uma psicose e uma imbecilidade". In: *Ciência Popular*, Rio de Janeiro, fevereiro de 1958, nº 113, p. 27.

do seu "templo" (a ciência) teria sido muito mais enriquecedor. Para ele e para os leitores.

O nascimento da ufologia brasileira

Nos últimos anos da década de 1950 começaram a florescer em vários pontos do Brasil grupos de aficionados por discos voadores e seres interplanetários. De modo geral, eram pequenos e compostos, em sua maioria, por profissionais liberais que dedicavam seu tempo livre ao assunto.[106] Muitos deles colocavam dinheiro do próprio bolso para viajar pelo interior do país em busca de boas histórias. Além de consumirem o que era publicado pela grande imprensa, os aficionados passaram a garimpar ocorrências por conta própria.

Mesmo quando o tema estava em baixa nos meios de comunicação, tais grupos realizavam encontros, conferências e produziam boletins. Atividades como essas permitiram aos apaixonados pelo assunto trocar informações a respeito de novos casos e teorias. Ao longo dos anos, formou-se um círculo restrito e relativamente alheio ao noticiário tradicional e aos circuitos acadêmicos e oficiais. Anos depois, o conjunto desses grupos de iniciados no tema passou a ser chamado de comunidade ufológica[107]. Seus participantes ficaram conhecidos por ufólogos ou ufologistas.[108]

É difícil saber quantos foram criados no país nos anos 1950, pois muitos não deixaram registros. Uma grata exceção é a *Sociedade Brasileira de Estudos sobre Discos Voadores* (SBEDV), fundada em 1957 e dirigida por muito tempo pelo médico alemão Walter Karl Bühler. A SBEDV editou seu boletim por nada menos que trinta e um anos (1957 a 1988).[109] A entidade, porém,

---

106 O mesmo vinha acontecendo nos Estados Unidos, onde já existiam dezenas de pequenas organizações civis dedicadas à pesquisa amadora. Uma delas, a NICAP (*National Investigations Committee On Aerial Phenomena*), era presidida por Donald Keyhoe e chegou a ter projeção nacional. Ver: PEEBLES, op. cit., p. 137-141.

107 A expressão "comunidade ufológica" foi criada muito tempo depois. A propósito, nos primeiros anos havia pouco contato entre os pesquisadores de discos voadores. De acordo com Fernando Cleto Nunes Pereira (1924-) as dificuldades de comunicação e locomoção impediam contato maior entre eles. PEREIRA, Fernando Cleto Nunes. Entrevista concedida no Rio de Janeiro ao autor em 18 de janeiro de 2007.

108 O termo só apareceu no Boletim SBEDV em 1967. Está lá: "UFOLOGISTA, palavra nova, quer dizer, pessoa que se dedica ao estudo dos DV ou UFOs". Ver: *Boletim SBEDV* nº 55-59, março a dezembro de 1967, p. 29.

109 Além de Bühler, também teve destaque no grupo o dentista Mário Prudente de Aqui-

não foi a primeira do gênero. Em janeiro de 1955, a revista *O Cruzeiro* informou a criação do *Centro de Investigação Civil dos Objetos Aéreos não Identificados* (CICOANI), dirigido por Húlvio Brant Aleixo (1926-2006) em Belo Horizonte.[110] Esse é, até o momento, o registro mais antigo de uma organização desse tipo no Brasil.

Em 1956, *Manchete* noticiou a fundação do *Centro de Pesquisas de Discos Voadores* (CPDV) em São Paulo. O grupo, formado principalmente por profissionais liberais, era liderado pelo poeta e procurador do Estado José Escobar Faria.[111] Segundo a reportagem, a entidade possuía estatutos, reuniões semanais e sócios que pagavam Cr$ 50 mensais.[112] Seus membros já preferiam utilizar a palavra *ufo*,[113] pois a consideravam mais apropriada. Além disso, teriam cunhado o termo ufologia. O CPDV assegurava que os discos voadores eram extraterrestres. Afirmava que apenas naves de uma civilização alienígena poderiam desenvolver as velocidades registradas pelos radares. Criticavam, porém, as "fantasias esdrúxulas dos místicos".[114]

---

no (1913-1979). Sobre ele, ver: *Boletim SBEDV* n° 129-131, julho-dezembro 1979, p. 7-8.

110 MARTINS, João. "Os Discos Estão Aqui" In: *O Cruzeiro*. Rio de Janeiro, 15 de janeiro de 1955, p. 49.

111 José Escobar Faria editou o *UFO Critical Bulletin*, que era produzido em inglês em colaboração com o pesquisador norte-americano Richard Hall (1930-2009) da NICAP. Ver: RUPPELT, op. cit., p. 6. Sobre o fim do *UFO Critical Bulletin* em dezembro de 1959. Ver: *Boletim SBEDV* n° 14, Rio de Janeiro, março de 1960, p. 1. O *UFO Critical Bulletin* deve ter sido o primeiro a publicar algo sobre o caso Villas Boas em sua edição de janeiro/fevereiro de 1959. Ver: *Boletim SBEDV*, Rio de Janeiro, janeiro-agosto 1973, n° 90-93, p. 6.

112 LINGUANOTTO, Daniel. "Os discos voadores existem e não são da Terra". In: *Manchete*, Rio de Janeiro, 20 de outubro de 1956, p. 75-77.

113 Acrônimo de *Unidentified Flying Object*, que significa objeto voador não identificado em inglês. Em português, OVNI. Segundo o capitão norte-americano Edward J. Ruppelt, ele mesmo criou o termo na década de 1950, quando era diretor de um grupo de estudos da Força aérea norte-americana chamado Projeto Livro Azul (1952-1970). Por ser mais curto e menos conflituoso do que a expressão "disco voador", é utilizado com bastante frequência

114 O CPDV editou um boletim bilíngue, intitulado em português *O Disco Voador* e em inglês de *The flying saucer*. Ele teve pelo menos dez números, que foram publicados entre agosto de 1956 e fevereiro de 1958. Ver: http://www.virtuallystrange.net/ufo/updates/1997/dec/m09-004.shtml. Acesso 08/07/2009.

A INVENÇÃO DOS DISCOS VOADORES

José Escobar Faria foi sucedido no comando do CPDV por Auriphebo Berrance Simões, piloto da *Companhia Aérea Cruzeiro do Sul* que participou de programas de televisão como *O Céu é o Limite* (TV Tupi, São Paulo) e publicou um livro bastante popular na época.[115] Simões era mais contido do que a maioria dos seus colegas: acreditava na existência dos discos voadores, mas afirmava que ainda não era possível saber se eram aeronaves terrestres ou de outro planeta.[116]

No grupo paulista estava ainda Thomás Pedro Bun, engenheiro civil húngaro naturalizado brasileiro.[117] Ele moderou vários encontros sobre o tema, entre eles o Primeiro Colóquio Brasileiro Sigiloso sobre Objetos Aéreos não Identificados realizado em 1958. Infelizmente, não foi possível obter muitas informações sobre esse evento.[118] Sabe-se que a reunião deu origem à *Comissão Brasileira de Pesquisa Confidencial dos Objetos Aéreos não Identificados* (CBPCOANI).[119]

Flávio Augusto Pereira (1926-2014), professor de História Natural[120] e irmão do conhecido editor José Olympio Pereira Filho (1902-1990), foi o primeiro presidente dessa nova entidade. Ele também atuou como incen-

---

115 SIMÕES, Auriphebo Berrance. *Discos voadores: fantasia e realidade*. 2a ed., São Paulo, Edart, 1959.

116 Ibidem, p. 380-390.

117 "Partirão de Carapicuíba os projéteis para a Lua". In: *Folha da Noite*, São Paulo, 27 de abril de 1953. Disponível em: http://almanaque.folha.uol.com.br/ciencia_27abr1953.htm. Acesso em 08/02/2009.

118 Esse encontro, feito em São Paulo durante os dias 1º a 3 de maio de 1958, contou com 35 participantes, entre militares e civis. Sua principal conclusão foi a de que os discos voadores existiam e eram extraterrestres. Ver: RUPPELT, op. cit., p. 5-10; PEREIRA, Flávio Augusto. *Introdução à Astrobiologia*. José Olympio Editora, Rio de Janeiro, 1958, p. 7-9; "Brasil discute discos voadores". In: *Folha de S. Paulo*. São Paulo, 3 de novembro de 1967. Disponível em: http://almanaque.folha.uol.com.br/ciencia_03nov1967.htm. Acesso em 08/02/2009.

119 FARIA, José Escobar. *Discos voadores*. São Paulo, Melhoramentos, 1959, p. 7.

120 PEREIRA, Flávio Augusto. *Introdução à Astrobiologia*. José Olympio Editora, Rio de Janeiro, 1958.

RODOLPHO GAUTHIER CARDOSO DOS SANTOS

tivador da tradução e publicação de livros especializados,[121] como a obra de Edward J. Ruppelt, que ajudou a popularizar no país o termo *ufo*.[122]

Tanto Bun quanto Pereira faziam parte da *Sociedade Interplanetária Brasileira* (SIB). Fundada em São Paulo em 1953, a SIB congregava interessados nas futuras viagens de exploração espacial.[123] Bun foi presidente da entidade e Pereira, presidente do Conselho Científico Internacional.[124] Na então capital federal, existia outra organização, a SIRJA (*Sociedade Interplanetária do Rio de Janeiro*). Embora teoricamente se dedicasse à exploração espacial, a organização não deixou a ufologia de lado.[125]

---

121 Rachel de Queiroz fez muitos elogios a Flávio Augusto Pereira na sua crônica de 4 de março de 1961. QUEIROZ, Rachel de. "Ciência & governo". Coluna Última Página. In: *O Cruzeiro*, Rio de Janeiro, 4 de março de 1961, p. 130.

122 RUPPELT, Edward J. *Discos voadores: relatório sobre os objetos aéreos não identificados*; trad. de J. Escobar Faria & Auriphebo Berrance Simões; pref. de Flávio Pereira. São Paulo, Difel, 1959.

123 PEREIRA, Flávio Augusto. *Introdução à Astrobiologia*. José Olympio Editora, Rio de Janeiro, 1958. "Debatida a existência dos discos voadores na Sociedade Interplanetária Brasileira". In: *Diário da Noite*, Rio de Janeiro, 4/11/1954, p. 1 e 3.

124 A SIB teve papel bastante importante na criação do programa espacial brasileiro. Foi seu então presidente, Luiz de Gonzaga Bevilacqua, quem sugeriu a Jânio Quadros a criação de uma instituição voltada para a pesquisa espacial. Pouco depois, foi fundando o GOCNAE (Grupo de Organização da Comissão Nacional de Atividades Espaciais), que daria origem ao INPE (Instituto Nacional de Pesquisas Espaciais). Segundo Paulo Augusto Sobral Escada: "A Sociedade Interplanetária Brasileira (SIB) teria sido a idealizadora da nova organização científica, mas não teve um papel forte e atuante nas etapas seguintes que definiram a entidade". O papel da SIB, até onde se sabe, não foi resgatado por nenhum trabalho historiográfico. Seu boletim (Boletim da Sociedade Interplanetária Brasileira) está disponível na Biblioteca Nacional, Rio de Janeiro, e deve ser uma grande fonte de informações para futuros pesquisadores. Sobre sua atuação, ver também: "Com 5 teses participará o Brasil do 8°. Congresso de Astronáutica". In: *Folha da Manhã*, São Paulo, 4/10/1957, p. 9; ESCADA, Paulo Augusto Sobral. *Origem, institucionalização e desenvolvimento das Atividades Espaciais Brasileiras (1940-1980)*. Dissertação de mestrado em Ciência Política, Unicamp, Campinas, 2005, p. 101; BARCELOS, Eduardo Dorneles. *Telegramas para Marte: a busca científica de vida e inteligência extraterrestres*. Rio de Janeiro, Jorge Zahar, 2001, p. 35; PEREIRA, Guilherme Reis. *Política Espacial Brasileira e a trajetória do INPE (1961-2007)*. Tese de doutorado em Política Científica e Tecnológica, Unicamp, Campinas, 2008, p. 18.

125 A SIRJA foi fundada em 1956. Os primeiros membros da SBEDV, por exemplo, se conhecerem em uma palestra realizada pela SIRJA com o contatado Dino Kraspedon

No Rio, viviam ainda alguns ufólogos independentes como o bancário Fernando Cleto Nunes Pereira (1924-), que resgatou a atuação dos militares no caso Barra da Tijuca, e o médico gastroenterologista Olavo Teixeira Fontes (1924-1968), que se destacou principalmente pelas investigações do caso Villas Boas.[126] Nos anos 1960, surgiram outros pesquisadores em várias partes do país, como Irene Masloum Granchi (1913-2010), José Victor Soares (1931-2010), Guilherme Wirz, Max Berezowsky e Felipe Norberto Machado Carrion (1912-1985).[127]

O aparecimento de grupos e pesquisadores independentes mostra uma efervescência que pode ser comprovada pela produção editorial do período. Entre 1947 e 1956, foram publicados, em língua portuguesa, apenas quatro livros não-ficcionais sobre discos voadores. Entre 1957 e 1959 apareceram nove títulos inéditos.[128] Apenas um, o almanaque produzido pela revista *Ciência Popular*, era cético.[129]

As relações entre essas organizações ufológicas nem sempre eram harmoniosas. Em 1959, por exemplo, o grupo carioca SBEDV promoveu uma palestra com o professor João de Freitas Guimarães, que alegava ter mantido contato com extraterrestres loiros de olhos claros. A conferência ocorreu na Biblioteca Municipal de São Paulo, local onde o grupo paulista CPDV costumava realizar suas reuniões.[130] Segundo a SBEDV, Thomás Pedro Bun, que era ligado ao CPDV e a SIB, começou a atacar as alegações do contatado

---

em outubro de 1957. Ver: *Boletim SBEDV* n° 3, 1/3/1958, p. 2. "Meros Fenômenos Meteorológicos os Chamados "Discos-Voadores"". In: *Diário de Notícias*, Rio de Janeiro, 25/2/1958, p. 1 e 2, 2ª seção.

126 Até a sua morte, Olavo Teixeira Fontes foi representante no Brasil da *Aerial Phenomena Research Organization* (APRO), dirigida pelo casal norte-americano Jim e Coral Lorenzen. Ver: "OVNI Personalidade" in *OVNI-Documento*. Rio de Janeiro, Hunos Editorial e Cinematográfica LTDA, n° 3, abril/junho 1979.

127 A SBEDV detalha alguns dos seus principais colaboradores no *Boletim SBEDV*. Rio de Janeiro, setembro de 1976 a abril de 1977, n° 112/115, p. 11.

128 Ver lista na versão original da dissertação, disponível on-line no site da Unicamp.

129 CIÊNCIA POPULAR. *Desvendando os segredos do Cosmos*. Rio de Janeiro, s/d. O livro de Martin Gardner também dedica um capítulo aos discos voadores. GARDNER, Martin. *Manias e crendices em nome da ciência*. Tradução de Jorge Rêgo Freitas. Ibrasa, São Paulo, 1960, p. 314.

130 *Boletim SBEDV*, n° 62-65, maio-dezembro 1968, p. 59.

durante sua exposição oral e provocou tumulto.[131] Nunca houve retratação. Depois disso, Walter K. Bühler, da SBEDV, passou a lançar dúvidas sobre a atuação do CBPCOANI, grupo ligado ao CPDV que mantinha contatos frequentes com militares brasileiros. Bühler suspeitava que essa organização estivesse ajudando os militares a desmoralizar o assunto.

Aparentemente, os contatados sempre foram motivo de discussão entre a ala considerada mais "científica" e o lado "místico". Em 1957, Tomás Pedro Bun atacou publicamente os que alegavam manter contatos: "São charlatães que se querem fazer notados para pregar misticismos, ou fazer publicidade de livros [...] Devem ser combatidos sem descanso".[132] A SBEDV, por outro lado, se interessava bastante por eles. Expressou isso logo no primeiro número do seu boletim, no qual publicou um decálogo que resumia bem seus princípios e objetivos. Ei-lo:

> Decálogo da Sociedade Brasileira de Estudos sobre Discos Voadores
>
> 1 – Os discos voadores são extraterrenos.
>
> 2 – Seus tripulantes têm-se comportado em atitude pacífica.
>
> 3 – Não visa a Sociedade explorar o sensacionalismo, mas única e exclusivamente, contribuir para o esclarecimento do fenômeno.
>
> 4 – É condição essencial, para os membros da Diretoria, não tirar do fenômeno disco voador qualquer vantagem de ordem material, imediata ou remota.
>
> 5 – Interessam à Sociedade os contatos com os discos voadores, pelo que se propõe ela a dar acolhida e assistência a todos aqueles que tiverem esses contatos.
>
> 6 – A Sociedade não critica nem repele os relatos aparentemente fantasiosos, pois parte do princípio de que aquilo que parece ser, hoje, fantasia, pode tornar-se realidade, amanhã.
>
> 7 – É objetivo da Sociedade ampliar cada vez mais seu campo de ação, colaborando, para esse fim, com as congêneres em todo o mundo.
>
> 8 – A Sociedade aceita cooperação de todos aqueles que a procurarem, sem nenhum preconceito de raça, culto ou ideologia política.

---

131 *Boletim SBEDV* n° 21, 1/5/1961, p. 34.

132 "Não apresenta novidades aeronáuticas o enunciado disco voador da U.R.S.S." In: *Folha da Manhã*, São Paulo, 4 outubro de 1957, p. 9.

9 – A Sociedade se propõe prestar às autoridades brasileiras a ajuda ao seu alcance, quando solicitada, desde que não sejam infringidos os dispositivos deste Decálogo ou dos Estatutos.

10 – Em caso de aterrissagem de discos voadores, discreta ou ostensivamente, a Sociedade procurará dar, aos tripulantes dos discos, toda a assistência possível, partindo do princípio de serem sempre de caráter pacífico essas visitas.[133]

Obviamente, nem todos os ufólogos concordavam com as linhas acima. No entanto, ainda que tivessem várias divergências, a maioria desses pesquisadores independentes considerava o jornalista João Martins, da revista *O Cruzeiro*, o grande pioneiro da área. Os pesquisadores cariocas eram especialmente elogiosos, pois mantinham mais contato com ele. No boletim de março de 1962, a SBEDV comentou:

Nós gostaríamos de dedicar este boletim em homenagem ao Dr. João Martins [...]. João Martins pode bem ser o homem que, no mundo, têm pessoalmente juntado o maior e mais interessante material a respeito de pesquisa de disco voador, mas em todo caso ele é (e permanecerá) o brasileiro pioneiro nessa matéria, mesmo que nós não concordemos algumas vezes, com alguns pontos de vista sobre o assunto disco voador.[134]

Fernando Cleto Nunes Pereira, afirmou que: "na década de 50, João Martins foi o verdadeiro apóstolo brasileiro que manteve a opinião pública informada sobre a possibilidade de vida inteligente fora da Terra".[135] Da amizade desse jornalista com outros ufólogos nasceu em 1979 o livro *As chaves do mistério*, uma compilação de algumas matérias suas publicadas na revista. O prefaciador da obra descreveu o João Martins dessa época como alguém "frio e cético", para quem os "discos voadores existem, mas não sabe o que são".[136]

---

133 *Boletim SBEDV*, Rio de Janeiro, n° 1, 23/12/1957.

134 *Boletim SBEDV*, no. 24/25, dezembro a março 1962, p. 3.

135 PEREIRA, Fernando Cleto Nunes. *Sinais estranhos*. Editora Hunos, Rio de Janeiro, 1979, p. 52.

136 Martins, João. *As chaves do mistério*. Rio de Janeiro, Hunos, 1979, p. 8.

Imagem 27 – Reunião na redação de *O Cruzeiro*: Mário Prudente Aquino, presidente da SBEDV (à esquerda), João Martins (no centro) e Walter K. Bühler (à direita).[137]

Esse enorme prestígio de João Martins junto à comunidade ufológica brasileira durou cerca de trinta anos. Na década de 1980, porém, uma nova geração de pesquisadores independentes começou a questionar duramente a autenticidade das fotos da Barra da Tijuca.[138] A discussão foi retomada principalmente pelo pesquisador Carlos Alberto Reis, do Centro de Estudos Extraterrestres (CEEX), sediado em São Paulo. Reis destacou as divergências nas sombras dos elementos das fotos e citou uma análise computadorizada que mostrava inconsistências. O exame técnico tinha sido feito por Willian Spaulding do grupo norte-americano *Ground Saucer Watch* (GSW).[139] Em defesa das imagens, a ufóloga Irene Granchi do CISNE (Centro de Investigação sobre a Natureza dos Extraterrestres) alegou que o trabalho do GSW não tinha credibilidade e que as testemunhas eram dignas de confiança.[140]

Fernando Cleto Nunes Pereira, que conviveu com João Martins, continuou acreditando na autenticidade das fotos da Barra da Tijuca.[141] Ele, no

---

137 *Boletim SBEDV*, nº 26-27, abril a julho 1962, p. 2.

138 SUENAGA, op. cit., p. 33-34.

139 REIS, Carlos Alberto. "As fotos não resistem ao enfoque científico" In: *Seleções Planeta: Ufologia*, São Paulo, s/d, nº 9, p. 12-17.

140 GRANCHI, Irene. "As testemunhas são confiáveis" In: *Seleções Planeta: Ufologia*, São Paulo, s/d, nº 9, p. 18-23.

141 PEREIRA, Fernando Cleto Nunes. Entrevista concedida no Rio de Janeiro ao autor em 18 de janeiro de 2007.

entanto, é um dos últimos. A maioria dos ufólogos mais jovens não teve amizade com João Martins e com o fotógrafo alemão Ed Keffel. Para eles, a fraude é dada como certa. Escreveu, por exemplo, Claudeir Covo (1950-2012): "É uma triste constatação, mas o fato é que a Ufologia Brasileira começou com uma fraude gritante".[142]

João Martins e Ed Keffel continuaram trabalhando na revista *O Cruzeiro* mesmo nos anos de crise da publicação. Ambos achavam inglória a fama que ganharam com as fotos da Barra da Tijuca. Em 1973, o fotógrafo alemão afirmou que aquela reportagem tinha sido a pior de sua vida:

> Foi a pior. Um verdadeiro massacre. Na confusão, acusaram-me de tudo. Foi uma fama ingrata. A *Quick*, revista alemã, publicou minha foto com João Martins, sob a seguinte manchete: "Brasileiros Jogam Panquecas Para o Ar". Tudo por causa da briga pelos direitos de publicação. Quando uma revista estrangeira comprava as fotos, as concorrentes reproduziam as sequências de outras publicações e malhavam a nossa reportagem [...] Nem aproveitei a onda, só fiz trabalhos relacionados a discos voadores cumprindo ordens. [...] Não guardo cópias, nem recortes, nada, nada. Tudo o que tenho hoje, em bens materiais, já possuía antes do disco. Não ganhei um tostão com essa história. [...] Fotografaria o disco novamente caso reaparecesse? Viro as costas, fecho os olhos e saio correndo. Quem vai acreditar que o disco tenha surgido duas vezes para a mesma pessoa?[143]

João Martins ficou em *O Cruzeiro* até 1968.[144] Chegou a diretor de redação, mas preferiu se transferir para *Manchete*, onde esteve até se aposentar em 1981. Como Ed Keffel, nunca admitiu a fraude, nem mesmo privadamente. Publicou outras matérias sobre discos voadores, mas, segundo várias fontes,

---

142 COVO, Claudeir & COVO, Paola Lucherini. "Resgatando a História da Ufologia Brasileira. Casos Barra da Tijuca e Ilha da Trindade: dois clássicos nacionais em situações opostas" In: *Revista UFO*, Campo Grande, número 82, novembro 2002, p. 14.

143 BARTOLO, Júlio. "Keffel, Baraúna e G. Adamski: eles fotografaram discos voadores". In: *O Cruzeiro*, Rio de Janeiro, 18 de dezembro de 1973, p. 26.

144 Em 1964, Martins publicou pela editora *O Cruzeiro* a obra *Os indesejados*, de cunho literário. Além de romances, ele escreveu também muitos contos, publicados em coletâneas. As obras literárias de João Martins, segundo seu filho, não têm qualquer relação com a ficção científica ou ufológica.

já não suportava mais falar sobre o assunto nas últimas décadas de vida. Em 1971, ele escreveu uma carta à ufóloga Irene Granchi que, entre outras coisas, trazia alguns desabafos:

> Nem eu nem Ed Keffel procuramos tirar proveito financeiro do fato. Éramos contratados exclusivos daquela revista e a ela entregamos as fotos, sem nenhuma remuneração extra. Também nada recebemos — nem quisemos receber —, de quem quer que fosse, pelo relato, pelas fotos, ou pelas vezes que fomos praticamente obrigados a aparecer nas televisões. Relatei o fato em palestras gratuitas perante autoridades militares e auditórios de universidades. [...] O incidente — além de aborrecimentos — só teve a vantagem de chamar a minha atenção para o assunto e, posteriormente, tenho pesquisado com a máxima frieza muitos casos, no Brasil e no exterior [...] sou um profissional que não baseia sua carreira naquela reportagem e não tenho tempo a perder com debates estéreis. Relatei o que vi e o que tinha a dizer já foi dito.[145]

Vinte sete anos após assinar essa carta, João Martins morreu vítima de problemas cardíacos, aos 82 anos.[146] Jamais conseguiu descolar seu nome do assunto. Se pudesse ter lido seu obituário, teria odiado. O jornal *O Globo* dedicou-lhe sete parágrafos, dos quais seis eram sobre sua participação nas fotografias do disco voador na Barra da Tijuca.[147]

Por que a hipótese interplanetária venceu?

No final dos anos 1950, a teoria extraterrestre suplantou outros significados atribuídos aos discos voadores. Isso se fortaleceu ainda mais com a atuação dos grupos ufológicos que estavam surgindo. Mas quais seriam as razões desse êxito? A questão é, sem dúvida, bastante complexa. Aponta-se aqui ao menos três fatores importantes.

---

145 GRANCHI, Irene. "As testemunhas são confiáveis" In: *Seleções Planeta: Ufologia*, São Paulo, s/d, nº 9, p. 18-23.

146 Obituário. *O Globo*. 1º. caderno, Rio de Janeiro, 27/6/1998, p. 18.

147 Ibidem, p. 18.

A INVENÇÃO DOS DISCOS VOADORES

Após acompanhar de perto a atuação da indústria cultural, a tentação seria apontá-la como única responsável pelo sucesso das ideias sobre seres interplanetários. Como demonstrado, notícias, reportagens, filmes, histórias em quadrinhos e outros tiveram, sem dúvida, grande impacto nesse sentido.

Convém lembrar, porém, que não havia nenhuma condição intrínseca que garantisse o sucesso dos alienígenas. Seu êxito não era inevitável. Se, por exemplo, os frequentadores de cinema tivessem achado absurda a associação entre discos voadores e seres de outros planetas, o tema talvez não tivesse sido tão explorado. Da mesma maneira, se os leitores de *O Cruzeiro* tivessem protestado amplamente contra as matérias de João Martins, a revista, possivelmente, teria parado de publicá-las.

Ou seja, uma resposta crítica por parte da sociedade poderia ter minado as especulações a respeito de visitantes de outros pontos do universo. Mas isso não aconteceu. Por que os consumidores não se rebelaram? Por que, ao contrário, foram receptivos e aceitaram consumir ideias a respeito de visitantes alienígenas?

Pode-se argumentar que eles, na verdade, não tiveram postura ativa, mas foram seduzidos astuciosamente pela indústria cultural, responsável por fomentar a expectativa de que algo grandioso estava por vir. O problema com esse raciocínio é que ele tende a exagerar a força dos meios de comunicação de massa e a eliminar a possibilidade de escolha consciente dos leitores. É difícil acreditar que o interesse pelos extraterrestres tenha sido sustentado por tantos anos exclusivamente pela atuação da indústria cultural. Sem o aceite dos leitores/consumidores, ela dificilmente teria insistido na temática por tanto tempo.

Em uma perspectiva diferente, o ufólogo norte-americano Jerome Clark alegou que a hipótese alienígena passou a ser aceita pelas pessoas depois que elas a compararam com as demais e julgaram-na mais plausível para explicar as ocorrências.[148] Ou seja, trataria-se de uma escolha racional pelo argumento mais convincente. Esse raciocínio, no entanto, ignora que o mundo ocidental continuou a acreditar em seres interplanetários mesmo após saber, por meio de cientistas e militares, que a imensa maioria dos relatos estava relacionada a confusões e fraudes.

---

148 CLARK, Jerome, "Paranormal and Occult Theories about UFOs". In: *High Strangeness: UFOs from 1960 through 1979. The UFO Encyclopedia*, v. 3. Omnigraphics, 1996, apud CABRIA, 2003, op. cit., p. 130-1.

Entre 1952 e 1969, por exemplo, o projeto *Blue Book*, iniciativa da Força Aérea norte-americana, recebeu 12.618 relatórios de observações. Desse total, a imensa maioria era formada por enganos envolvendo, principalmente, objetos materiais, fenômenos atmosféricos e astronômicos. Apenas 701 casos, ou 5,56% do total, permaneceram não identificados.[149] Esses episódios residuais, embora dignos de estudos profundos, falharam em prover provas concretas para a teoria alienígena, ou seja, até o momento nenhuma evidência material conclusiva pôde ser analisada abertamente pela comunidade científica internacional.

Se por um lado, não apareceram elementos que pudessem confirmar cientificamente a teoria interplanetária, tampouco é fácil descartá-la por completo. Parece residir aí um dos trunfos dessa hipótese e seu segundo grande fator de sucesso. Como é impossível afirmar a inexistência de outras formas de vida no cosmos, as visitas alienígenas se mantém como uma possibilidade que nunca se esvai. Nessa lógica, se um caso for descartado como engano, outros poderão aparecer para comprovar a ideia. Assim, se mantém o apelo do mistério.

Essa situação remete à frase de *Hamlet*, peça de Shakespeare: "Há mais coisas entre o céu e a Terra [...] do que supõe a nossa vã filosofia". Em uma releitura feita no período, essa sentença passou a ilustrar a confiança na permanência dos mistérios da natureza mesmo diante do avanço avassalador da ciência. Simbolizava a convicção de que o poder da razão humana não é ilimitado. Mas de que forma isso estaria relacionado a seres de outros planetas? A hipótese extraterrestre, em certo sentido, reforça a noção de que a ciência é incapaz de explicar tudo. O universo, afinal de contas, é imenso e não pode ser facilmente esquadrinhado pela razão. Com efeito, os astrônomos podem um dia provar que existe vida inteligente fora da Terra, mas dificilmente demonstrarão que ela inexiste.

Assim, a hipótese extraterrestre se configurou como terreno no qual quase tudo era possível, já que pouca coisa podia ser negada e tampouco confirmada pela ciência. Diante de um cosmos gigantesco e desconhecido todos estavam igualmente impotentes.[150] Mesmo se os astrônomos contestassem a existência de vida em Marte, restava Vênus, e assim sucessivamente. O jorna-

---

149 PEEBLES, op. cit., p. 230.

150 HOBSBAWM, op. cit., p. 512.

A INVENÇÃO DOS DISCOS VOADORES

lista João Martins notou certa vez as implicações dessa noção de um universo grandioso. Ele escreveu:

> A grandeza do Universo em que vivemos ultrapassa a nossa capacidade de imaginação. Nesse mergulho no infinito, através dos telescópios, o homem procura desvendar o grande segredo: que haverá além, mais além, sempre mais além?[151]

De certo modo, esse universo gigantesco evocado pelos telescópios passou a ser um refúgio contra a própria ciência, passou a ser a morada da resistência, uma espécie de brecha ocupada pelo romantismo. Em certo sentido, o apelo misterioso envolvendo os discos voadores trazia de volta o transcendental, ainda que de uma maneira diferente das religiões tradicionais. Ao comentar o comunicado da *Associação dos Amadores de Astronomia de S. Paulo*, João Martins enfatizou justamente a "precariedade" do conhecimento científico. Nas suas palavras:

> Dizem que os que estacionam a meio caminho dos conhecimentos são mais perigosos do que os ignorantes totais, pois se sentem com coragem para levantar tabus, fazer afirmações que os verdadeiros sábios não fazem. Estes têm a exata noção de quanto ainda é precária a nossa ciência diante dos mistérios da natureza, da eternidade e do infinito.[152]

Esse resgate do que não podia ser explicado pela ciência deve ter sido bastante reforçado pela crise de confiabilidade pela qual ela passava desde o início do século XX e que parece ter se agravado após as primeiras explosões nucleares. Em um trabalho de viés psicológico, o ensaísta norte-americano Martin S. Kottmeyer notou que os temas da era atômica sempre foram muito frequentes, quase uma obsessão, no mundo dos discos voadores. Dezenas de livros fizeram menção, por exemplo, aos seus supostos rastros radioativos e aos sobrevoos a centrais atômicas. Isso levou Kottmeyer a pensar que os discos vo-

---

151 MARTINS, João e KEFFEL, Ed. "Mergulho no infinito". In: *O Cruzeiro*, Rio de Janeiro, 26 julho 1952, ano XXIV, no. 41, p. 112.

152 MARTINS, João. "A propósito dos Discos Voadores". In *O Cruzeiro*. Rio de Janeiro, 15 de setembro de 1956, p. 128.

adores poderiam ser uma espécie de reação provocada pela "ansiedade gerada pela tecnologia moderna".[153]

É possível apontar um terceiro fator importante na "vitória" da hipótese extraterrestre: trata-se de uma representação com grande riqueza imaginativa. "Eles" sempre serviram para muita coisa: podem ser vistos tanto como a salvação do planeta quanto como cavaleiros do apocalipse. Podem facilmente trazer mensagens e prover explicações a respeito do mundo em que vivemos. É o que comenta o historiador Michael Crowe:

> Ideias sobre vida extraterrestre são [...] extraordinariamente ricas em poder de explicação. Flashes na lua, linhas em Marte, sinais de rádio de origem desconhecida, e mesmo estranhas imagens de uma antiga estatuária podem ser e têm sido explicados através do extraterrestre considerado adequado.[154]

Como podem ser adaptados e acionados em muitas situações, os alienígenas frequentemente se tornam o "outro" utilizado para pensar nossa própria vida. "Eles" permitem que a alteridade possa ser edificada das mais diversas formas e expresse esperanças e temores.

Esperança é justamente o sentimento trazido pelos alienígenas na narrativa de Dino Kraspedon e em filmes como *O dia em que a Terra parou*, por exemplo. Para a maioria dos contatados, os extraterrestres vinham de um mundo que tinha superado os nossos problemas mais graves. Eram paternalistas, civilizacionais, dotados de um discurso moralmente superior. Chegavam com uma mensagem de paz e alerta sobre a situação mundial. Vinham para salvar o planeta do suicídio global.

Nos anos 1950, o pensador francês Roland Barthes notou que os discos voadores se transformaram gradativamente dentro do imaginário ocidental numa terceira opção ao embate EUA-URSS. Eram numa terceira via que

---

153 KOTTMEYER, Martin S. *Transmutaciones y transfiguraciones*. Fundación Anomalía, Santander, Espanha, 2002, p. 128

154 "Pluralism has also shown remarkable flexibility, having been adjusted to fit extremely diverse astronomical, religious, philosophical, and literary contexts. [...] Extraterrestrial life ideas are also extraordinary rich in explanatory power. Flashes on the moon, lines on Mars, radio signals of unknown origin, and even odd images in ancient statuary can be and have been explained by postulating appropriate extraterrestrial." CROWE, op. cit., p. 548.

condenava o conflito que poderia levar à extinção da raça humana. Nas suas palavras:

> Simplesmente, o maravilhoso, no seu devir, mudou de sentido: passou-se do mito do combate ao julgamento. Com efeito, Marte até nova ordem, é imparcial: Marte vem à Terra para julgá-la; mas antes de condenar quer observar e ouvir. A grande contestação URSS-USA é assim considerada doravante como um estado culpável, porque não existe aqui medida comum entre o perigo e os direitos recíprocos: daí, o apelo místico a um olhar celeste suficientemente potente para intimidar as duas facções.[155]

Não se pode esquecer que existiam também visões bastante sombrias. João Martins, por exemplo, acreditava numa terrível missão dos discos voadores. Afirmava que "eles" estavam preparando uma invasão e que os governos das superpotências sabiam disso. A narrativa do sequestro do lavrador mineiro Antônio Villas Boas, supostamente utilizado como reprodutor sideral, também é bastante sinistra. Além disso, cronistas como Rachel de Queiróz e Berilo Neves percebiam os discos voadores como presságio do fim do mundo. Em meio à animação provocada pelo Sputnik, a escritora cearense escreveu outra crônica de tons lúgubres:

> A moça vai passeando na rua, empurrando o carrinho do filho. E eu tenho vontade de lhe dizer: "Mulher, sai da rua, esconde o menino, olha o disco". [...] E ao padre, que celebra a missa: "Padre, pergunta a Deus que é que se faz com os discos".
>
> Sim, que é que se faz com os discos? Cavar um buraco no chão e ficar embaixo da terra, tremendo e esperando? Tentar parlamentar com eles?
>
> A verdade é que, quem tem juízo, não pode pensar em mais nada, em termos de permanência e segurança. Seja embora esta nossa precária segurança.[156]

---

155 BARTHES, Roland. *Mitologias*. Tradução de Rita Buongermino e Pedro De Souza, São Paulo, DIFEL, 1982, p. 32-33.

156 QUEIRÓZ, Rachel. "Mêdo". In: *O Cruzeiro*, Rio de Janeiro, 23 de novembro de 1957, p. 130.

Ao que tudo indica, muitas dessas perspectivas niilistas a respeito da chegada dos alienígenas carregavam implicitamente a descrença na humanidade e em seu progresso. "Eles" viriam para nos humilhar. Sua invasão demonstraria nosso fracasso em nos protegermos, nossa desunião diante do perigo. Além disso, acabariam com nossa vaidosa pretensão de exclusividade no universo. Nesse sentido, João Martins comentou em uma de suas matérias:

> [...] infelizmente só um perigo geral desencadeado poderá fazer o milagre de unir a Humanidade. Ninguém se iluda de que, se alguma grande potencia conseguisse, antes das outras, estabelecer contato pacifico com esses viajantes do espaço, sem dúvida procuraria se beneficiar e tirar vantagens dos conhecimentos obtidos. Seria até mesmo possível que se unisse a eles contra seus adversários, em nome da sobrevivência da Humanidade ou qualquer outra razão pomposa.[157]

Há muito tempo narrativas de invasões extraterrestres têm forte cunho de crítica social. O romance *A Guerra dos Mundos* de H. G. Wells, por exemplo, é um alerta a um império arrogante, a Inglaterra vitoriana. Do mesmo modo, muitas narrativas envolvendo os discos voadores traziam um aviso a um planeta arrogante em plena corrida atômica. Um alerta feito por aqueles que não dirigiam diretamente a sociedade e sentiam suas vidas ameaçadas por decisões que lhe pareciam totalmente alheias.

Esse temor à chegada dos alienígenas também já foi interpretado como uma expressão da consciência culpada do Ocidente. Lembramo-nos dos resultados catastróficos do encontro entre Colombo e os índios da América e nos preocupamos: o mesmo ocorrerá conosco? De acordo com o sociólogo francês Jean-Bruno Renard, a erupção das ideias sobre extraterrestres coincidiu com a descolonização da Ásia e da África. Ela poderia ser, especula ele, uma tentativa de expiação do pecado colonial.[158] Embora tal análise não se aplique à realidade brasileira, não se pode deixar de reconhecer que a rica re-

---

157 MARTINS, João. "A terrível missão dos Discos Voadores - sexta e última parte". In: *O Cruzeiro*. Rio de Janeiro, 16/11/1957, p. 59.

158 RENARD, Jean-Bruno. "L'homme sauvage et l'extraterrestre: deux figures de l'imaginaire évolutioniste". In: *Diogène*, 1984, p. 82 apud ARANHA FILHO, 1990, op. cit., p. 215.

presentação do extraterrestre realmente confronta a humanidade com alguns fantasmas do seu passado.

Poderia-se apontar ainda um quarto fator para o sucesso da hipótese interplanetária: o baixo nível de conhecimentos científicos dos leitores brasileiros. De fato, a falta de formação e informação científica facilitava bastante a aceitação acrítica do sensacionalismo. No entanto, deve-se lembrar que a revista O *Cruzeiro*, principal publicação a respeito, era consumida sobretudo pela classe média e alta, que já tinha algum acesso ao terceiro grau. Além disso, países com altos índices de escolaridade e maior acesso ao conhecimento científico (Estados Unidos, Suécia, França etc) também viram enorme parcela de sua sociedade se interessar pelo tema.

Ao que tudo indica, era necessário mais do que conhecimentos científicos básicos para perceber a fragilidade da teoria extraterrestre. O argumento, afinal, soava bastante verossímil: se a humanidade estava se aproximando das viagens espaciais, por que não pensar em outras civilizações que já tivessem conseguido isso? Além disso, parte dos próprios astrônomos da década de 1950 admitia a possibilidade de existir ao menos vegetação em Marte. Essa "brecha" foi habilmente explorada pelos meios de comunicação de massa.

Enfim, destacou-se aqui ao menos três aspectos que contribuíram para o êxito da hipótese interplanetária. São eles: a insistente atuação da indústria cultural, a atratividade da ideia de vida fora da Terra, cuja possibilidade não pode ser totalmente negada pela ciência, e a enorme riqueza imaginativa que a representação do alienígena carrega consigo ao permitir que pensemos nossa condição humana a partir de um "outro" sideral.

Esse campo novo, aberto a tantas possibilidades, foi notado com muita perspicácia pelo comentarista Barreto Leite Filho em 1952. Ele escreveu:

> Se os discos forem norte-americanos, ou russos, nada continuará a haver de novo e dentro de um espaço de tempo relativamente curto estaremos tão familiarizados com eles, ou o estarão os sobreviventes, quanto com qualquer avião. Em última análise, os dados da política mundial não variarão mais do que têm variado nestes vinte ou trinta anos mais recentes. Se forem interplanetários é que a coisa se tornará interessante.[159]

---

159 LEITE FILHO, BARRETO. "Política mundial e política interplanetária". In: *Revista*

O fim de uma era

Após os agitados anos de 1957 e 1958, a notícias sobre discos voadores entraram em baixa na imprensa escrita. Pode-se perceber isso observando a diminuição do número de reportagens publicadas nas revistas *O Cruzeiro*, *Manchete* e *Ciência Popular*. Essa situação se manteve nos primeiros anos da década seguinte.[160] Apenas em julho e agosto de 1965 ocorreria outra onda de relatos no Brasil.[161]

Coincidentemente, esse refluxo momentâneo de interesse ocorreu na mesma época em que a corrida espacial começou a ganhar cada vez mais destaque.[162] De acordo com Ana Maria Ribeiro de Andrade, ao se concretizarem as viagens espaciais "arrefeceram-se os sonhos – e o número de reportagens – dos contatos extraterrestres".[163] O semiólogo francês Roland Barthes chegou à mesma conclusão. Para ele, "o tema marciano foi consideravelmente abafado pelos voos reais no cosmo: não é mais preciso ser marciano para vir à camada terrestre, já que Gagárin, Titov e Glenn saem dela: todo um sobrenatural desaparece".[164]

Além da corrida espacial, é possível que a diminuição de interesse no final dos anos 1950 esteja relacionada a aspectos econômicos que afetaram diretamente a imprensa escrita brasileira. Aquela época foi especialmente delicada. Entre 1958 e 1963, o preço do papel importado, matéria-prima fundamental, subiu mais de

---

O Jornal [encarte dentro do periódico], 18 de maio de 1952, p. 1 e 7.

160 ANDRADE, op. cit., p. 125.

161 *Boletim SBEDV*, Rio de Janeiro, nº especial 1975, p. 73.

162 Curiosamente, os investimentos exorbitantes na corrida espacial foram financiados por uma geração altamente interessada pelo que existe além da Terra, a mesma que há anos consumia produtos culturais sobre discos voadores e extraterrestres. Sem esse entusiasmo, dificilmente haveria condições políticas para se investir pesado na área. Ironicamente, sem os discos voadores teria sido mais difícil convencer o Ocidente a aplicar seus impostos em experimentos científicos tão caros e arriscados.

163 Sua pesquisa demonstrou estatisticamente que no final da década de 1950 o número de matérias sobre discos voadores em *O Cruzeiro* diminuiu significativamente e a cobertura a respeito da exploração espacial aumentou. ANDRADE, op. cit., p. 125-6.

164 BARTHES, Roland. "Estrutura da notícia". In: *Crítica e verdade*. São Paulo: Perspectiva, 3ª. edição, 1999, p. 61.

três mil por cento.[165] Isso levou os jornais a aumentarem o preço de capa, o que afugentou muitos consumidores.

Ademais, a grande inflação do período abalou significativamente o poder de compra da população. Para piorar, a renda vinda da publicidade estava cada vez mais sendo drenada pela televisão. Diante de todas essas dificuldades, muitas empresas faliram ou foram compradas por grupos maiores. De modo geral, sobreviveram as que tinham melhor saúde financeira e, principalmente, as que possuíam os melhores contratos de publicidade.

Os jornais chamados de populares viveram um aperto ainda maior. Tinham público de menor poder aquisitivo e, por isso, recebiam menos atenção das agências de propaganda. No final da década de 1950, alguns vespertinos que se destacaram na cobertura a respeito dos discos voadores não resistiram. Em 1957, a edição carioca do diário *A Noite* deixou de existir.[166] O jornal *Diário da Noite*, o primeiro a publicar as fotos do disco voador na Barra da Tijuca, também entrou em declínio e desapareceu em fevereiro de 1961.[167] Em 1959, os dois diários vespertinos do grupo paulistano Folha (*Folha da Tarde* e *Folha da Noite*) saíram de circulação e foram incorporados ao novo matutino *Folha de S. Paulo*, que substituiu a *Folha da Manhã*.

Naqueles anos, a imprensa escrita brasileira também passava por mudanças profundas em termos de linguagem. Influenciada pelo jornalismo norte-americano, buscava textos cada vez mais impessoais e objetivos.[168] Palavras qualificativas, narratividade e arroubos literários passaram a ser considerados pecados. Nelson Rodrigues, jornalista dos tempos românticos, comentou com ironia que nem mesmo a guerra nuclear faria com que essa nova imprensa concedesse um "reles ponto de exclamação" às notícias.[169] Esse novo padrão talvez tenha afastado o tema disco voador das pautas. Aparentemente, ele estava mais de acordo com o jornalismo de pitadas literárias que prevaleceu até os anos 1950.

---

165 Ver: RIBEIRO, op. cit., p. 216.

166 ABREU, Alzira Alves de (Coord.). *Dicionário histórico biográfico brasileiro pós- 1930*. 2. ed. Rio de Janeiro: FGV, 2001, p. 4105.

167 Ibidem, p. 1846.

168 Ver: RIBEIRO (2007), ABREU (1996) e SILVA (1991).

169 RODRIGUES, Nelson. *A menina sem estrela: memórias*. São Paulo: Companhia das Letras, 1993, p. 243-44 apud RIBEIRO, op. cit., p. 273.

As coisas também estavam mudando para O Cruzeiro. Em 1958, dezessete jornalistas deixaram a redação e foram para a concorrente Manchete, que crescia ameaçadoramente.[170] Era o início de uma longa agonia. O fotógrafo francês Jean Manzon associou a decadência da publicação às matérias sobre discos voadores. De acordo com ele, "a produção de reportagens sensacionalistas baseadas em fatos irreais, como a dos discos voadores, em 12 a 15 páginas, tirou muito da credibilidade da revista".[171] Outros ex-funcionários, no entanto, apontaram fatores bem mais concretos para o lento declínio da publicação.[172]

De qualquer forma, a situação só piorou com a trombose cerebral do dono dos Diários Associados, em 1960. Três anos depois, a tiragem anunciada de O Cruzeiro já havia caído para 425 mil exemplares. O número deixou de aparecer em 1966, pois estava em queda livre. No ano em que Chateaubriand morreu (1968), os Diários Associados já tinham perdido grande parte do seu poder e O Cruzeiro ostentava a desesperadora marca de 120 mil exemplares semanais. A redação funcionou até julho de 1975, quando as enormes dívidas finalmente impediram sua continuidade.

Até mesmo a expressão disco voador "entrou em crise" no final dos anos 1950. Era tida como jocosa e imprecisa, pois designava um conjunto he-

---

170 Há quem aponte a qualidade técnica da revista de Adolfo Bloch como um dos principais fatores para o aumento de sua tiragem. Manchete era impressa em cores e, por isso, visualmente muito superior à revista de Chateaubriand. As páginas O Cruzeiro eram impressas com tinta e papel de cor sépia, amarronzada, o que prejudicava a apreciação das imagens.

171 PEREGRINO, Nadja Maria Fonseca. A fotografia de reportagem: sua importância na revista O Cruzeiro (1944-1960). Dissertação de mestrado, Escola de Comunicação da Universidade Federal do Rio de Janeiro, Rio de Janeiro, 1990, p. 36.

172 Entrevistas com antigos funcionários da revista trazem visões bastante diferentes a respeito da decadência da publicação. Ver, por exemplo, a entrevista de Alfredo de Belmont Pessoa, disponível em http://www.abi.org.br/paginaindividual.asp?id=503 (Acesso em 2/2/2006) e a discussão suscitada por um programa de TV que contou a história da publicação, disponível em http://observatorio.ultimosegundo.ig.com.br/obstv/obstv20052000.htm (Acesso em 2/2/2006). Entre os fatores apontados como responsáveis pela decadência estão a concorrência da televisão, o fim das grandes reportagens, o aumento das matérias pagas e da cobertura da alta sociedade, as divergências internas, os altos salários e privilégios dos diretores e o fiasco publicitário da versão em espanhol, intitulada O Cruzeiro Internacional, que existiu entre 1957 e 1965.

terogêneo de fenômenos, que nem sempre tinham forma discóide. Em 1954, João Martins já havia notado essa fragilidade semântica:

> Na verdade essa denominação infeliz [disco voador] foi e é a causa do assunto ter se prestado tanto a brincadeiras e trocadilhos, o que, aliado ao mistério que cerca esses objetos e ao fantástico das suas aparições, tem dificultado a compreensão da seriedade do fenômeno. [...] Em todo caso, agora é muito tarde para que se batize popularmente com outro nome menos ridículo.[173]

Ao contrário do que pensava Martins, não era tarde para se encontrar um "nome menos ridículo". No final daquela década, a palavra *ufo* (acrônimo da expressão inglesa *Unidentified Flying Object*, que significa objeto voador não identificado) começou a ser cada vez mais utilizada.

Criado por técnicos militares norte-americanos, o termo *ufo* foi adotado pelo influente jornal *The New York Times* em 1957.[174] Dois anos depois, apareceu pela primeira vez em uma matéria da revista *O Cruzeiro*.[175] Ainda em 1959, ganhou destaque na edição brasileira do livro do capitão norte-americano Edward Ruppelt.[176] Sua tradução, a palavra óvni (objeto voador não identificado) demorou mais tempo para ser incorporada ao vocabulário. Ela não foi encontrada em livros, revistas e jornais da década de 1950.[177]

Em um contexto mais amplo, a situação mundial também parecia estar se alterando. A partir de 1958, a Guerra Fria viveu um período de trégua, especialmente depois que Nikita Kruschev tornou-se líder da União Soviética e

---

173 MARTINS, João. "Na esteira dos "Discos Voadores" – parte 3. Reunião de "Discos" em Palomar". In: *O Cruzeiro*. Rio de Janeiro, 16 de outubro de 1954, p. 47.

174 CABRIA, op. cit., p. 180.

175 MARTINS, João. "Mensagem do Disco Voador". In: *O Cruzeiro*. Rio de Janeiro, 13/6/1959, p. 60.

176 RUPPELT, Edward J. *Discos voadores: relatório sobre os objetos aéreos não identificados*; trad. de J. Escobar Faria & Auriphebo Berrance Simões; pref. de Flávio Pereira. São Paulo, Difel, 1959.

177 Nas décadas seguintes, as palavras *ufo* e *óvni* passaram a predominar no vocabulário da grande imprensa e dos grupos ufológicos. Já a expressão "disco voador", embora não tenha caído em desuso, passou a ser menos utilizada e adquiriu significado de naves extraterrestres.

suspendeu temporariamente os testes atômicos.[178] Em 1959, Kruschev tomou outra decisão inédita ao se encontrar com o presidente Dwight Eisenhower em solo norte-americano. Cada vez mais os soviéticos usavam a expressão "coexistência pacífica".

Existiram obviamente, graves recaídas nesse processo de distensão, como a invasão da Baía dos Porcos (1961), a explosão da bomba de hidrogênio soviética Tsar (a maior da história) e o dramático episódio da crise dos mísseis cubanos de 1962. Depois disso, porém, não houve nenhum outro incidente diplomático tão grave. Aos poucos, as superpotências finalmente notaram que uma guerra geraria destruição mútua e começaram a "dar alguns passos hesitantes em direção à sanidade".[179] Em 1963, foi instalada a linha telefônica que ligava a Casa Branca ao Kremlin.[180] Nos anos seguintes, foram costurados os acordos para proibição de testes e não proliferação nuclear. O apocalipse, afinal, não veio. Nem da Terra, nem do céu.

---

178 GADDIS, op. cit., p. 67.

179 HOBSBAWM, op. cit., p. 239.

180 Ibidem, p. 240.

O seu aparecimento nesta Capital tem causado uma verdadeira onda de curiosidade sem precedentes. Cremos que nem a bomba atômica, nem o radar causaram tamanho reboliço na imaginação do nosso povo.[1]

A Noite, São Paulo
12 de julho de 1947

---

1 "Discos Voadores sobre São Paulo". *A Noite*, São Paulo, 12 de julho 1947, p. 2.

Considerações Finais

Em 22 de março de 1950, jornais brasileiros noticiaram que, em Minas Gerais, uma "dupla de malandros de outro mundo" vendeu a um lavrador uma ação de uma companhia chamada "Disco Voador S/A", destinada à futura exploração de rotas interplanetárias.[2] Após perceber o golpe, o agricultor apresentou queixa à polícia de Belo Horizonte.[3] A imprensa, porém, não informou se ele conseguiu reaver seu dinheiro.

Ao longo deste trabalho, tentou-se não pensar os leitores brasileiros como se fossem aquele agricultor enganado e os meios de comunicação, a dupla de espertalhões. Em termos mais precisos: não se pode entender os discos voadores como mera criação da indústria cultural imposta à sociedade ou vendida enganosamente.

Os significados atribuídos a eles, entre 1947 e 1958, foram continuamente reelaborados a partir da interação entre a indústria cultural, os cientistas, os militares e outros atores de uma sociedade fortemente marcada pelos temores relacionados a Guerra Fria. Ou seja, os discos voadores foram uma representação inventada coletivamente e que guardou as marcas do momento histórico de seu nascimento.

---

2   "Discos Voadores S/A…" Coluna Se Non é vero… In: *A Noite*. São Paulo, 22 março 1950, p. 6.

3   "Malandros exploram o caso dos discos voadores". In: *Folha da Manhã*, São Paulo, 22 de março 1950, p. 3, 1º. caderno.

Ainda assim, não se pode negar o enorme impacto provocado pelas inúmeras notícias, reportagens, filmes, histórias em quadrinhos e outros produtos culturais que exploraram tal filão. Se a indústria cultural não inventou sozinha a ideia dos discos voadores, tampouco se pode contestar que esta só adquiriu os contornos que tem graças ao enorme apelo comercial explorado tão habilmente naqueles anos.

A princípio, discussões sobre a existência de vida interplanetária e as visões de objetos e fenômenos aéreos não identificados não estiveram relacionadas. As pessoas interpretavam o que viam segundo outras informações disponíveis no seu contexto histórico.

No primeiro capítulo, narrou-se o surgimento da expressão "flying saucer" a partir do erro de um jornalista norte-americano ocorrido em 25 de junho de 1947. Esse impactante termo passou a agregar uma série de observações de fenômenos e objetos aéreos que não eram imediatamente identificados, permitindo que o assunto continuasse em evidência por muito tempo.

A história inicial, o caso Arnold, chamou bastante atenção dos leitores porque se tratava dos primórdios da Guerra Fria, em que havia grande interesse no tema das armas secretas. Além disso, a corrida por aviões cada vez mais rápidos era também assunto recorrente.

Junto com a cobertura da imprensa, houve, em julho de 1947, uma grande onda de relatos de objetos voadores não identificados, que passaram a ser chamado de "discos voadores" na língua portuguesa. Essa onda ocorreu inicialmente entre os norte-americanos e, em seguida, no Brasil, onde foram encontrados pelo menos 28 casos em menos de um mês. Naquele momento, a imprensa escrita foi uma importante arena de debates e, ao mesmo tempo, parte interessada do processo, já que a polêmica e o mistério tendiam a aumentar as vendas.

Na primeira grande discussão, a principal (e eterna) dúvida era sobre sua existência. Dois grupos se destacaram. O primeiro acreditava que os casos eram fruto de algum fenômeno psicológico individual ou coletivo causado pelo temor a Guerra Fria ou ainda resultado de confusões com objetos e fenômenos conhecidos. Para estes, os discos voadores não existiam. Já o segundo grupo defendia que eram aeronaves reais, provavelmente armas secretas das superpotências. Nos dois casos, as ideias estavam relacionadas à delicada situação da política mundial no final dos anos 1940.

A INVENÇÃO DOS DISCOS VOADORES

Ao longo dos anos seguintes, a expressão disco voador se consolidou no vocabulário nacional. As aspas foram lentamente abandonadas pela imprensa e o termo foi incorporado ao glossário cotidiano, inicialmente com o significado de qualquer fenômeno ou artefato aéreo não reconhecido, tendo ele forma de disco ou não.

Após nova profusão de notícias correlatas oriundas principalmente dos Estados Unidos e do México, uma segunda onda de casos ocorreu no Brasil em março de 1950. Foram encontradas pelos menos trinta ocorrências nos periódicos do país. Nessa época, a teoria de que os discos voadores eram aviões secretos norte-americanos estava bastante em voga e foi publicada por diversos meios de comunicação com abordagem mais sóbria do assunto. Colaborou para isso o clima de hostilidade entre russos e norte-americanos, que tinha piorado consideravelmente.

Havia também naquele momento um sentimento ambivalente em relação à ciência, que ora era vista como possuidora de capacidade ilimitada, ora era criticada por produzir armas nucleares apocalípticas. O temor em relação ao desenvolvimento científico se acentuara profundamente após a Segunda Guerra e a explosão das bombas atômicas sobre o Japão e ficou registrado em várias crônicas angustiadas do período. Por outro lado, a crença na capacidade dos cientistas em produzir artefatos capazes de mudar profundamente a vida humana permaneceu forte, como pode ser observado nas alegações de diversas pessoas que diziam ter projetado discos voadores.

Ainda em 1950, artigos e livros de escritores norte-americanos como Donald Keyhoe começaram a divulgar amplamente a hipótese interplanetária. A indústria cultural rapidamente se deu conta da potencialidade do tema e passou criar uma gama de produtos que associavam os discos voadores aos alienígenas. Isso foi fortalecido pelos grandes avanços ocorridos na astronáutica no período.

Tal progresso tecnológico abriu um precedente em termos de imaginário. Afinal, se os humanos podiam agora sonhar com as viagens espaciais, não era difícil pensar que seres de outros planetas já possuíam tal tecnologia. Assim, não era surpresa que as pessoas relacionassem os discos voadores aos extraterrestres. Afinal, nenhum outro período histórico esteve tão ligado culturalmente ao que existe além da Terra quanto o século XX. Em nenhum outro momento da história essa ideia pareceu tão verossímil.

243

O ano de 1952 foi especialmente importante no Brasil. Embora o país não tenha passado por nenhuma onda de relatos, a revista *O Cruzeiro*, que possuía um histórico de fraudes, promoveu amplamente fotos de um disco voador tiradas na Barra da Tijuca, Rio de Janeiro. Depois disso, a publicação continuou a divulgar amplamente a hipótese extraterrestre por meio das séries de fotorreportagens produzidas principalmente pelo jornalista João Martins, que esteve envolvido nos principais episódios daquela década. Ao que tudo indica, essas matérias foram bastante lucrativas para a publicação, que adotou, na maior parte das vezes, uma abordagem francamente sensacionalista.

Embora nem todos os meios de comunicação agissem dessa forma, muitos ajudaram a difundir, intencionalmente ou não, casos infundados que alimentaram polêmicas e boatos. Além de revistas de grande circulação, como *O Cruzeiro*, pequenos diários vespertinos das capitais e de cidades do interior tendiam a veicular ocorrências sem consultar outras testemunhas e opiniões de oficiais de aeroportos, de estações meteorológicas, astrônomos locais e autoridades policiais.

Pode-se afirmar que, de modo geral, a imprensa brasileira foi incapaz de oferecer aos leitores informações suficientes para que eles pudessem reconhecer corretamente fenômenos celestes e objetos voadores corriqueiros. Sem *background* científico, muitos ficaram à mercê das especulações promovidas pelos periódicos mais sensacionalistas.

Essa postura da imprensa deveu-se, em parte, à fraca articulação com a comunidade científica nacional, que frequentemente evitou se envolver na controvérsia em torno dos discos voadores. Havia poucos cientistas no país nos anos 1950 e muitos deles estavam envolvidos na luta pela melhoria de suas condições de trabalho, algo que por si parecia mais relevante. O tom sensacionalista de alguns meios de comunicação também os afastava naturalmente do assunto.

Ainda assim, alguns cientistas, especialmente aqueles ligados ao Observatório Nacional, se destacaram ao fazerem declarações públicas que ajudaram a esclarecer casos e a combater especulações. Malgrado a atuação da comunidade científica brasileira, diante de suas possibilidades, tenha sido adequada, ela não alcançou força necessária para se contrapor ao falso ar de cientificidade criado em torno do tema.

O principal destaque nesse sentido foi Ary Maurell Lobo, editor de *Ciência Popular*. Em várias ocasiões, ele enfatizou e explicou como aconteciam os enganos com fenômenos e objetos conhecidos. Também alertou para a grande falibilidade do olho humano e denunciou exageros e fraudes. No entanto, frequentemente preferiu apostar em ataques pessoais e argumentos de autoridade. Além disso, sua revista possuía uma tiragem muito menor do que a principal divulgadora dos discos voadores, *O Cruzeiro*. Embora nunca tenha se abstido do debate, Ary Maurell Lobo pouco pôde fazer diante do enorme alcance do magazine de Assis Chateaubriand.

Ainda que os meios de comunicação de massa tenham tido papel fundamental na produção de algumas ondas de casos, a longa exposição do assunto nem sempre resultou em uma enxurrada de testemunhos. Em 1952, por exemplo, houve intensa publicidade do tema no país nos primeiros meses do ano e não surgiram muitos casos na sequência.

Outro ponto importante foi que as ideias estrangeiras nem sempre eram aceitas passivamente ou simplesmente imitadas por aqui. Foi o que aconteceu, por exemplo, com as teorias da conspiração, que praticamente não existiram no país nessa época. Isso se explica, em parte, pela atuação das próprias Forças Armadas brasileiras.

A validação pelos militares das fotos fraudadas da Barra da Tijuca sugere que eles não contavam com muitos técnicos e cientistas nos seus quadros e que tampouco buscaram aproximação com a comunidade científica ao analisar o tema. Além disso, alguns oficiais de alta patente, como João Adil de Oliveira, levaram a hipótese interplanetária a sério e colaboraram bastante com a imprensa. A ponto de receber elogios generosos do jornalista João Martins, um dos principais entusiastas do assunto. Tal situação dificultou que prosperassem no Brasil daquela época críticas como aquelas feitas por Donald Keyhoe ao acobertamento realizado pelo governo dos Estados Unidos. Aparentemente, argumentos como esses ainda não faziam sentido por aqui.

Apesar do grande número de casos envolvendo enganos e fraudes, a teoria extraterrestre foi ganhando cada vez mais força. Surgiram os relatos dos contatados e episódios que tiveram ampla repercussão, como o das fotos da ilha da Trindade. Floresceram também, em vários pontos do Brasil, grupos de aficionados pelo tema. Além de consumirem o que era publicado pela grande imprensa, esses entusiastas passaram a garimpar ocorrências por conta própria.

De acordo com o historiador da ciência norte-americano Michael Crowe, "séculos de busca por evidência dos extraterrestres produziram centenas de argumentos, milhares de publicações e milhões de crentes, mas nenhuma simples prova".[4] Ainda assim, a hipótese interplanetária se consolidou no imaginário ocidental no final dos anos 1950.

Foram destacados ao menos três aspectos que contribuíram para esse êxito. São eles: a insistente atuação da indústria cultural, a atratividade da ideia de vida fora da Terra, que não pode ser totalmente negada pela ciência, e a enorme riqueza imaginativa que a representação do alienígena carrega consigo ao permitir que pensemos a condição humana a partir de um "outro" sideral.

No final da década de 1950, ocorreu um refluxo temporário de interesse pela temática na imprensa que estava, ela mesma, passando por grandes transformações. Jornais vespertinos que tinham se destacado na cobertura do assunto entraram em declínio, assim como a revista *O Cruzeiro*. A corrida espacial também ajudou a esfriar momentaneamente o interesse pelos discos voadores. Na época, o próprio vocabulário começou a se alterar. Aos poucos, a palavra *ufo* passou a ser cada vez mais utilizada.

Nos anos 1960, ganhou voz uma nova geração que rejeitava enfaticamente a corrida armamentista e buscava respostas para além racionalidade e da ciência. Nessa época, a contracultura adotou os discos voadores como um de seus símbolos. Eles continuaram sendo aquilo que não podia ser explicado pela ciência, o refúgio do romantismo. Eram uma maneira de reafirmar a luta contra a "tirânica elite tecnocrata". Essa história, tão incrível quanto a dos anos 1950, está para ser contada.

Desde então, muita coisa mudou e continua se alterando no mundo dos discos voadores. No entanto, o imaginário ainda tem como noção básica a ideia de que "eles" nos visitam com suas naves circulares e podem aterrissar a qualquer momento. Tal pensamento guarda a marca dos primórdios angustiantes da Guerra Fria.

Uma despretensiosa fotografia publicada pela revista *O Cruzeiro*, em 1955, ilustra bem a relação entre os discos voadores e a guerra. Na imagem, um menino posa para a câmera numa rua deserta de Nova York. A revista o

---

4   "Centuries of searching for evidence of extraterrestrials have produced hundreds of claims, thousands of publications, and millions of believers, but not as yet a single proof." (CROWE, *The Extraterrestrial Life Debate - 1750-1900*. Nova York, Cambridge University Press, 1986, p. 547)

chama de "pequeno marciano" e comenta que ele portava "uma arma bem típica da era atômica".[5] O texto afirma ainda que: "Tudo que a imaginação infantil colore de exótico e fantástico, parece realidade nesta fotografia". Aos olhares atentos, trata-se de uma criança esperando melancolicamente pela guerra, que, naquele momento, poderia vir deste ou de qualquer outro mundo.

---

5   "O pequeno marciano". In: *O Cruzeiro*, Rio de Janeiro, 24 de setembro de 1955, p. 34. Direitos autorais concedidos por D.A. Press.

Bibliografia

A) Sobre vida extraterrestre e discos voadores

ALDRICH, Jan L. "1947: Beginning of the UFO era" In: EVANS, Hilary e STACY, Dennis (org.), *UFOs 1947-1997 From Arnold to the abductees: fifty years of flying saucers*, Londres, Inglaterra, 1997.

ANDRIONI, Fábio Sapragonas. *Deuses, astronautas e o profeta do futuro: a concepção de história em "Eram os Deuses Astronautas?" de Erich Von Däniken (1968-1969)*. Monografia de conclusão de Curso, Universidade Tuiuti do Paraná, Curitiba, 2005.

ARANHA FILHO, Jayme Moraes. *Inteligência extraterrestre e evolução*. Dissertação de Mestrado, Museu Nacional/UFRJ, Rio de Janeiro, 1990.

ARESDEBLAS,Félix.Ivan.*Historiadeumproyecto*.2002.Disponívelemhttp://digital.el-esceptico.org/leer.php?autor=23&id=1272&tema=25. Acesso em 14/4/2009.

BANCHS, Roberto. *Guía biográfica de la ufología argentina*. Cefai Ediciones, Buenos Aires, Argentina, 2000.

BARCELOS, Eduardo Dorneles. "Na terra de oz - Os debates sobre a pesquisa de vida e inteligência extraterrestre (1959-1993)". In: *Revista da Sociedade Brasileira de História da Ciência*, n. 10, p. 29-42, 1993.

_____*História da pesquisa de vida e inteligência extraterrestre (1959-1990).* Dissertação de Mestrado, Universidade de São Paulo, São Paulo, 1991.

_____. *Telegramas para Marte: os estudos de vida e inteligência extraterres-tres (1920-1959).* Tese de Doutorado, Universidade de São Paulo, São Paulo, 1997.

_____. *Telegramas para Marte: a busca científica de vida e inteligência extrater-restres.* Rio de Janeiro, Jorge Zahar, 2001.

BARTHOLOMEW, Robert E. and George S. Howard. *UFOs & alien contact: two centuries of mystery.* Prometheus Books, New York, 1998.

BERENDZEN, Richard. *Sightings, Conjectures, and Disputes. Science.* New Series, v. 189, No. 4203. (Aug. 22, 1975), p. 627-628;

BLOECHER, Ted. *Report on the UFO Wave of 1947, 1967, (section II).* Disponível em www.mimufon.org/historical_folders/nicap_pages/repor-tufowave1947_menu.htm. Acesso em 21/8/2007.

BOAVENTURA JR., Edison. *OVNIs avistados por militares brasileiros antes de 1947.* Disponível em http://www.burn.org.br/modules.php?name=News&file=article&sid=317. Acesso em 20/12/2008.

_____. *Ovnis avistados na região sudeste do Brasil antes de 1947,* 2008 (texto inédito).

BORGES, Alexandre de Carvalho. "Esfriando a polêmica sobre o caso" In: *Revista UFO,* Campo Grande, número 82, novembro 2002.

BOVE, Cataldo. *Reportagem Cósmica.* ASTRO Associação de Amadores de Astronomia de Campinas, 1ª. edição, 1984.

CAMBIAS, James L. *O Incrível Dirigível de 1896.* Tradução de Kentaro Mori. Disponível em http://www.ceticismoaberto.com/ufologia/dirigivel.htm. Acesso em 30/12/2008.

CABRIA, Ignacio. *Entre ufólogos, creyentes y contactados. Una historia social de los ovnis em España.* Cuadernos de Ufología, Santander, 1993

_____.'*OVNIs y ciencias humanas.* Fundación Anomalia, Santander, 2003.

_____."Ya tenemos platillos volantes". *Cuadernos de Ufología,* n° 21 (n°1, 3ª época), 1997, p. 18-35.

CLARK, Jerome. "Meeting the Extraterrestrials: How ETH Was Invented". In: EVANS, Hilary e STACY, Dennis (org.), *UFOs 1947-1997 From Arnold to the abductees: fifty years of flying saucers*, Londres, Inglaterra, 1997, p. 68-77.

CONTRERAS, Diego Andrés Zuñiga. *LOS OVNIS. La prensa escrita en la difusión de creencias populares*. Memoria para optar al título de periodista, Universidad de Chile, Santiago, 2003.

COTTON, John L. & SCALISE, Randall J. *Discos voadores e Frank Scully*. Tradução Kentaro Mori. Disponível em http://www.ceticismoaberto. com/ufologia/discosvoadores_scully.htm. Acesso em 08/07/2009.

COVO, Claudeir & COVO, Paola Lucherini. "Resgatando a História da Ufologia Brasileira. Casos Barra da Tijuca e Ilha da Trindade: dois clássicos nacionais em situações opostas" In: *Revista UFO*, Campo Grande, número 82, novembro 2002, p. 10-21.

CROWE, Michael J. *The Extraterrestrial Life Debate - 1750-1900*. Nova York, Cambridge University Press, 1986.

DICK, Steven J. *Plurality of Worlds - The Origins of Extraterrestrial Life Debate from Democritus to Kant*. Cambridge, Cambridge University Press, 1982.

DURRANT, Robert. "Public opinion polls and UFOs" in EVANS, Hilary e STACY, Dennis (org.), *UFOs 1947-1997 From Arnold to the abductees: fifty years of flying saucers*, Londres, Inglaterra, 1997.

EASTON, James. *Kenneth Arnold, 'Discos Voadores' e Voo Ondulante*. Tradução Kentaro Mori. http://www.ceticismoaberto.com/ufologia/easton_arnold.htm. Acesso em 21/08/2007.

FORT, Charles. *O livro dos danados: verdadeiro caos de fatos insólitos*. tradução de Edson Bini e Márcio Pugliesi. São Paulo, Hemus, s.d.;

FERREIRA NETO, José Fonseca. *A Ciência dos Mitos e o Mito da Ciência*. Dissertação de mestrado. Universidade de Brasília, 1984.

GAUTHIER, Rodolpho. *Um diálogo sobre Vênus*. Disponível em http://www. ceticismoaberto.com/ufologia/dvenus.htm. Acesso em 1/7/2009.

GARDNER, Martin. *Manias e crendices em nome da ciência*. Tradução de Jorge Rêgo Freitas. Ibrasa, São Paulo, 1960, 314 p.

GIACONETTI, Milton José. *As luzes no céu e a Guerra Fria. Do limiar do conflito ao imaginário sobre os discos voadores (1945-1953)*. Dissertação de Mestrado em História, Pontifícia Universidade Católica do Rio Grande do Sul (PUC-RS), Porto Alegre, 2009.

GRANCHI, Irene. "As testemunhas são confiáveis" in *Seleções Planeta: Ufologia*, São Paulo, s/d, nº 9, p. 18-23.

GRINSPOON, David. *Planetas solitários: a filosofia natural da vida alienígena*. Tradução Vera de Paula Assis. São Paulo, Globo, 2005.

HARNEY, John. *O magnésio de Ubatuba*. Tradução de Kentaro Mori. Disponível em www.ceticismoaberto.com/referencias/ubatuba.htm. Acesso em 14/08/2005.

JACOBS, David Michael. *The UFO Controversy in America*, Indiana Press University, Bloomington & London, 1975.

_____. *The Journal of American History*. v. 82, No. 2. (Sep., 1995), p. 781-782.

JOHNSON, Dewayne B. and Thomas, Kenn. *Flying Saucers Over Los Angeles*. Adventures Unlimited, Kempton, Illinois, 1998.

KEEL, John A. *O homem que inventou os discos voadores*. Tradução de Kentaro Mori. Disponível em http://www.ceticismoaberto.com/ufologia/shaver.htm. Acesso em 2/2/2009.

KLASS, Philip. "¿Fueron meteoros los OVNIS de Arnold?" In: *La Nave de Los Locos*, Monográfico 1, Santiago, Chile, agosto 2001.

KOTTMEYER, Martin S. *Rendondamente errados*. Traduzido por Kentaro Mori, disponível em http://www.ceticismoaberto.com/ufologia/kott_error.htm. Acesso em 21/8/2007

_____. "Oleadas OVNI: un análisis". In: *La Nave de los Locos*, Monográfico nº. 2, Santiago, Chile, junio 2003.

_____. *Discos que aumentam*. Disponível em http://www.ceticismoaberto.com/ufologia/kott_saucer.htm. Acesso em 2/9/2007.

_____. *Por que 1947?*. Traduzido por Kentaro Mori, disponível em http://www.ceticismoaberto.com/ufologia/kottmeyer_1947.htm. Acesso em 29/2/2009.

_____. *Transmutaciones y transfiguraciones*. Fundación Anomalía, Santander, Espanha, 2002.

LAGRANGE, Pierre. "It is Impossible, but There it is". In: John Spencer y Hillary Evans (orgs.). *Phenomenon. From Flying Saucers to UFOs-Forty Years of Facts and Research*. Futura, Londres, 1988.

_____. "Volver a cero. Para uma sociologia no reduccionista de los óvnis". In: *La nave de los locos*, n° 6, Santiago, Chile, enero 2001.

_____. "El affaire Kenneth Arnold" In: *La Nave de los Locos*, no. 26/27, Santiago, Chile, marzo 2004.

_____. "Comment tordre le cou à quelques idées reçues à propos des soucoupes volantes". Julho de 2000, disponível em http://greguti.free.fr/ovni/lagrange-bifrost.htm. Acesso em 4/1/2009.

LORENZEN, Coral and Jim. *Flying saucer occupants*. Signet Books, New York, 1967.

MACCABEE, Bruce. *Prosaic Explainations: The Failure Of UFO Skepticism*. http://brumac.8k.com/prosaic4.html. Acesso em 21/8/2007.

McCLURE, Kevin. *O Mito dos UFOs nazistas*. Tradução: Kentaro Mori. Disponível em http://www.ceticismoaberto.com/ufologia/3373/o-mito-dos-ufos-nazistas-2. Acesso em 02/07/2014.

MAYR, Ernst. "A probabilidade de vida extraterrestre inteligente" In: REGIS JR., Edward. *Extraterrestres – ciência e inteligência alienígenas*. Tradução Renato Casquilho. Publicações Europa-América, Portugal, s.d, p. 35 a 41.

MORI, Kentaro. *Trindade: Dúvida, Boatos e Fraude*. disponível em www.ceticismoaberto.com/ufologia/trindadefraude.htm. Acesso em 09/2/2006.

MARTINS, João. *As chaves do mistério*. Rio de Janeiro, Hunos, 1979.

OBERG, James. *Estudos de Caso em Más interpretações de "OVNIs" por pilotos.* Traduzido por Kentaro Mori. Disponível em: http://www.ceticismoaberto.com/ufologia/oberg_pilots.htm. Acesso: 2/2/2008.

PEEBLES, Curtis. *Watch the skies! A chronicle of the flying saucer myth.* Washington e Londres, Smithsonita Institution Press, 1994.

PEREIRA, Fernando Cleto Nunes. *Sinais estranhos.* Editora Hunos, Rio de Janeiro, 1979.

PEREIRA, Flávio Augusto. *Introdução à Astrobiologia.* José Olympio Editora, Rio de Janeiro, 1958.

RAUP, David M. "Eti sem inteligência". In: REGIS JR., Edward. *Extraterrestres – ciência e inteligência alienígenas.* Tradução Renato Casquilho. Publicações Europa-América, Portugal, s.d, p. 43 a 54.

REIS, Carlos Alberto. "As fotos não resistem ao enfoque científico" In: *Seleções Planeta: Ufologia,* São Paulo, s/d, nº 9, p. 12-17.

RUIZ NOGUEZ, Luis. *El OVNI de la isla Trindad.* Disponível em www.ceticismoaberto.com/ufologia/noguez_trindade17.htm. Acesso em 09/2/2006.

_____. *La "oleada" de 1950 em México.* (manuscrito inédito não publicado).

_____. *Década del 50.* (manuscrito inédito não publicado).

RUPPELT, Edward J. *Discos voadores - relatório sobre objetos aéreos não identificados.* Tradução: José Escobar Faria e Auriphebo Berrance Simões, São Paulo: Difusão Europeia do Livro, 1959.

SAROLDI, Luiz Carlos. "A Guerra dos Mundos e o outro conflito mundial" In: MEDITSCH, Eduardo (org.). *Rádio e pânico: a Guerra dos Mundos 60 anos depois.* Florianópolis, Insular, 1998.

SIMPSON, George Gaylord. "The nonprevalence of humanoids". In: *Science,* v. 143, n. 3608, P. 769-775, 1964.

STEIGER, Brad. *Projecto Livro Azul,* Rio de Janeiro, Internacional Portugália Editora, 1976.

STRENTZ, Herbert. *A survey of press coverage of unidentified flying objects, 1947-1966.* Capítulos I, V, VI e conclusões. [Versão revisada pelo autor, não publicada].

SUENAGA, Cláudio Tsuyoshi. *A dialética do real e do imaginário: uma proposta de interpretação do fenômeno OVNI.* Dissertação de Mestrado em História, Universidade Estadual Paulista, Assis, 1998.

_____. *Contatados – emissários das estrelas, arautos de uma nova era ou a quinta coluna da invasão extraterrestre?* Campo Grande, Centro Brasileiro de Pesquisas de Discos Voadores, 2007.

SWORDS, Michael. "Donald E. Keyhoe and the Pentagon". In: EVANS, Hilary e STACY, Dennis (org.), *UFOs 1947-1997 From Arnold to the abductees: fifty years of flying saucers,* Londres, Inglaterra, 1997.

TATE, James P. *The Journal of American History.* v. 64, No. 3. (Dec., 1977), p. 844-845.

TOBEY, Ronald. "Epiphany and Conspiracy: The UFO Controversy". In: *Reviews in American History.* v. 4, No. 1. (Mar., 1976), p. 128-131;

VISONI, Rodrigo Moura. "Photoshop na Rolleiflex". In: *Revista de História da Biblioteca Nacional.* Rio de Janeiro, ano 5, n° 49, outubro de 2009.

VOLTAIRE. "Micrômegas, história filosófica" In: *Contos.* Tradução de Mário Quintana, São Paulo, Editora Abril S.A., 1972.

WELLS, H. G. *A guerra dos mundos.* Tradução de Carlos de Souza Ferreira. 4ª. edição, F. Briguiet & Cia Editores, Rio de Janeiro, 1953.

WRIGHT, Monte D. *Technology and Culture.* v. 17, No. 3. (Jul., 1976), p. 596-598;

B) SOBRE IMPRENSA E INDÚSTRIA CULTURAL

ABREU, Alzira Alves de (Coord.). *Dicionário histórico biográfico brasileiro pós-1930.* 2. ed. Rio de Janeiro: FGV, 2001.

_____. *A Imprensa em transição: o jornalismo brasileiro nos anos 50*. Rio de Janeiro, Editora Fundação Getulio Vargas, 1996.

ACCIOLY NETO, Antonio. *O Império de Papel – Os bastidores de O Cruzeiro*, Porto Alegre: Sulina, 1998.

ADORNO, Theodor & HORKHEIMER, Max. "A indústria cultural" In: *Indústria cultural e sociedade*. Tradução de Júlia Elisabeth Levy. 3ª. ed. São Paulo: Paz e Terra, 2002.

ANGRIMANI Sobrinho, Danilo. *Espreme que sai sangue: um estudo do sensacionalismo na imprensa*. São Paulo, Summus, 1995.

A REVISTA NO BRASIL. São Paulo: Editora Abril, 2000.

BAHIA, Juarez. *Jornal, história e técnica. História da imprensa brasileira*. São Paulo, Ática, 1990.

BARBOSA, Marialva. *História cultural da imprensa – Brasil 1900-2000*. Rio de Janeiro: Mauad X, 2007.

BRITTOS, Valério Cruz. "Por que não aconteceu aqui: o rádio em 1938 no Brasil" In: MEDITSCH, Eduardo (org.). *Rádio e pânico: a Guerra dos Mundos 60 anos depois*. Florianópolis, Insular, 1998, p. 109-118.

CADERNOS DE COMUNICAÇÃO. *O Cruzeiro – A maior e melhor revista da América Latina*, Série Memória, v. 3, Secretaria Especial de Comunicação Social, Prefeitura Municipal do Rio de Janeiro, Rio de Janeiro, 2002.

CARVALHO, Luiz Maklouf. *Cobras Criadas: David Nasser e O Cruzeiro*. São Paulo, editora SENAC, 2001.

COSTA, Helouise. *Aprenda a ver as coisas: fotojornalismo e modernidade na revista O Cruzeiro*, dissertação de mestrado. São Paulo: ECA-USP, 1992

_____. *Um olho que pensa: estética moderna e fotojornalismo*, Tese de doutorado. São Paulo: FAU-USP, 1998.

ECO, Umberto. *Apocalípticos e Integrados*. Tradução de Pérola de Carvalho. São Paulo: Perspectiva, 1979.

GOLDENSTEIN, Gisela. *Do jornalismo político à indústria cultural*. São Paulo, Summus, 1987.

HABERMAS, Jürgen. "Do jornalismo literário aos meios de comunicação de massa". In: MARCONDES Filho, Ciro (org). *Imprensa e capitalismo*. São Paulo, Kairós, 1984.

MEDITSCH, Eduardo (org.). *Rádio e pânico: a Guerra dos Mundos 60 anos depois*. Florianópolis, Insular, 1998.

MARTÍN-BARBERO, Jesús. *Dos meios às mediações: comunicação, cultura e hegemonia*. Tradução de Ronald Polito e Sérgio Alcides. 4ª. ed. Rio de Janeiro: Editora UFRJ, 2006.

MENEGUELLO, Cristina. *Poeira de estrelas: o cinema hollywoodiano na mídia brasileira das décadas de 40 e 50*. Campinas, Ed. da Unicamp, 1996.

MORAIS, Fernando. *Chatô: o rei do Brasil*. São Paulo, Cia das Letras, 1994.

PEREGRINO, Nadja Maria Fonseca. *A fotografia de reportagem: sua importância na revista* O Cruzeiro *(1944-1960)*, Dissertação de mestrado, Escola de Comunicação da Universidade Federal do Rio de Janeiro, Rio de Janeiro, 1990.

PRIMEIRA PÁGINA: Folha de S. Paulo, 5ª. ed. – São Paulo: Publifolha, 2000.

NESTROVSKI, Arthur (org.). *Figuras do Brasil: 80 autores em 80 anos de Folha*. São Paulo: Publifolha, 2001.

"Relação dos principais jornais existentes no Brasil". In: *Anuário Brasileiro de Imprensa*. Revista Publicidade e Negócios, Rio de Janeiro, out. 1949.

RIBEIRO, Ana Paula Goulart. *Imprensa e história no Rio de Janeiro dos anos 1950*. Rio de Janeiro: E-papers, 2007.

SILVA, Carlos Eduardo Lins da. *O adiantado da hora: a influencia americana sobre o jornalismo brasileiro*. São Paulo: Summus, 1991.

SODRÉ, Nelson Werneck. *História da imprensa no Brasil*. 4ª. edição atualizada. Rio de Janeiro: Mauad, 1999.

SUPPIA, Alfredo Luiz Paes de Oliveira. *Limite de Alerta! Ficção Científica em Atmosfera Rarefeita: Uma introdução ao estudo da FC no cinema brasi-*

RODOLPHO GAUTHIER CARDOSO DOS SANTOS

leiro e em algumas cinematografias off-Hollywood. Tese de doutorado em Multimeios, Campinas, Universidade Estadual de Campinas, 2007.

VALIM, Alexandre Busko. *Imagens vigiadas: uma História Social do cinema no alvorecer da Guerra Fria, 1945-1954*. Tese de Doutorado em História, Rio de Janeiro, Universidade Federal Fluminense, 2006.

_____. "'Os marcianos estão chegando!': as divertidas e imprudentes reinvenções de um ataque alienígena no cinema e no rádio". In: *Diálogos*. DHI/PPH/UEM, Maringá, v. 9, n. 3, p. 185-208, 2005.

c) SOBRE CIÊNCIA

ANDRADE, Ana Maria Ribeiro de. "*O Cruzeiro* e a construção de um mito de ciência". In: *Perspicillum*. Rio de Janeiro: MAST, v. 8, n. 1, nov. 1994, pág.107-137.

_____. *Físicos, mésons e política: a dinâmica da ciência na sociedade*. Rio de Janeiro, Hucitec, Museu de Astronomia e Ciências Afins, 1999.

_____ & CARDOSO, José Leandro Rocha. "Aconteceu, virou manchete". In: *Revista Brasileira de História*. São Paulo, v. 21, n. 41, 2001.

ANGUITA, Francisco. *Historia de Marte: Mito, exploración, futuro*. Planeta, Barcelona, España, 1998.

CAPELLA, Catarina S.; OLIVEIRA, B. J. "Toda pergunta tem resposta: o que os leitores da revista Ciência Popular desejavam saber sobre ciência (1948-1960)". In: *VII ESOCITE - Jornadas Latino-Americanas de Estudos Sociais das Ciências e das Tecnologias*, 2008, Rio de Janeiro. Disponível em www.necso.ufrj.br/esocite2008/trabalhos/35914.doc. Acesso em 8/7/2009.

_____. "A ciência em foco: a revista Ciência Popular e a divulgação científica no Brasil (1948-1956)". In: *IV Congresso Brasileiro de História da Educação*, Goiânia, 2006. Disponível em: http://www.sbhe.org.br/novo/congressos/cbhe4/coordenadas/eixo03/Coordenada%20por%20

Bernardo%20Jefferson%20de%20Oliveira/Catarina%20Capella%20 Silva%20-%20Texto.pdf. Acesso 10/06/2009.

CARDOSO, José Leandro Rocha. *A ciência em órbita: Guerra Fria, corrida espacial e divulgação da ciência na imprensa carioca (1957-1961)*. Dissertação de Mestrado em História Social, Universidade Federal Fluminense (UFF), Niterói, 2003. [versão preliminar, não a final].

ESCADA, Paulo Augusto Sobral. *Origem, institucionalização e desenvolvimento das Atividades Espaciais Brasileiras (1940-1980)*. Dissertação de mestrado em Ciência Política, Unicamp, Campinas, 2005.

ESTEVES, Bernardo. *Domingo é dia de ciência*. Rio de Janeiro, Azougue Editorial, 2006.

MENDES, Marta Ferreira Abdala. *Uma perspectiva história da divulgação científica: a atuação do cientista-divulgador José Reis (1948-1958)*. Tese de Doutorado em História das Ciências da Saúde. Casa de Oswaldo Cruz (Fiocruz), Rio de Janeiro, 2006.

MOURÃO, Ronaldo Rogério de Freitas. "A astronomia no Brasil" In: FERRI, Mário Guimarães e MOTOYAMA, Shozo (coords.). *História das ciências no Brasil*. São Paulo, EPU/Edusp/CNPq, 1979-80, v. 2.

PEREIRA, Guilherme Reis. *Política Espacial Brasileira e a trajetória do INPE (1961-2007)*. Tese de doutorado em Política Científica e Tecnológica, Unicamp, Campinas, 2008.

ROSSI, Paolo. *A ciência e a filosofia dos modernos: aspectos da revolução científica*. Tradução de tradução de Alvaro Torencini, São Paulo, Unesp, 1992.

SAGAN, Carl. *Os Dragões do Éden. Especulações sobre a evolução da inteligência humana*. Rio de Janeiro, Francisco Alves, 1985.

_____. *O mundo assombrado pelos demônios: a ciência vista como uma vela no escuro*. Tradução: Rosaura Einchemberg, São Paulo: Companhia das Letras, 1996.

SMITH, P. D. *Os homens do fim do mundo: o verdadeiro Dr. Fantástico e o sonho da arma total*. Tradução José Viegas Filho. São Paulo, Companhia das Letras, 2008.

d) Assuntos diversos

ABREU, Alzira Alves de (Coord.). *Dicionário histórico biográfico brasileiro pós-1930*. 2. ed. Rio de Janeiro: FGV, 2001.

ADAMS, Jefferson. *Historical Dictionary of German Intelligence*. Lanham, Mariland, Scarecrow Press, 2009.

ANDRADE, Carlos Drummond de. *O poder ultra-jovem*, Rio de Janeiro, Livraria José Olympio, 1972.

BARTHES, Roland. *Mitologias*. Tradução de Rita Buongermino e Pedro De Souza, São Paulo, DIFEL, 1982

_____. *Estrutura da notícia*. Crítica e verdade. São Paulo: Perspectiva, 3ª. edição, 1999, p. 57 a 67.

CAUSO, Roberto de Sousa. *Ficção Científica, Fantasia e Horror no Brasil (1875-1950)*. Belo Horizonte, editora UFMG, 2003.

CORDANI, Umberto G. *O Instituto de Geociências*. Estudos Avançados, 1994, v. 8, n. 22, ISSN 0103-4014.

DAMAZIO, Sylvia F. *Da elite ao povo: advento e expansão do espiritismo no Rio de Janeiro*. Rio de Janeiro, Bertrand Brasil, 1994.

GADDIS, John Lewis. *História da Guerra Fria*. 1ª ed. Rio de Janeiro: Nova Fronteira, 2006.

HILTON, Stanley. *Suástica sobre o Brasil: a historia da espionagem alemã no Brasil, 1939-1944*. Rio de Janeiro: Civilização Brasileira, 1977.

LUCHETTI, Marco Aurélio. *A Ficção Científica nos Quadrinhos*. São Paulo: GRD, 1991

NEGRÃO, Lísias Nogueira. "Revisitando o Messianismo no Brasil e profetizando seu Futuro" In: *Revista Brasileira de Ciências Sociais*, v.16 no. 46, São Paulo, Junho 2001, p. 119-129.

TOTA, Antonio Pedro. *O Imperialismo sedutor: a americanização do Brasil na época da Segunda Guerra*. São Paulo: Companhia das Letras, 2000.

ZALUAR, Augusto Emílio. *O Doutor Benignus.* Rio de Janeiro: Editora UFRJ, 1994.

FONTES CONSULTADAS

I) Lista de abreviaturas dos arquivos consultados

(ABI) – Biblioteca da Associação Brasileira de Imprensa, Rio de Janeiro-RJ.

(AEL) – Arquivo Edgar Leuenroth, Unicamp, Campinas-SP.

(AESP) – Arquivo do Estado de São Paulo, São Paulo-SP.

(BAN) – Biblioteca do Banespa, São Paulo-SP.

(BMA) – Biblioteca Mário de Andrade, São Paulo-SP.

(BN) – Biblioteca Nacional, Rio de Janeiro-RJ.

(CEMM) – Centro Municipal de Memória, Sertãozinho-SP.

(CMU) – Centro de Memória da Unicamp, Campinas-SP.

(ECA) – Biblioteca da Escola de Comunicações e Artes da USP, São Paulo--SP.

(IEB) – Instituto de Estudos Brasileiros, USP, São Paulo-SP.

(PAR) – Biblioteca Pública do Paraná, Curitiba-PR.

II) Periódicos consultados, locais de publicação e respectivos locais de consulta

Revistas semanais, mensais e anuários:

Anuário Brasileiro de Imprensa, Rio de Janeiro (ABI)

Ciência Popular, Rio de Janeiro (AESP)

Eu sei Tudo, Rio de Janeiro (BMA, CMU e AESP)

Manchete, Rio de Janeiro (AEL, CMU, BANESPA e ABI)

Mundo Ilustrado, Rio de Janeiro (ABI e BN)

O Cruzeiro, Rio de Janeiro (ABI, AEL, BAN, BMA, BN, CMU, CEMM, CMU, IEB e ECA)

JORNAIS DIÁRIOS:

A Manhã, Rio de Janeiro (BN)

A Noite, Rio de Janeiro (BN)

A Noite, São Paulo (AESP)

Correio da Manhã, Rio de Janeiro (BN)

Diário da Noite, Rio de Janeiro (BN)

Diário da Tarde, Belo Horizonte (BN)

Diário da Tarde, Curitiba (PAR)

Diário de Notícias, Rio de Janeiro (BN)

Diário de São Paulo, São Paulo (AESP)

Diário Popular (AESP)

Folha da Manhã, São Paulo (AEL e AESP)

Folha da Noite, São Paulo (AESP)

Folha da Tarde, São Paulo (AESP)

O Dia (AESP)

O Estado de S. Paulo, São Paulo (AEL)

O Globo, Rio de Janeiro (BN)

O Jornal, Rio de Janeiro (BN)

Tribuna da Imprensa, Rio de Janeiro (BN)

Última Hora, Rio de Janeiro (BN)

III) Entrevistas

DAMM, Flávio. Entrevista concedida por e-mail ao autor no período de 24 de outubro de 2007 a 7 de novembro de 2007.

MARTINS FILHO, João Maria de Souza (filho de João Martins). Entrevista concedida por telefone ao autor em 23 de outubro de 2007.

PEREIRA, Fernando Cleto Nunes. Entrevista concedida no Rio de Janeiro ao autor em 18 de janeiro de 2007.

PEREIRA, Flávio Augusto. Entrevista concedida por telefone ao autor em 25 de setembro de 2007.

IV) CD-ROM

MACHADO, Carlos Alberto. *Boletim SBEDV (Sociedade Brasileira de Estudos sobre Discos Voadores) – 1957-1988.* CIPEX (Centro de Investigação e Pesquisa Exobiológica), CD-ROM, Curitiba, 2004.

V) Correspondência pessoal

MARTINS, João. Carta enviada a Alejandro Agostinelli. Rio de Janeiro, 30/1/1995

VI) Livros publicados no período (Ordem cronológica)

ROCHA, Hugo. *O enigma dos "discos voadores" ou a maior interrogação do nosso tempo.* Porto, Portugal, Edições AOV, 1951.

FREIRE, Bóris. *Discos voadores.* Editor Borsoi, 1952, 1ª edição (Poesia satírica), p. 187.

HAYDU, André. *Disco... ...voador?* São Paulo, 1955.

RAMATIS. *A vida no planeta Marte e os discos voadores.* Psicografada por Hercílio Maes. Rio de Janeiro, Editora da Boa Vontade, 1955.

FARIA, Soares de. *Viagem Interplanetária.* Belo Horizonte, Editora Itatiaia Limitada, 1956, p. 174 (Romance).

HUGUENIN, O. C. *Dos mundos subterrâneos para os céus: discos voadores.* Rio de Janeiro, Irmãos Di Giorgio, 1956.

MOREUX, Abbé. *Serão habitados os outros mundos?*; trad. de J. P. Figueiredo Drumond. 11a ed., Salvador, Livraria Progresso, 1956.

ADAMSKI, George & Leslie, Desmond. *Discos voadores: seu enigma e sua explicação*; trad. de Fernando de Castro Ferro e Alzira Vallandro. Porto Alegre, Globo, 1957.

KRASPEDON, Dino. *Contato com os discos voadores.* 1a edição, São Paulo, São Paulo Editora S/A, 1957, p. 188.

KRASPEDON, Dino. *Contato com os discos voadores.* 2a edição revista e ampliada, São Paulo, São Paulo Editora S/A, 1957, p. 222.

ROSSI, Antonio. *Num disco voador visitei outro planeta*; prefácio de Levino Cornélio Wischral. São Paulo, Nova Era, 1957, p. 264.

BOROSAB, Kerlaw. *O segredo do disco voador – A verdade que só pode ser dita como ficção*, Mogi das Cruzes, 1958 (Romance).

ENOVACS, Senbur T. *O homem que viu o disco voador.* São Paulo, Distribuidora Paulista de Jornais, Livros e Impressos LTDA, 1958. (Romance).

ROCHA, HUGO. *Outros mundos, outras humanidades.* Porto, Portugal, Editora Educação Nacional, 1958.

FARIA, José Escobar. *Discos voadores.* São Paulo, Melhoramentos, 1959.

KEYHOE, Donald. *A verdade sobre os discos voadores*; tradução de Carmela Patti Salgado. Rio de Janeiro, 1959.

CIÊNCIA POPULAR. *Desvendando os segredos do Cosmos.* Rio de Janeiro, s/d.

ROCHA, Hugo. *O enigma dos discos voadores ou a maior interrogação do nosso tempo.* São Paulo, Gráfica Biblos, 1959.

RUPPELT, Edward J. *Discos voadores: relatório sobre os objetos aéreos não identificados*; trad. de J. Escobar Faria & Auriphebo Berrance Simões; pref. de Flávio Pereira. São Paulo, Difel, 1959.

SIMÕES, Auriphebo Berrance. *Discos voadores: fantasia e realidade.* 2a ed., São Paulo, Edart, 1959.

SANMARTIN, Alberto. *O embaixador das estrelas.* São Paulo, Editora Nova Era, 1959.

VII) Histórias em quadrinhos

"Charles Vick e seu Disco Voador". Álbum Gigante. Editora Brasil-América Limitada (EBAL), Rio de Janeiro, janeiro de 1952, n° 33, p. 36.

DISCO VOADOR, Orbis Publicações S.A., Rio de Janeiro, junho-julho--agosto de 1954, ano 1, n° 3, p. 34.

DISCO VOADOR, Orbis Publicações S.A., Rio de Janeiro, fevereiro-março--abril de 1955, ano 2, n° 5, p. 34.

VIII) Filmes

CASO TRINDADE. Produção Marco Antonio Petit. Entrevista com Almiro Baraúna. Brasil. 2005[ilegível]. 1 DVD, Colorido, 41 min. (Documentário).

O DIA EM QUE A TERRA PAROU. Direção: Robert Wise (*The Day the Earth Stood Still.* EUA, 1951).

Agradecimentos

Agradeço ao Programa de Iniciação Científica da Unicamp (PIBIC), que me concedeu por um ano e meio uma bolsa do Conselho Nacional de Desenvolvimento Científico e Tecnológico (CNPq).

À Fapesp (Fundação de Amparo à Pesquisa do Estado de São Paulo) pela bolsa de mestrado que me permitiu passar vários meses nos arquivos e pelo auxílio-publicação que garantiu a viabilidade deste livro.

Aos funcionários dos arquivos e biblioteca que consultei. Que Val e Alice, funcionárias da Biblioteca da Associação Brasileira de Imprensa (ABI), recebam meus cumprimentos em nome de toda sua classe.

Aos meus amigos do extinto grupo cético OPUs (Organização de Pesquisas Ufológicas, 1999-2007), de Araraquara-SP. Nossas intermináveis reuniões aos sábados geraram uma massa crítica que está presente ao longo deste texto de uma maneira difusa. Nesses encontros, é provável que eu tenha roubado alguma ideia de Diego Nyko, Fernando de Almeida Caldas, Matheus Soto, Millen Larocca e Tiago Bojikian da Costa Vital. Agradeço especialmente ao amigo Fernando por ter lido meticulosamente a primeira versão da monografia e por ter me incentivado sempre.

Aos ufólogos Carlos Alberto Machado e Cláudio Tsuyoshi Suenaga pelo material e incentivo em diferentes momentos.

Ao ativista cético Kentaro Mori pelo apoio e por publicar no seu site, o *Ceticismo Aberto*, tantos textos que analisam a ufologia a partir de uma perspectiva cultural e histórica.

Ao amigo argentino Alejandro Agostinelli, pelo material e indicações bibliográficas valiosas. Ao amigo chileno Diego Zuñiga devo o acesso a vários artigos raros e a incorporação à lista de e-mails internacional *Anomalist*, onde pude encontrar e trocar algumas figurinhas com o antropólogo espanhol Ignacio Cabria. A *Fundación Anomalía*, da qual todos eles fazem parte, também me ajudou muito em todo esse processo.

Aos meus amigos de graduação e pós-graduação da Unicamp, que tornaram a academia mais alegre e acolhedora. Obrigado em especial a Cássio Henrique Dyna Correa Lorato, Eduardo Rodrigo da Silva, Danilo Nogueira Albergaria Pereira, Rogério Luis Giampietro Bonfá, Daniel de Sousa Pacheco Wegmann, Angela Nucci, Nestor Tsu, Patrícia Sayuri Tanabe Galvão, Sara Cristina de Souza, Ana Carolina Marmo e Geraldo Witeze Junior. Cássio, em especial, leu a monografia e fez considerações bastante pertinentes. Agradeço também ao companheiro itapetiningano Luís Fernando Prestes Camargo por tantas sugestões e pelas provocações a respeito dessa "pesquisa sobre o que não existe".

A todos os que pacientemente me receberam em suas casas durante o trabalho. A Alexandre Kimei Leandro Yamashiro, em São Paulo. A Welton Pereira de Oliveira, Maurina Rodrigues Novais e Wesley Rodrigues de Oliveira, também em São Paulo. A Marlene Rodrigues Novais, em Campinas. E a Henrique Medeiros Vianna e Júlia Vianna, no Rio de Janeiro. Agradeço também aos amigos sertanezinos, Caio Henrique Silveira da Silva e Edimara Benedita Pereira.

A algumas pessoas e instituições que me auxiliaram em diferentes momentos: Alexandre Busko Valim, Alfredo Suppia, Ana Maria Maud, Ana Maria Ribeiro de Andrade, Bernardo Esteves, Catarina Capella Silva, Edison Boaventura Júnior, Eduardo Dorneles Barcelos (*in memoriam*), Fabio Sapragonas Andrioni, José Alves de Freitas Neto, José Carlos Rocha Vieira Júnior, Luis R. González (Espanha), Márcia Azevedo de Abreu, Márcia Perozzi Gonçalves de Souza, Marta Ferreira Abdala Mendes, Matías Morey Ripoll (Espanha), Paulo Renato da Silva, Renato Salgado de Melo Oliveira, Roberto de Andrade Martins, Rúben Morales (Argentina), Rubens Ramiro Júnior, Sidney Chalhoub e a todos os entrevistados pela paciência e colaboração.

Às professoras que avaliaram o trabalho no exame de qualificação e defesa, prof.ª Dr.ª Cristina Meneguello e prof.ª Dr.ª Iara Lis Franco Schiavinatto, por tantas sugestões e reflexões valiosas.

À minha orientadora, prof.ª Dr.ª Eliane Moura Silva, pela orientação, pelo empenho na publicação deste livro e por acreditar no meu trabalho mesmo quando eu demorava mais a dar sinais de vida do que os próprios extraterrestres.

À minha linda Ju, que faz os meus dias ficarem mais ensolarados.

Finalmente, agradeço muito à minha família pelo grande apoio e incentivo ao longo de toda uma vida.

Para a minha família.

Esta obra foi impressa em São Paulo
na primavera de 2016 pela gráfica
Assahi. No texto foi utilizada a fonte
Adobe Jenson Pro em corpo 11,5 e
entrelinha de 15 pontos.